PERSPECTIVES

PRÉCIS DE
CULTURE GÉNÉRALE

Coordinateurs Stéphane Arthur et Jean-Marc Durand-Gasselin
Olivier Gouchet
Gérard Péhaut

ellipses

PERSPECTIVES, une collection dirigée par
Ugo Batini et Guillaume Tonning

ISBN 9782340-071025

8/10 rue la Quintinie 75015 Paris

www.editions-ellipses.fr

Les auteurs

- **Stéphane ARTHUR**, docteur ès Lettres, professeur de Culture générale en ECG et en ECT au lycée Voltaire (Orléans), chargé de cours de Lettres à l'Université, est coauteur de l'*Encyclopédie des Papes* (Patrick Banon, 1995) et a dirigé la publication d'*« Une alliance adultère », scène historique et poème dramatique, ou le théâtre sans la scène (1747-1833)* (*Cahiers d'études nodiéristes* n° 9, Garnier, 2020). Il a collaboré à la publication du théâtre de Pixerécourt et participe à l'écriture du *Dictionnaire Hugo* ainsi qu'à la publication du théâtre de Dumas père (tous chez Garnier). Auteur de la postface d'*Et ils me cloueront sur le bois* de Jean-Pierre Siméon (Les Solitaires intempestifs, 2013), il est l'auteur d'une cinquantaine d'articles sur le romantisme, l'écriture de l'Histoire et la poésie.
- **Jean-Marc DURAND-GASSELIN**, docteur en Philosophie, professeur de Philosophie en khâgne au lycée Pothier (Orléans) et de Culture Générale en ECG au lycée Voltaire (Orléans), est l'auteur de *L'École de Francfort* (Gallimard, 2012), du *Puzzle postmétaphysique de Habermas* (La lettre volée, 2017), de *Rousseau : une philosophie de la modernité* (Ellipses, 2017), d'une introduction générale à l'œuvre de Habermas (Cambridge Press, 2018), de *Benjamin politique* (sous la dir. de, PUF, 2018), *Habermas politique* (sous la dir. de, PUF, 2020), *La France en récits* (dir., PUF, 2021) et d'une trentaine d'articles sur la philosophie moderne et contemporaine.
- **Olivier GOUCHET**, ancien professeur d'Allemand en classes préparatoires littéraires et commerciales au lycée Pothier (Orléans), est agrégé d'Allemand et docteur en langues, littératures, histoire et religions des pays germaniques et scandinaves. Polyglotte, il a traduit de nombreux ouvrages en français.
- **Gérard PÉHAUT**, agrégé d'Histoire, professeur d'ESH en classes préparatoires au lycée Voltaire (Orléans), a participé à la publication de plusieurs ouvrages d'économie, dont *Introduction à la pensée politique, économique et sociologique* (sous la direction de Claude-Danièle Échaudemaison, Nathan, 2019).

Introduction : au seuil de ce livre

À quoi sert la culture générale ?

Dans le chapitre « Le chant d'Ulysse » de *Si c'est un homme*, Primo Levi évoque, dans l'enfer d'Auschwitz, les moments où il apprend l'italien à Jean le Pikolo. Pour ce faire, il lui dit des vers tirés de *La Divine Comédie* de Dante. Ceux-ci évoquent la catabase d'Ulysse, c'est-à-dire sa descente aux enfers. Ulysse étant revenu des enfers, dans ce passage la culture générale prend tout son sens. Les vers de Dante résonnent comme un message d'espoir : en les disant, Primo Levi affirme son humanité, dont sa culture est le signe ; en même temps, le fait qu'Ulysse soit sorti des enfers suggère qu'il est possible d'échapper, d'une manière ou d'une autre, à cet enfer laïc qu'est l'univers concentrationnaire.

La culture générale est ainsi ce qui permet d'avoir un rapport riche au réel, en prenant ses distances avec l'immédiateté du présent pour mieux la penser. C'est que la culture ne relève pas d'un savoir technique, au contraire de celui de l'artisan ou du médecin. C'est au nom de cette approche générale des choses qu'est apparue au XIXe siècle la figure de l'intellectuel, si prégnante au moment de l'affaire Dreyfus : ses précurseurs sont Voltaire et Hugo. À la fin du XIXe siècle, qu'ils soient dreyfusards (comme Zola) ou antidreyfusards (comme Barrès, qui emploie le mot « intellectuel » de manière péjorative), les intellectuels prennent parti dans le débat public en tirant leur légitimité de leur vaste culture.

Cette large saisie des choses explique en partie le destin que se sont forgé certains personnages historiques d'exception. Grand lecteur (de César, de Racine et de Chateaubriand, entre autres) et écrivain, de Gaulle affirme ainsi dans *Vers l'armée de métier* en 1934 : « La véritable école du commandement est la culture générale. Au fond des victoires d'Alexandre, on retrouve toujours Aristote ». L'homme politique a le devoir d'être un homme de culture, car c'est la culture qui fait l'homme. De Gaulle va jusqu'à proclamer en 1965 : « La culture domine tout ».

Le projet d'une éducation par la culture générale n'est en rien une invention récente. Chez les Grecs il s'esquisse chez Isocrate (436-338) dans une configuration que l'on va presque retrouver telle quelle à la Renaissance, à l'âge classique et jusqu'à aujourd'hui.

Isocrate a été l'élève du grand sophiste Gorgias (480-396). Il a assisté aux débordements rhétoriques et démagogiques de la démocratie et à la montée d'une génération de rhéteurs et de sophistes sans scrupule et médiocres. Mais il ne s'agit pas de s'opposer à la démocratie, à la sophistique et la rhétorique, comme Platon (428-348) avec son Académie et son éducation élitiste centrée sur les mathématiques. Dans son école, fondée en 391 avant notre ère, peut-être deux ou trois années avant l'Académie, il s'agit de former des hommes vertueux et intelligents par la culture littéraire et l'art du discours, à égale distance d'une sophistique appauvrie et cynique et d'un savoir spécialisé et ambitieux. Cette formation permet de refuser d'un côté les dérives de la démocratie, de l'autre la tentation d'un gouvernement aristocratique ou monarchique par des experts ou des philosophes rois. Il permet de défendre l'idée républicaine d'un bien commun visé par des citoyens éclairés. Ce projet, comme le montre Henri Irénée Marrou dans son *Histoire de l'éducation dans l'Antiquité* (1948), s'inscrit dans la révolution de l'éducation athénienne qui équilibre les arts traditionnels de la guerre par celui de la parole. Il se prolonge dans une Rome de rhéteurs plus que de philosophes, comme on le voit chez Cicéron (106-43).

Or cet idéal isocratique et cicéronien de vertu et de maîtrise du discours, revient sur le devant de la scène européenne à la Renaissance dans le contexte des cours italiennes, dès le XIVe siècle, en réaction aux idéaux du chevalier courageux mais massif et brutal. Un idéal de civilité se met en place, dont le document classique déjà avancé est probablement *Le Livre du Courtisan* (1528) de Baldassar Castiglione (1478-1529), en même temps que les manuels d'éducation et de bonnes manières qui commencent à s'écrire à cette époque, comme on le voit chez Érasme (1466-1536). Être cultivé et poli, c'est alors se distinguer du guerrier mais aussi de l'homme du commun, tous les deux ignorants des arts et des lettres qui font les agréments de la vie de cour.

Cet idéal de la conversation polie, qui n'est pas discussion scientifique ou simple bavardage, va se diffuser au XVIIe siècle pour devenir l'idéal, qui n'est plus seulement aristocratique, de l'honnête homme lettré, affable et poli. Son milieu naturel est « la société » et « le monde », l'univers d'une discussion proche de la conversation enjouée, qui n'est pas exactement celle des hommes de sciences ou du bavardage sans art de ceux qui manquent d'éducation. Cet idéal va faire progressivement corps avec une bourgeoisie montante dont la sociabilité repose sur cette culture de la conversation, puis, progressivement, sur la discussion critique littéraire et artistique, et enfin politique. Il ne s'agit plus, au tournant du XVIIe au XVIIIe siècle, alors seulement ni d'abord de penser l'éducation cultivée par rapport à la « Cour » et au « grand monde » pour des aristocrates poudrés, mais d'un espace public plus large, avec ses Clubs, ses Salons, ses sociétés de convives, sa presse. C'est tout un monde qui peut élaborer la critique de la tradition et de l'État absolutiste. De cet espace va réémerger, sur le fond d'une alphabétisation croissante, l'idéal de la citoyenneté éclairée et critique, ayant le sens du bien commun.

Du XIXe au XXIe siècle, dans nos sociétés démocratiques façonnées par la révolution industrielle et le nouveau primat de la culture scientifique, cet idéal d'une éducation par la culture générale, par les chefs-d'œuvre littéraires et artistiques, la connaissance historique et suffisamment de science, prolonge l'idéal éducatif isocratique d'une citoyenneté capable de résister aux puissances de la démagogie et aux tentations du gouvernement des experts.

Quel est le public visé par ce manuel ?

Ce précis de culture générale traite les neuf thèmes au programme de culture générale des classes préparatoires économiques et commerciales, afin d'aider les étudiants qui vont passer leurs concours pour entrer en école de management à disposer des connaissances requises pour réussir les différentes épreuves selon les filières et les écoles, que ce soit à l'écrit (résumé, synthèse, dissertation) ou à l'oral (oral de Culture et Sciences Humaines à HEC, en particulier).

Évidemment, ce précis est aussi destiné aux étudiants des universités (en philosophie, lettres, histoire, sociologie…) et des IEP soucieux d'avoir une approche synthétique d'enjeux majeurs auxquels ils vont être confrontés au cours de leurs études. Il concerne également les élèves qui suivent l'option HLP (Humanités, Littérature et Philosophie) au lycée : pouvoirs de la parole (avec la question de l'influence de la rhétorique antique…), représentations du monde, recherche de soi (dans le chapitre 6, en particulier avec l'histoire du sujet et de l'écriture de soi) et humanité en question sont au cours des différents chapitres de cet ouvrage.

Plus largement, cet ouvrage s'adresse à tous ceux qui veulent cultiver leurs humanités, pour reprendre un terme traditionnel, afin d'avoir des repères culturels, des Grecs aux idéologies contemporaines, dans un monde où le flot de connaissances qu'offrent les supports numériques ne permet guère de distinguer les lignes de force, ou d'apprécier les enjeux du monde contemporain.

Mode d'emploi

Les neuf premiers chapitres correspondent aux neuf thèmes de culture générale au programme en classes préparatoires économiques et commerciales. Le dernier chapitre, dans une approche historique, synthétise les grandes évolutions économiques des deux derniers siècles, et les pensées économiques donnant les clefs pour les saisir.

Chaque chapitre est suivi d'une brève bibliographie, pour qui veut approfondir un sujet. Deux index, l'un des noms propres (*Index nominum*), l'autre des notions (*Index rerum*) aident à chercher des informations ponctuelles. En outre, afin de mieux mettre en perspective les sujets abordés dans les différents chapitres, et d'éviter d'avoir une approche trop myope ou spécialisée, six tableaux chronologiques ont été intégrés. Ni trop près, ni trop loin : la difficulté est de trouver la bonne distance, comme face à un tableau, ainsi que le rappelle Pascal dans ses *Pensées*.

Les enjeux des différents chapitres s'entrecroisant, il est fructueux de les mettre en relation, et de pratiquer des lectures croisées : le premier chapitre, consacré à la pensée grecque et romaine, livre des éléments sur l'évolution de la pensée romaine sous l'effet du christianisme, dont les apports à la pensée occidentale est un des enjeux du second chapitre. Comme les Grecs et les Romains constituent deux sources majeures de la culture européenne, avec le judéo-christianisme, les « Barbares » et les Lumières, ainsi que le rappelle Élie Barnavi dans *L'Europe frigide*, nous avons pris le parti d'accorder une place plus importante au premier chapitre, qui pose déjà les questions majeures (ou leurs prémisses) abordées au cours des chapitres suivants, dans bien des domaines : politiques, philosophiques…

Nous espérons que les lecteurs prendront à lire ce manuel le plaisir que les auteurs ont eu à l'écrire. Comme le dit la petite voix qu'évoque Augustin dans ses *Confessions* : « *Tolle, lege* », c'est-à-dire « Prends, lis »…

Stéphane Arthur et Jean-Marc Durand-Gasselin

Chronologie du monde grec

Événements socio-politiques et militaires	Culture
▪ **1400-1200** *Apogée et chute du monde mycénien* ▪ **1200-1100** *Effondrement du monde mycénien* ▪ **1100-800** *Siècles obscurs*	▪ Renaissance de l'écriture
▪ **800-500 Période archaïque** ▪ **750-600** Développement de la colonisation	▪ **776** Premiers Jeux olympiques ▪ Homère ▪ Hésiode ▪ Tyrtée
▪ **650** *Révolution hoplitique*	▪ Thalès de Milet (640-562) ▪ Anaximandre (610-540), Anaximène (585-525)
▪ **594** Réformes de Solon (égalité géométrique)	▪ Pythagore (580-497) ▪ Xénophane (570-475) ▪ Parménide (544- ?)
▪ **561-528** Pisistrate tyran d'Athènes	▪ **534** premiers concours de tragédie à Athènes ▪ Eschyle (525-456) ▪ Pindare (518-438)
▪ **508/7** Réformes de Clisthène (égalité arithmétique) ▪ **500-336 Période classique** ▪ **498-478** Guerres médiques ▪ **494** Destruction de Milet ▪ **490** Marathon ▪ **480-478** Salamine, Platées ▪ **478-431** Hégémonie d'Athènes ▪ *478 Ligu*e de Délos	▪ Sophocle (496-406), Euripide (485-406) ▪ Protagoras (492-421) Gorgias (480-376) ▪ Hérodote (484-420) ▪ Socrate (470-399) ▪ Démocrite (460- ?) ▪ Hippocrate (460-380) ▪ Thucydide (455-400) ▪ Isocrate (436-338) ▪ Platon (428-348)
▪ Périclès stratège (443-429) ▪ **431-404** *Guerre du Péloponnèse*	
▪ **411-410** Régime des Quatre-Cents à Athènes ▪ **404** Chute d'Athènes contre Sparte – régime des Trente ▪ 403 Restauration démocratique ▪ **404-356** *Luttes pour l'hégémonie entre Sparte, Athènes et Thèbe*	

Événements socio-politiques et militaires	Culture
	▪ **399** Procès de Socrate ▪ **392 ou 391** Isocrate fonde son École ▪ Aristote (385-322) ▪ **387** Platon fonde l'Académie
▪ **338** Défaite d'Athènes contre P. de Macédoine ▪ **336** Avènement d'Alexandre le Grand ▪ **336-31 Période hellénistique et conquête romaine** ▪ **332** Fondation d'Alexandrie	▪ Pyrrhon (365-275) ▪ Épicure (342-271) ▪ **335** Aristote fonde le lycée à Athènes ▪ Zénon (334-262)
	▪ **306** Épicure fonde l'école du Jardin à Athènes ▪ **301** Zénon fonde le portique à Athènes ▪ **300** Éléments d'Euclide
	▪ Polybe (208-118)
▪ **146** La Grèce devient province romaine	▪ Cicéron (106-43)
▪ **31** Bataille d'Actium : l'Égypte devient province romaine. Fin de la période hellénistique	

Chronologie du monde romain

Événements socio-politiques et militaires	Culture
▪ **753** Fondation supposée de Rome	
▪ **509** Expulsion des Tarquins et institution du Consulat : début de la République (-509-31)	
▪ **451** Lois des Douze Tables	
	▪ Plaute (254-184)
▪ **241** Première Guerre Punique	▪ Polybe (208-118)
▪ **202** Deuxième Guerre Punique	▪ Térence (194-159)
▪ **149-146** Troisième Guerre Punique	
▪ **146** La Grèce devient province romaine	
▪ **133-122** Tribunats des Gracques	▪ Cicéron (106-43)
	▪ Virgile (70-19)
▪ **73-71** Guerre de Spartacus	▪ Horace (65-8)
	▪ Lucrèce (98-55)
▪ **48** Victoire de César sur Pompée à Pharsale	▪ Tite-Live (59-17)
	▪ Jésus (7-30), Paul de Tarse (5-67)
▪ **31** Fin de la République : Octave Empereur	▪ Sénèque (2-65)
	▪ Quintilien (30-96)
▪ **31** Égypte province romaine	▪ Plutarque (50-125), Épictète (50-130), Tacite (58-120), Suétone (70-140)
▪ **64** Première persécution des chrétiens	
	▪ Tertullien (160- 245)
	▪ Origène (185-254)
	▪ Plotin (205-270)
▪ **212** Édit de Caracalla	
▪ **286** Deux Augustes, Dioclétien en Orient, Maximien en Occident	▪ Ambroise (339-397)
▪ **302-304** dernière persécution du christianisme	▪ Augustin (354-430)
▪ **313** Édit de Milan	
▪ **325** Concile de Nicée	
▪ **375** Début des invasions barbares	
▪ **380** Le christianisme religion officielle	
▪ **410** Sac de Rome par Alaric	
▪ **476** Fin de l'Empire romain d'Occident	
▪ **1453** Chute de Constantinople : fin de l'Empire Romain d'Orient	

1

L’héritage de la pensée grecque et latine

Stéphane Arthur et Jean-Marc Durand-Gasselin

« La Grèce conquise a conquis son farouche vainqueur » (*Graecia capta ferum victorem cepit*), reconnaît Horace (65 av. J.-C.-8 av. J.-C.) dans ses *Épîtres* (II, 1, vers 156), relevant ainsi un paradoxe : le colonisateur romain a en partie adopté le mode de vie grec, qu’il constitue en modèle, au point que certains ont parlé d’un impérialisme inversé. Les Romains ont de ce fait été de puissants passeurs de la culture grecque, à laquelle ils ont ajouté leurs propres apports, aussi peut-on peut parler, du moins à partir du second siècle avant notre ère, de pensée grecque et latine.

Nous en sommes les héritiers. Le patrimoine transmis est considérable, et ce dernier nous est si familier que nous ne songeons pas toujours à la source antique lorsque nous considérons un monument (l’Arc de triomphe, le Panthéon) ou une réalité politique (république, démocratie). La pratique même de la philosophie puise à cette riche source antique. Les noms de personnages majeurs portent l’empreinte de la transmission culturelle par les mots et les œuvres de ce patrimoine : les personnages rabelaisien Pantagruel (qui a soif de tout, du grec *pan,* « tout » et du mauresque *gruel,* « assoiffé ») et shakespearien Roméo (« pèlerin », en latin, puisque *romeo* veut dire « je vais à Rome » ou « je suis allé à Rome ») l’attestent.

Leur situation historique et géographique a en effet placé les mondes grec et romain de l’Antiquité aux origines de la civilisation occidentale. On peut associer ces origines, d’une part, à un trésor littéraire (Homère, Ovide, tragédie et comédie), à des savoirs (mathématiques, physique, biologie, histoire, médecine, philosophie, rhétorique), à des inventions politiques (démocratie et république, droit), architecturales (agora, théâtre) ou sportives (Jeux olympiques) et, d’autre part, à leur rôle d’acclimatation de la religion chrétienne.

Les termes d'héritage et de pensée, par leur généralité, incitent justement à pointer ce qui, dans ce trésor littéraire, ces savoirs scientifiques, ces inventions politiques et cette acclimatation culturelle, va être le plus décisif pour comprendre la genèse culturelle de l'Europe et plus largement de la culture occidentale. S'il faut de ce point de vue se rapporter à tous les autres chapitres, qui se réfèrent donc nécessairement à celui-là, comme le montrent notamment de manière synoptique les différents tableaux chronologiques, il est possible et nécessaire de faire un inventaire organisé de cet héritage au début de ce manuel.

Les différences religieuses et politiques des mondes païens grec et romain expliquent les rapports différents, dans ces mondes, entre littérature, mythologie et ritualité (I). De même, la relation très souple des Grecs avec la religion est l'arrière-plan du laboratoire des systèmes politiques des cités grecques et surtout du développement inédit des savoirs profanes en Grèce (II). Il en résulte le prestige de la culture grecque à Rome et le vaste et profond mouvement d'importation de ces éléments par des Romains dont la religion est plus encadrée, l'appareil militaire plus conquérant et la vie sociale plus structurée par le droit (III). C'est à partir de ce monde romain hellénisé, autrement dit « l'Empire gréco-romain » (Paul Veyne), qu'il faut comprendre l'acclimatation de la religion chrétienne dans des coordonnées gréco-latines (IV).

I. Les caractéristiques respectives des mondes grec et romain : la littérature, les hommes et les dieux

1. Émergence de deux mondes distincts

Classiquement le monde grec archaïque émerge sur fond de disparition, en 1200 av. J.-C., du royaume de Mycènes, avec son palais, son personnage religieux central (l'*anax*, garant des relations entre les dieux et les hommes, de la fécondité des sols et des femmes), ses castes militaires et de scribes, et ses royautés locales subordonnées. Libérées de leur tutelle, ces royautés subordonnées constituent un monde d'aristocraties militaires, animé par les valeurs de la rivalité agonistique et réunies seulement par quelques rites communs (comme le sacrifice du bœuf) et un trésor mi-littéraire mi-religieux avec les œuvres d'Homère et d'Hésiode. Cette rivalité agonistique réservée aux aristocrates forme une véritable culture, comme le montrent les premiers jeux Olympiques en 776 av. J.-C... Le développement commercial et démographique accompagne une dynamique de colonisation intense : tel est le cas à Marseille, en 600 av. J.-C. C'est ce qui va susciter la transformation progressive, en trois siècles, de la rivalité agonistique des aristocrates en rivalité démocratique pour la parole persuasive dans les assemblées politiques, sous l'effet des réformes politiques de plus en plus démocratiques qui avaient pour enjeux de calmer la *stasis*, c'est-à-dire la division née de l'explosion démographique et du développement marchand qui accompagne la colonisation.

Le monde romain apparaît comme nettement plus structuré sur un plan politique et religieux. À partir d'une installation sur le site de Rome d'une mosaïque réunissant les Latins, les Sabins et les Étrusques, ce sont surtout ces derniers qui donnent, dès le VIIe siècle certains de ses traits constitutifs au système politique et religieux romain. Une royauté sacrée, munie du pouvoir de l'*imperium*, est complétée par la noblesse militaire et patriarcale des *gentes*, siégeant dans un Sénat qui possède une *auctoritas* (prestige religieux), et un *populus*. Ce système politique lui-même, malgré ses contours flous, repose sur une ritualité religieuse qui sacralise l'*imperium* du pouvoir royal, les cultes familiaux et la propriété des pères de famille et de ce fait l'autorité du Sénat : la république romaine gardera cette physionomie et ne sera jamais une démocratie comparable à celle d'Athènes. De même, la religion polythéiste était administrée par des collèges sacerdotaux (pontifes, augures, vestales) et des sacerdoces individuels (flamines) permanents, selon une codification rituelle très stricte qui innervera le système juridique en amont de sa laïcisation.

2. Panthéons grec et romain

Polythéistes, les Grecs honorent des dieux de générations différentes. Du chaos surgit Gaia (la Terre). Elle enfanta Ouranos (le Ciel) : de leur union naquirent, outre les Hécatonchires (aux cent bras) les Cyclopes (dont le nom fait référence à leur œil unique) et les Titans (des géants), dont le dernier à naître est Cronos. Ce dernier prit le pouvoir, dévora ses enfants, mais son fils Zeus lui fit vomir ceux-ci. Il y a de ce fait chez les Grecs des dieux de générations différentes, et qui peuvent s'avérer concurrents. Dans *Les Euménides* (458 av. J.-C.), d'Eschyle (525-456 av. J.-C.), il y a ainsi un conflit entre la justice archaïque incarnée par les vieilles déesses chtoniennes (de la terre), les Érinyes, qui punissent les crimes de sang, et la justice démocratique qu'instaure la déesse Athéna, plus jeune, en créant le tribunal de l'Aréopage.

Le panthéon romain est marqué par l'influence du panthéon grec, avec des survivances étrusques cependant, sachant que les divinités étrusques doivent elles-mêmes beaucoup au panthéon grec : traditionnellement douze, les dieux de l'Olympe ont leur équivalent chez les Romains. Le dieu romain Hercule a ainsi des caractéristiques du dieu grec Héraclès mais aussi de la divinité étrusque Hercle. Si le panthéon désigne l'ensemble des dieux (du grec *pántheion*, « tous les dieux »), c'est aussi, concrètement, un édifice en l'honneur de ces dieux, tel celui qui est érigé à Rome sur décision d'Agrippa au premier siècle avant notre ère et qui est converti en église au VIIe siècle. Par extension, le Panthéon (à l'origine église Sainte-Geneviève) construit sous la direction de Soufflot au XVIIIe siècle en France rassemble les gloires de la nation, dont la mémoire est sacrée.

Chez les Romains, la maison est elle-même un espace religieux, avec ses dieux protecteurs : les Pénates (dieux gardiens du foyer) et les Lares (esprits des ancêtres).

3. Héros mythiques

Le nombre considérable de dieux qui peuplent la nature selon les Grecs et les Romains explique l'existence de légendes (d'abord transmises oralement, puis par écrit) nombreuses et parfois discordantes, voire contradictoires à l'égard d'un même dieu, comme c'est le cas à propos d'Héphaïstos chez les poètes grecs Hésiode dans sa *Théogonie* et Homère dans l'*Iliade* ou l'*Odyssée* au VIIIe siècle avant notre ère. Les infidélités de Zeus sont ainsi une source inépuisable d'histoires, d'autant que, naturellement, Héra, sa femme, cherche à se venger de ces infidélités. Fils d'Alcmène et de Zeus, qui a pris l'apparence de son époux Amphitryon pour la séduire, Hercule est confronté à la haine de Héra, et, nourrisson, doit étouffer deux serpents qu'elle a envoyés pour le tuer. Héra ne renonce pas pour autant : elle suscite une crise de folie chez Hercule, qui jette alors ses propres enfants au feu. La Pythie lui ordonne de ce fait d'accomplir dix travaux au service d'Eurysthée, qui lui en impose deux de plus, car il estime que les épreuves des écuries d'Augias et de l'hydre n'ont pas été accomplies dans des conditions acceptables.

Les relations entre les hommes et les dieux sont d'autant plus étroites que certains personnages, les héros, ont un de leur parent divin et l'autre humain. Il en résulte de nombreux mythes (du grec *muthos*, « récit », « légende »), c'est-à-dire à l'origine des légendes issues d'une longue tradition. Le personnage mythique est fondateur, comme Romulus, fondateur de Rome après avoir tué son jumeau Rémus. Il peut être fondateur d'une interprétation du rapport de l'homme au monde, tel Prométhée que l'on associe au mythe du progrès, ou Sisyphe, qui roule sans fin son rocher, et en qui Albert Camus voit l'image même du combat sans fin contre l'injustice (*Le Mythe de Sisyphe*, 1942).

Même s'ils peuvent donner matière à des versions et à des interprétations divergentes, les mythes jouent aussi un rôle fédérateur : le mythe livre à travers l'histoire des hommes et des dieux, en particulier les théogonies (récits de la naissance des dieux) et les cosmogonies (récits sur l'origine de l'univers), une conception du monde. Le mythe peut de ce fait avoir une fonction politique, comme *l'Énéide* de Virgile (70-19 av. J.-C.), prolongement des épopées d'Homère l'*Iliade* et l'*Odyssée* : Auguste, qui revendique une parenté avec Énée, a demandé à Virgile de composer cette épopée nationale.

Épopée de la mer, l'*Odyssée* est attribuée au même auteur que l'*Iliade*, sans que l'on soit certain qu'Homère ait seulement existé. Il faut dire que les deux œuvres sont composées en hexamètres dactyliques, et qu'elles sont liées par leur histoire, l'*Iliade* racontant une des dix années de la guerre de Troie et l'*Odyssée* narrant les dix ans qu'a mis Ulysse, « l'homme aux mille ruses », pour revenir de la guerre de Troie (déclenchée par l'enlèvement d'Hélène de Sparte par Pâris, qui a donné la pomme d'or à Aphrodite en échange de la promesse d'être aimé d'Hélène), tout en comportant l'évocation de l'épisode du cheval de Troie, qui explique la victoire des Achéens (autre nom des Grecs) à Troie. Le plus probable est que le noyau primitif de l'*Odyssée* soit composé des chants V à XIII, récit des péripéties attachées au retour d'Ulysse en Ithaque, et que des aèdes (poètes qui composent, par opposition aux rhapsodes, qui chantent des poèmes dont ils ne sont pas les auteurs) aient ajouté, dans une réécriture par amplification, les chants I à IV (voyages de Télémaque, fils d'Ulysse) et XIV à XXIV (lutte d'Ulysse contre les prétendants, jusqu'à l'intervention finale d'Athéna, qui instaure la paix). La langue même de l'*Odyssée*, composée de mots grecs d'époques et de régions différentes, est une langue poétique, qui reflète les péripéties de la transmission de l'œuvre. « La "langue homérique" n'a jamais été parlée par personne, si ce n'est par les poètes », comme l'écrit Cécile Boëlle, (*Dictionnaire du monde grec antique*, sous la direction de Maurice Sartre, Anne Sartre-Fauriat et Patrice Brun).

La postérité de l'œuvre est considérable, dans l'Antiquité (avec l'*Énéide*), et par la suite : du poète de la Pléiade Du Bellay (« Heureux qui, comme Ulysse ») à Joyce et Primo Levi (*Si c'est un homme,* avec le chant d'Ulysse tiré de *La Divine Comédie* de Dante), en passant par le classique Fénelon (*Les Aventure de Télémaque*)... Quant à Hésiode, avec *Les Travaux et les Jours*, il met en scène le mythe de l'âge d'or, voué lui aussi à une fortune considérable, comme l'atteste en particulier sa reprise sous Auguste par le poète latin Ovide (43 av. J.-C.-17 ou 18 ap. J.-C.) au début des *Métamorphoses*.

4. La tragédie, entre religion et politique

Avec la tragédie, la littérature joue un rôle politique et religieux à Athènes. Les tragédies sont en effet représentées lors des Dionysies, fêtes religieuses en l'honneur de Dionysos (à partir de 550 av. J.-C. environ, sous Pisistrate), qui rassemblent tous les citoyens. Ces derniers communient ainsi dans la célébration des valeurs de la cité, comme avec l'*Orestie* d'Eschyle, la seule trilogie qui nous soit intégralement parvenue.

Lors des Dionysies, des concours sont organisés, afin d'honorer les dieux. On fait appel à trois poètes, qui vont composer chacun trois tragédies, montrant l'enchaînement implacable d'événements qui entraînent inexorablement le héros vers un sort malheureux. Ces tragédies sont destinées à susciter terreur et pitié, afin de provoquer une catharsis, c'est-à-dire une purgation des passions.

Le spectacle tragique suit toujours le même rituel, dans un théâtre en hémicycle qui peut contenir de dix à vingt mille spectateurs, présents dans le *théâtron*, lieu d'où l'on regarde. Les comédiens, en revanche, qui portent des masques et des cothurnes (chaussures dont les semelles très épaisses donnent une allure hiératique), apparaissent dans l'orchestre, espace circulaire de vingt mètres de diamètre au centre de l'édifice. Les comédiens jouent devant la *skênê*, local qui sert de coulisses et de magasin d'accessoires.

La tragédie débute par un prologue, lors duquel est rappelée la légende. Le *parodos* consiste en l'entrée solennelle du chœur, conduit par le coryphée (chef du chœur). Cinq épisodes sont entrecoupés par les chants du chœur, tenant lieu d'entracte. Enfin, lors de l'*exodos* sort le chœur. Très peu de comédiens sont présents, en dehors du chœur : deux (à partir d'Eschyle) ou trois. Comédiens et spectateurs sont des hommes : les masques permettent aux spectateurs de savoir l'identité sexuelle, l'âge et l'humeur du personnage joué.

Le concours a été remporté treize fois par Eschyle, qui met en scène la confrontation entre l'homme, tenté par l'*hubris* (la démesure, que l'on peut aussi orthographier *hybris*), et une fatalité implacable (*Les Perses*, *L'Orestie*, *Prométhée enchaîné*) ; vingt par Sophocle (495-405 av. J.-C.), qui met l'accent sur la volonté humaine (*Antigone*, *Œdipe Roi*) ; cinq par Euripide (480-406 av. J.-C.), chez qui le ressort tragique repose surtout sur les passions humaines et les dieux ont un rôle plus secondaire que chez ses prédécesseurs (*Médée*, *Andromaque*). Ce sont les trois grands tragiques grecs.

5. La question du rire

La trilogie tragique est suivie d'un drame satyrique, destiné à distraire les spectateurs, après la tension dramatique suscitée par les trois premières pièces. De la sorte, le rire n'est pas absent des Dionysies.

Si le livre consacré par Aristote au rire a malheureusement disparu (ce qui a nourri l'imagination d'Umberto Eco, avec son roman *Le Nom de la Rose*), la comédie grecque, marquée par une réelle liberté de ton, a pour illustre représentant Aristophane (né en 445 av. J.-C. et mort entre 385 et 375 av. J.-C.), auteur de 44 pièces pleines de verve, souvent inspirées par l'actualité, dont *Les Nuées* (423 av. J.-C.), attaque contre Socrate et les figures intellectuelles de l'Athènes démocratique, et *L'Assemblée des femmes* (392 av. J.-C.). Plaute (254-184 av. J.-C.) transpose à Rome la comédie grecque, et cette veine comique se prolonge avec Térence (190-159 av. J.-C.), qui traduit les pièces de Ménandre (342-291 av. J.-C.), maître de la « nouvelle comédie » grecque, et compose en latin six pièces comiques. Quant aux atellanes, ce sont des sortes de farces en partie improvisées à partir d'un canevas.

II. Politique, savoir et philosophie en Grèce antique

1. La dynamique des réformes politiques et la vie intellectuelle : les exemples de Sparte et d'Athènes

La combinaison de la culture aristocratique de l'*agôn* et de la *stasis*, née de la colonisation et du développement économique et démographique, est le moteur du laboratoire politique grec. Le panthéon commun, la ritualité commune du sacrifice du bœuf, autorisent des expériences politiques en partie différentes, mais sur fond d'une même conception aristocratique et égalitaire puis, à Athènes, démocratique du *nomos* (loi) et de l'*isonomie* (égalité face à la loi).

Ces différences ont des effets très grands sur l'autonomie potentielle des savoirs et sur leur développement.

À Sparte la situation se fige, pour des siècles au tournant du VIIe siècle. Lycurgue (personnage peut-être légendaire) institue une aristocratie égalitaire et communautaire de 10 000 citoyens-soldats. Deux rois, un Sénat, une Assemblée, un comité exécutif d'Ephores, vont constituer pendant presque six siècles un système politique stable. L'éducation, essentiellement militaire et sévère, institue chaque citoyen en soldat d'élite, sur un fond d'anti-intellectualisme d'autant plus virulent qu'il se nourrira de la comparaison et de la critique avec Athènes, la capitale des arts, des lettres et des savoirs dès le Ve siècle. Elle restera pour tous les partis aristocratiques des cités-États une sorte de modèle, comme on le voit chez Platon, mis à part l'anti-intellectualisme.

À Athènes, la dynamique de transformation de l'*agôn* aristocratique en compétition démocratique pour la parole est scandée par les réformes de Solon, puis celles de Clisthène. L'ancienne royauté sacrée et son collège aristocratique d'archontes ne vont cesser de perdre du pouvoir. Solon, en 594 av. J.-C., rogne le pouvoir des aristocrates (remise partielle des dettes des paysans, impossibilité de devenir esclave à cause du non-remboursement des dettes), et ouvre l'archontat et la nouvelle assemblée, la Boulé des 400, ainsi que le tribunal judiciaire, l'Héliée, aux autres classes sociales sur la base d'une égalité géométrique, selon un principe financier qui lui permet de distinguer quatre classes, des plus aux moins riches. Clisthène, en 508 av. J.-C., instaure une égalité arithmétique, chaque citoyen ayant les mêmes droits de participation politique, avec un système qui combine tirage au sort, élection et participation directe. Cela donnait à peu près à un dixième de la population le statut de citoyen, sur une population globale de 400 à 500 000 habitants. C'était beaucoup plus que Sparte mais beaucoup moins que nos démocraties modernes, car les femmes, les nombreux esclaves et les étrangers étaient exclus de la citoyenneté. La démocratie athénienne sera, à partir de la fin de la guerre contre les Perses en 480 av. J.-C. et jusqu'à la défaite contre les Macédoniens en 335 av. J.-C., un modèle pour tous les partis démocratiques des cités grecques.

2. Les milésiens et les pythagoriciens ; physique et mathématique

L'opposition entre ces deux grandes premières familles de pensée va être structurante pour l'ensemble de la pensée grecque, car s'y jouent des oppositions conceptuelles centrales et aussi l'opposition politique entre parti aristocratique et parti démocratique.

Avec les milésiens (de Milet, la cité-État), dès le début du VIe siècle, auxquels Aristote fait remonter le début de la philosophie, se met en place le programme d'une enquête sur la nature, quasi matérialiste, fondées sur les éléments (eau, terre, air, feu), et leur relation causale supposée, l'observation et l'argumentation rationnelle. C'est le début de la science, avec ses hypothèses causales, ses observations, ses discussions et réfutations, et sa rupture avec l'univers du mythe et ses mélanges de causes matérielles et psychologiques – pour Vernant, c'est un effet de la culture du débat issue de l'agôn aristocratique. C'est le début grec de la mentalité scientifique, si décisive pour toute la suite, et qu'on retrouvera chez Hérodote, Hippocrate ou Aristote. Ainsi Thalès, le premier des physiciens, voit en l'eau le premier des quatre éléments, celui dont les autres sont issus. Anaximandre imagine une évolution des espèces, à partir des espèces marines, l'homme étant nécessairement issu d'une forme de poisson. Il semble défendre la thèse d'un univers infini, et d'un désordre premier, toutes les formes d'ordre étant locales et transitoires, comme l'ordre humain lui-même, fruit d'une convention qui donne aux lois humaines leur particularité face à l'universalité des phénomènes naturels. Ce sont des thèses qui ont des affinités avec le parti démocratique et les partisans de l'égalité arithmétique : si les lois sont des conventions, chacun doit participer à leur élaboration.

Face à eux, les pythagoriciens représentent une alternative philosophique totale. L'univers est pour eux un cosmos fini, un tout ordonné et harmonieux, le désordre étant local et transitoire. Cet ordre est harmonique, fait de combinaison de nombres, dont les pythagoriciens font une sorte de principe central, de structure ultime des choses, selon un modèle quasi musical. C'est la base philosophique du développement des mathématiques, qui se fera notamment à l'Académie de Platon, presque deux siècles plus tard, dont le chef-d'œuvre, les *Éléments* d'Euclide au IIIe siècle av. J.-C., est probablement un des aboutissements. Les causes matérielles sont donc nécessairement subordonnées à ces causes harmoniques et organisatrices, comme le théorise Philolaos de Crotone. Cette thèse, reprise par Platon mais restructurée par la théorie des Idées, innervera les recherches artistiques d'un canon de la beauté, si important en Grèce puis à Rome puis à la Renaissance, et, à partir de Galilée, l'idée d'un mathématisme de la nature. Les philosophes sont à la fois ceux qui percent ces secrets harmoniques et les gardiens de l'ordre hiérarchique. Ainsi s'explique la forme de communauté rituelle et de religiosité alternative qui s'attache parfois à la secte pythagoricienne. Ils sont donc des défenseurs élitistes de l'aristocratie et du principe de l'égalité géométrique. Platon sera en ce sens un prolongateur de ce camp-là, anti-milésien.

3. Les présocratiques : Empédocle, Xénophane, Héraclite, Parménide, Démocrite

Malgré le caractère fragmentaire, et donc parfois ésotérique, du continent presque entièrement disparu de la pensée présocratique, on peut dresser de très brefs portraits intellectuels de certaines de ses figures majeures entre la fin du VIe siècle et le Ve.

Empédocle (vers 490-vers 435 av. J.-C.) rationalise le programme des recherches sur les quatre éléments. Xénophane (vers 570-vers 475 av. J.-C.) critique frontalement l'anthropomorphisme des dieux (« Les Éthiopiens disent que leurs dieux ont le nez épaté et la peau noire, les Thraces disent que les leurs ont les yeux et les cheveux roux » (fragt 16), et invente une sorte de théologie philosophique. Héraclite (vers 544-vers 480 av. J.-C.) reprend l'idée pythagoricienne de cosmos mais lui ajoute celles de contradiction structurante, entre principes opposés (jour et nuit, chaud et froid…), et d'un mobilisme universel des choses physiques selon lequel « tout passe et rien ne demeure » et qu'« on ne saurait entrer deux fois dans le même fleuve », qui marquera Cratyle, son élève, puis Platon.

Parménide (fin VIe siècle-milieu Ve siècle av. J.-C.) marque un tournant. Il critique le programme des milésiens au nom d'un argument ontologique : de l'être ne peut venir du non-être. Et d'un argument gnoséologique : seul l'être peut être pensé. Le non-être ne peut ni être ni être pensé, si ce n'est dans les spectres, fantômes et illusions de l'opinion. Platon reprendra cette structure dualiste dans sa conception de l'Idée comme être véritable.

Démocrite (vers 460-370 av. J.-C.) relève le défi de Parménide en essayant de prolonger l'esprit des milésiens : l'univers est composé d'être, les atomes, insécables et invisibles à l'œil nu, plus variés que les quatre éléments, et de non-être, le vide. L'univers est éternel et infini et tout ordre, tout monde, toute organisation, est le produit local et transitoire de la rencontre combinatoire des atomes.

4. Révolutions épistémologiques

a. La révolution de l'histoire : Hérodote et Thucydide

Les progrès d'une pensée laïque, déliée des dieux et de leurs interventions dans le cours de l'histoire humaine, s'observent aussi en histoire. À l'histoire officielle et religieuse des dieux, des rois et des héros se substitue ainsi, sous l'effet de la mentalité milésienne, une histoire laïque, immanente, expliquée par les seules motivations humaines, le témoignage et l'observation.

Considéré comme le père de l'histoire (dont l'étymon *historia* veut dire « enquête »), Hérodote (480-425 av. J.-C.), dans son *Enquête* (ou *Histoires*), fait ainsi l'histoire de la guerre des Grecs contre les Perses, à partir d'un vaste panorama culturel et politique, et pas seulement militaire et stratégique, des guerres médiques. S'y opposent ainsi le monde grec du *nomos* et de l'*isonomie*, et donc d'une certaine égalité et liberté, où le pouvoir est limité et contrôlé car chaque citoyen peut être tour à tour gouvernant et gouverné, et le monde impérial d'une royauté sacrée avec sa rude domination traditionnelle.

Thucydide fait une histoire plus exclusivement stratégique et militaire de la guerre entre Sparte et Athènes (431-404 av. J.-C.), et théorise les grandes motivations de l'action historique : la crainte, l'honneur et l'intérêt. Son *Histoire de la guerre du Péloponnèse* est l'occasion de mettre en scène l'oraison funèbre de Périclès aux premiers morts athéniens, dans laquelle le chef du parti démocratique compare la société ouverte de la liberté et de l'égalité politique, la capitale des fêtes religieuses et des arts, de la parole argumentative qu'est Athènes et la sévère Sparte, communauté du contrôle mutuel, dominée par les valeurs militaires. Il donne aussi de la *stasis* extrême entre aristocrates et démocrates à Corcyre un tableau édifiant, emprunté à la symptomatologie de la peste. Cette naturalisation des pathologies politiques suppose l'arrière-plan de la médecine hippocratique.

Chez les Romains, Tite-Live (64 ou 59 av. J.-C.-17 ap. J.-C.) avec son *Histoire de Rome depuis sa fondation*, 142 livres dont 35 nous sont conservés, Tacite et Suétone manifestent eux aussi un vif intérêt pour les enjeux politiques de l'histoire, tout en se montrant moralistes.

b. La révolution de la médecine hippocratique

Il est difficile de dire très précisément dans quelle mesure le large corpus hippocratique est l'effet direct de la mentalité et du projet milésiens. Il est pourtant manifeste que l'on voit naître très clairement dans ce corpus l'idée d'un corps anatomique laicisé, faisant l'objet d'une observation minutieuse et systématique de toutes ses parties, de tous ses mécanismes et pathologies pour autant qu'ils pouvaient être déterminés à l'œil nu et sans dissection, interdite. L'idée d'un savoir comme inventaire systématique des parties du corps anatomique, comme savoir médical, diagnostic et remède, semble avoir très largement servi d'imaginaire intellectuel d'arrière-plan pour penser la connaissance de la nature et même la politique et l'éthique, comme on le voit dès Thucydide et ensuite largement chez Platon et Aristote.

De fait la notion hippocratique de régime prescrit pour chacun ce qu'il doit boire et manger, la quantité optimale pour la santé de sommeil, d'exercices physiques et de rapports sexuels. Elle semble avoir inspiré les morales platoniciennes et aristotélicienne, fondées sur un équilibre parfait de l'ensemble des motivations humaines ou des fonctions psychologiques, et leur théorie respective du corps politique comme un tout structuré contre la *stasis* et donc entrant dans des dynamiques plus ou moins pathologiques de ce point de vue.

De même, la critique frontale de la médecine traditionnelle, en partie rituelle et magique, particulièrement sensible à propos de l'épilepsie, réputée maladie sacrée, exprime de manière spectaculaire la dimension de progrès scientifique et de critique de la tradition médicale, encore largement magique et rituelle, à la fois arrogante et inefficace.

Enfin la théorie des quatre humeurs (sang, phlegme, bile jaune et bile noire) constituant le corps et ses équilibres naît sous la plume de Polybe et est une sorte d'analogue des explications milésiennes par les quatre éléments. Elle va être centrale dans la tradition médicale occidentale jusqu'à l'orée du XIXe siècle. *L'Atrabilaire amoureux*, le sous-titre du *Misanthrope* (1666) de Molière, l'atteste : atrabilaire (du latin *atra bila*, « bile noire »), Alceste est porté vers la « mauvaise humeur » et la mélancolie.

c. Le phénomène sophistique, l'éducation grecque et l'humanisme occidental

L'extension par étapes de la rivalité aristocratique à une rivalité par la parole de plus en plus inclusive pour limiter la division qu'est la *stasis* promeut des institutions politiques reposant sur la délibération argumentée et *l'isegoria*, égalité dans la possibilité de prendre la parole. La parole politique n'est plus d'abord ritualisée et cérémoniale comme à l'époque de Mycènes. Cela programme un âge d'or de la rhétorique et de la sophistique.

Comme on le voit surtout à Athènes, ce phénomène sophistique n'est pas seulement le fait de certaines personnalités célèbres pour leur talent oratoire. Appuyé la plupart du temps sur la mise en crise de la tradition par les milésiens, sur les effets de perspective de l'anthropologie culturelle de Hérodote (« L'homme est la mesure de toute chose » dit Protagoras), pour défendre à la fois le caractère conventionnel du juste et de l'injuste, et, comme Antiphon l'égalité manifeste de tous les hommes, ce phénomène intellectuel est sérieux et central, philosophique avant la lettre. Par-delà le répertoire de provocation contre la tradition, comme l'*Éloge d'Hélène* de Gorgias, s'élaborent des théories du discours contradictoire comme chez Protagoras ou même une réflexion ontologique, se situant à la hauteur des défis de Parménide, comme le *Traité sur le Non-être* de Gorgias.

C'est aussi un horizon d'expérience qui préside aux transformations de l'éducation, l'éducation exclusivement militaire étant équilibrée par une « éducation de scribe » (Marrou). À Athènes, en 400 av. J.-C., 90% des citoyens sont alphabétisés. En ce sens l'humanisme sophistique de la parole, transformé en éducation, et qui va passer par les sophistes du Ve puis du IVe siècle, notamment avec Isocrate, élève de Gorgias, et son École fondée en 392 av. J.-C., passera à Rome, chez Cicéron puis Quintilien, et sera réélaboré à la Renaissance pour fabriquer le modèle de l'homme de cour cultivé et affable puis l'honnête homme qui discute et préfigure le bourgeois aspirant à la citoyenneté. C'est la base de l'humanisme occidental.

5. Socrate, Platon, Aristote

a. Socrate

Socrate intervient dans la vie athénienne dans la période de la longue guerre entre Sparte et Athènes, alors que se tend l'opposition du parti aristocratique, qui parfois admire la sévère, communautaire et traditionaliste Sparte, et le parti démocratique, avec ses sophistes et ses classes plus modestes. Les témoignages de Platon et de Xénophon convergent pour en faire l'aiguillon d'une interrogation nouvelle, qui ne porte plus sur les réalités naturelles et le cosmos, mais sur les principes directeurs de la vie dans la Cité, la justice, la vertu (*arété*, au sens de l'excellence), le courage, la foi. Ils interrogent ceux qui prétendent savoir pour pointer leur paradoxale ignorance de ce qui est censé être les principes directeurs de leur existence voire de leur activité politique, religieuse ou militaire : l'ironie socratique consiste ainsi à feindre la naïveté. La formule traditionnelle du « connais-toi toi-même », consistant à éviter l'orgueil de l'hubris et à reconnaître la supériorité des dieux, prend alors une tournure nouvelle, philosophique, orientée vers l'explicitation des normes et principes. C'est la source manifeste des dialogues platoniciens et de la théorie des Idées qui emprunteront aussi, comme on l'a vu, à Parménide et à Héraclite. Platon métaphorise Socrate en poisson torpille et en taon sur le dos d'un cheval, comme si ses interrogations provoquaient la stupeur et l'irritation. Seule la philosophie permet en ce sens de « prendre soin de son âme », d'interroger et éventuellement de réorganiser notre gouvernement de nous-mêmes à partir des principes et des normes.

Accusé d'impiété et de corruption de la jeunesse, et probablement victime d'un règlement de compte politique au sortir de la défaite contre Sparte, Socrate est condamné à boire la ciguë en 399 av. J.-C. Il devient ainsi, dans l'imaginaire collectif, le premier martyr de la philosophie, la figure d'une sagesse légendaire qui sert de référence à Platon, aux écoles philosophiques hellénistiques, et jusqu'à Rabelais et Montaigne.

b. Platon et l'Académie

Issu d'une haute lignée aristocratique compromise dans les ultimes embardées des désordres civils engendrés par la guerre contre Sparte (Tyrannie des 400, tyrannie des Trente), à jamais aussi dégoûté d'une démocratie restaurée dont un des premiers actes marquants est la mise à mort dans un faux procès du meilleur des Athéniens, son maître Socrate, le jeune Platon part voyager dans le bassin méditerranéen, et a l'occasion d'être aussi frappé par le spectacle de la décadence des régimes monarchiques, notamment par la cour du tyran Denys de Syracuse. Revenant à Athènes, et fondant l'Académie, rivale de l'école sophistique d'Isocrate, il donne à la pratique socratique de la recherche du principe la forme d'un véritable projet intellectuel, faisant la synthèse critique de toutes les grandes percées du monde grec depuis les milésiens.

Ainsi, Platon considère qu'Homère et Hésiode sont de mauvais éducateurs avec leur mythologie anthropomorphique de dieux complaisants avec les vices humains (Xénophane). Il critique le phénomène sophistique et politique de la démocratie, comme gouvernement anarchique de l'incompétence de l'opinion et des performances rhétoriques ainsi que son arrière-plan milésien matérialiste, reprenant les critiques des pythagoriciens et de Parménide à partir du fil directeur de la recherche socratique des principes. Par la dialectique, Platon invite à s'élever du sensible à l'intelligible (en quête de l'Idée), puis à revenir au sensible, par un mouvement ascendant puis descendant. C'est pourquoi « les hommes seront heureux quand les philosophes seront rois ou quand les rois seront philosophes ».

La République est le premier ouvrage de la maturité, et l'on peut distinguer une période de jeunesse socratique (*Hippias majeur* et *mineur*, *Protagoras*, *Apologie de Socrate*, *Alcibiade*, *Criton*…) puis une période intermédiaire (*Ménon*, *Cratyle*, *Gorgias*, *Banquet*, *Phédon*), et enfin une période de maturité plus tardive (*Phèdre*, *Théétète*, *Parménide*, *Sophiste*, *Philèbe*, *Politique*, *Timée*, *Critias*, *Lois*). Penser le meilleur des régimes politiques et la meilleure éducation, question centrale depuis le VIe siècle et l'opposition des partis démocratique et aristocratique, suppose de faire une théorie du juste à partir d'une conception, d'inspiration hippocratique, des fonctions du corps politique : produire, défendre et attaquer, diriger. Le juste qu'interrogeait Socrate prend alors la forme d'une véritable théorie de la hiérarchie des fonctions et des classes (les producteurs et les marchands, les guerriers, les dirigeants) et des motivations humaines correspondantes et dominantes pour chaque classe (*epithumia* des désirs, *thumos* de l'honneur, *logistikon* du raisonnement). Il peut ainsi produire à la fois une théorie morale des motivations humaines avec leur vertus spécifiques (modération, courage, sagesse et justice pour l'ensemble), et une théorie correspondante, par homothétie, du corps politique parfait ou juste, avec sa sélection de chacun pour chaque classe et fonction et son éducation appropriée en fonction de son système de motivations. Il produit aussi une carte diagnostique des formes de désordres ou de pathologies (primat excessif des producteurs, des marchands et de l'*épithumia* dans la démocratie comme à Athènes, excès de *thumos* comme à Sparte, alliance terrible du pouvoir concentré et des désordres de l'*épithumia* chez le tyran), faisant une véritable carte socio-politique des états du corps politique et de leur dynamique.

L'allégorie de la Caverne signifie simplement que le philosophe qui connaît le Juste a cette capacité de compréhension et de discrimination des réalités politiques variées et mouvantes, la même chose pouvant être dite des différents discours eux-mêmes (le Vrai) ou des réalités morales (le Bien) ou esthétiques (le Beau). Ceux qui sont au contraire rivés au rang des apparences mouvantes immédiates sont piégés dans les perspectives relatives de leur corps et de leurs préjugés et sont donc prisonniers d'une obscurité qu'ils ne peuvent apercevoir eux-mêmes, comme les anciens interlocuteurs de Socrate.

Interrogeant cette philosophie des principes ou des Idées et leur rapport au discours dans le *Parménide* et le *Sophiste*, il élabore une théorie de leurs rapports à la réalité (participation) et de leurs relations mutuelles (théorie des genres : le même et l'autre, le mouvement et le repos, l'être) pour relever les défis intellectuels posés par Parménide et Gorgias. Enfin dans un dernier groupe de dialogues, sensible probablement aux critiques qui lui étaient adressées à l'Académie sur le caractère irréalisable du modèle de sa *République*, il engage encore une confrontation avec les milésiens et les sophistes, en proposant un discours mi mythique mi rationnel sur le cosmos et son ordre dans le *Timée*, conjuguant les éléments des milésiens et le mathématisme des pythagoriciens, et une interrogation sur la centralité de la Loi pour tisser le corps politique, dans le *Politique*, puis sur la formulation d'un arsenal de lois, capable de produire la société la plus parfaite possible, juste en-deçà de la perfection du modèle de référence, dans *Les Lois*, le monument interrompu par la mort de l'auteur. Aussi les plus compétents, les plus philosophes doivent pouvoir déterminer par la loi la hiérarchie la plus parfaite possible des institutions, l'organisation de la vie commune économique et religieuse, le code de l'art d'État, l'art millénaire des Égyptiens servant de modèle. Cette proposition politique très forte, tout aussi déterminée et contraignante que celle de la *République*, prend ainsi la figure d'une sorte de seconde Sparte dirigée par des philosophes.

c. Aristote et le Lycée

Fils d'un médecin macédonien, Aristote, issu des classes moyennes, a une mentalité plus proche du naturalisme laïc des milésiens que du mathématisme et de la religiosité pythagoricienne, qui imprègnent à des degrés divers les segments de l'œuvre de Platon.

Aristote, qui passe vingt ans à l'Académie, produit les critiques classiques de la théorie des Idées, à partir des interrogations et des solutions de Platon lui-même (participation, théorie des genres). S'il accepte l'idée d'un ordre du cosmos et d'une insuffisance du matérialisme des milésiens, il considère les mathématiques comme des produits de l'abstraction humaine à partir des choses matérielles et estime que les concepts de participation et de genres de l'être sont des solutions obscures et artificielles, marquées, au surplus, par un élitisme intellectuel de l'intuition des réalités supérieures au fond bien suspect.

Contre les physiciens de Milet et contre Démocrite, il faut affirmer que les choses naturelles ont plusieurs types de causes, mais, contre Platon, il faut dire qu'elles sont toutes immanentes. Les quatre éléments (eau, air, terre, feu), considérés par les milésiens comme les causes matérielles des choses naturelles, ne sont considérés par Aristote que comme des constituants, comme la seule « cause matérielle » des choses naturelles qui supposent en plus une cause formelle (une forme, une organisation), une cause finale (une fonction, une finalité qui explique cette organisation, comme la structure de l'œil est expliquée par la fonction de voir) et une cause efficiente (qui donne la forme à la matière). La différence entre les choses naturelles et les choses artificielles est justement que la chose artificielle a à l'extérieur d'elle-même (par exemple pour une poterie dans un artisan) sa cause efficiente. Le mouvement des choses est ainsi pensé comme leur développement interne dans l'ordre harmonieux, hiérarchique et finalisé du cosmos (terme dont la paternité est attribuée par Aristote lui-même à Pythagore), où chaque chose (éléments matériels, êtres vivants, humains) tend vers son lieu spatial propre et son développement finalisé. Les quatre éléments ont une propension naturelle à aller vers le haut (air et feu) ou vers le bas (eau et terre). Les choses vivantes se développent à partir d'un stade embryonnaire et selon des finalités fonctionnelles repérables des fonctions nutritive et reproductrice, motrice et intellective dans un système que l'on peut décrire par des points communs et des différences qui forment un ensemble de genres, d'espèces et d'individus, base de la classification de l'ensemble des animaux. Ainsi la *Physique* d'Aristote, son traité psychologique *Sur l'âme*, ses *Parties des animaux*, son *Histoire des animaux* et son traité *Sur la génération et la corruption* forment à la fois une physique et une biologie qui serviront de référent jusqu'à Galilée et Darwin.

Contre les sophistes, il suffit de faire une théorie du discours et de ses règles, il n'est pas nécessaire, comme Platon, de défendre la thèse trop forte des Idées, de la participation et des genres de l'être. C'est l'enjeu des livres de l'*Organon*. Il faut d'abord expliciter les normes fondamentales de la vérité, accessibles à tous : la correspondance et la non-contradiction, sans lesquelles aucun discours ne peut être valide. Ceci se prolonge en une théorie logique des enchaînements valides des types de proposition (affirmative et négative, particulière ou universelle) entre elles : c'est la fameuse théorie des syllogismes, qui va servir de base quasi inchangée à la logique jusqu'à la fin du XIXe siècle. C'est aussi le moyen de faire un inventaire des paralogismes pour pointer les fautes logiques dans les discours sophistiques. Ceci est complétée par une théorie de la science qui permet de d'élaborer des critères épistémologiques fiables pour contrôler les discours scientifiques. L'être n'est pas une chose ou un objet spécifique, comme chez Parménide et Platon, seulement l'opérateur du jugement selon des catégories de lieu, de qualité, de quantité... dont on peut faire le répertoire dans un esprit hippocratique.

En outre, Aristote écrit une *Rhétorique*, une théorie des discours persuasifs sur les choses humaines seulement probables, dans le même esprit de l'inventaire hippocratique. Penser le discours persuasif, c'est penser l'efficacité des discours dans le domaine des choses humaines seulement probables et non nécessaires. Il faut pour cela distinguer les trois formes de discours : délibératif ou politique, qui porte sur l'utile et le nuisible ; judiciaire, qui porte sur le juste et l'injuste ; épidictique ou démonstratif, celui de l'éloge et du blâme, sur le beau et le laid. L'efficacité du discours relève de trois catégories – l'*éthos*, le *pathos* et le *logos* – c'est-à-dire des qualités de l'orateur, des passions qu'il doit provoquer et des éléments que doivent contenir ses discours. Cette rhétorique servira de canon à Rome et jusqu'à aujourd'hui où elle sert encore de base dans les études de droit.

En politique, en morale et en art, c'est le même esprit d'observation et de comparaison qui doit guider le philosophe, à égale distance de la fuite en avant relativiste des sophistes et des thèses trop fortes de Platon. La question du meilleur des régimes politiques suppose une comparaison de leur forme positive (monarchie, aristocratie, démocratie), lorsque prime l'intérêt général et le gouvernement par la loi, et de leur forme négative (tyrannie, oligarchie, régime démagogique), lorsque domine l'intérêt particulier et les décisions arbitraires. La forme politique la plus achevée, telle qu'on peut la déterminer dans les quatre premiers livres des *Politiques*, semble alors être issue d'une Athènes bien tempérée, à la Périclès, une démocratie qui fait participer tous les citoyens tout en réservant certaines magistratures aux plus compétents et comportant une importante classe moyenne, située à égale distance du mépris des trop riches et de la jalousie des trop pauvres.

En morale, dans son *Ethique à Nicomaque* et son *Ethique à Eudème*, Aristote substitue au modèle de la hiérarchie fonctionnelle et organique des vertus, un modèle pluraliste, inspiré de l'observation et de l'analyse du vocabulaire moral usuel. Les vertus sont des dispositions à agir, acquises par l'habitude, et situées à égale distance de deux vices opposés, l'un par excès l'autre par défaut. Ainsi, la générosité est la vertu située à égale distance de la prodigalité et de la mesquinerie, le courage la vertu située à égale distance de la témérité et de la lâcheté. Un même individu peut très bien être prodigue et courageux ou mesquin et lâche : un grand nombre de combinaisons de vertus et de vices est possible, sans que les vertus forment un système permettant de faire une hiérarchie élitiste des types de personnalités morales comme chez Platon.

En art, ce qui compte, là encore, c'est de voir ce qui fonctionne selon sa finalité et pourquoi, à partir d'une observation des épopées, des tragédies et des comédies, plutôt, comme Platon, que d'abhorrer la liberté artistique à Athènes et de rêver d'un art d'État égyptien millénaire. Ainsi, par exemple, dans la *Poétique*, la supériorité d'Euripide sur les autres tragédiens contemporains, c'est qu'il semble mieux suivre les règles de la composition de la tragédie dans ses parties (le récit, les caractères, l'élocution, la pensée, le spectacle et le chant) et produit de la sorte plus efficacement la catharsis, la crainte et la pitié, que doit produire la tragédie.

Bref, les stratégies philosophiques de Platon contre les milésiens et les sophistes, en ontologie, épistémologie, politique, morale, esthétique, sont trop fortes et semblent revenir en amont de ces grandes conquêtes intellectuelles permises par l'esprit milésien de l'enquête laïque fondée sur l'hypothèse causale contrôlable par l'observation et la discussion argumentée. L'opposition de Platon et d'Aristote aura ainsi un caractère central et structurant pour toute la tradition intellectuelle occidentale jusqu'à aujourd'hui.

6. Épicurisme, stoïcisme, scepticisme

Le philhellénisme des Romains se traduit par l'influence de philosophies grecques : épicurisme, stoïcisme et scepticisme.

L'épicurisme, ou philosophie du Jardin, tire son nom d'Épicure (341-270 av. J.-C.), qui invite à une recherche modérée des plaisirs, à ne pas confondre avec l'hédonisme, dont le principe est la quête des plaisirs, sans modération. L'épicurisme associe la sagesse à la mesure, et dans sa *Lettre à Ménécée* Épicure distingue les besoins naturels (dont certains sont nécessaires et d'autres non) et les besoins artificiels. Matérialiste, Épicure croit que les dieux existent mais qu'ils sont indifférents aux affaires humaines : il invite à ne craindre ni la mort ni les dieux. Il faut viser l'ataraxie, l'absence de troubles, pour être heureux. « Pour vivre heureux, vivons caché » est un mot d'ordre des épicuriens, qui cultivent l'amitié et valorisent la tempérance. Pour sa part, Lucrèce, dans le *De Natura Rerum*, fait preuve d'irréligion et d'esprit critique. Considéré comme le premier philosophe de langue latine, et cité par Cicéron, adversaire des épicuriens, Gaius Amafinius (de dates inconnues), dont les œuvres nous sont perdues, semble avoir joué un rôle actif dans l'introduction et le succès de l'épicurisme à Rome. Le fameux « Carpe diem » (« Cueille le jour ») d'Horace dans le premier livre de ses *Odes* atteste le succès de l'épicurisme chez les Romains.

Philosophie qui ne cherche pas le Souverain Bien dans la quête des plaisirs, mais dans la vertu, le stoïcisme est enseigné à Athènes par Zénon sous le Portique (« Stoa »). C'est une philosophie de la lucidité : le sage doit déterminer ce qui ne dépend pas de lui (et qu'il faut accepter, comme la mort) et ce qui dépend de lui. Comme le stoïcisme incite à ne pas se perdre en vaines déplorations et en combats perdus d'avance, c'est une philosophie de la liberté, qui prône l'abstention volontaire mais aussi l'engagement, au contraire de l'épicurisme : principal conseiller de Néron, Sénèque (4 av. J.-C.-65 ap. J.-C.) est un auteur tragique et un philosophe dont l'esprit est empreint de stoïcisme, comme l'attestent en particulier ses *Lettres à Lucilius*. Né en Grèce mais vendu comme esclave à Rome, Épictète est connu pour son *Manuel*, qui a profondément influencé l'empereur stoïcien Marc Aurèle (qui règne sur Rome de 161 à 181), lui-même auteur de *Pensées pour moi-même*, rédigées en grec, et où il défend l'idée que « l'obstacle est matière à action ». L'acculturation du stoïcisme à Rome a été si forte que le Romain est devenu un symbole du stoïcisme, avec des cas devenus célèbres de suicide comme celui de Caton d'Utique, dit aussi Caton le Jeune (95-46 av. J.-C.), qui refuse de survivre à la République et à la liberté, après la défaite de Thapsus, et préfère se donner la mort de son épée. Dans *Chatterton* (1835) de Vigny, le personnage éponyme se dit « Reste comme tu es, Romain, et regarde en face » (III, 1), lorsque, cachant l'opium avec lequel il va se suicider, il s'adresse à lui-même pour faire preuve de stoïcisme, face à une société hostile.

Apparu en Grèce, le scepticisme prend pour sa part son essor avec Pyrrhon (365-275 av. J.-C.), même si ce dernier n'a rien écrit : certains parlent même de pyrrhonisme. Comme les autres philosophies grecques, le scepticisme a eu des émules à Rome. En revanche, du fait de l'influence du stoïcisme sur la pensée romaine, et de l'absence de courant romain se revendiquant explicitement du cynisme, on a souvent négligé l'influence à Rome du cynisme. Ce courant est initié par Antisthène (vers 444-365 av. J.-C.) et incarné par Diogène de Sinope (413-327 av. J.-C.), dit aussi Diogène le cynique (connu par Diogène Laërce, auteur au IIIe siècle de notre ère de *Vies, doctrines et sentences des philosophes illustres*), qui se montre radical, en particulier dans son rapport à Alexandre le Grand : « Ôte-toi de mon soleil », répond Diogène à Alexandre, venu s'enquérir de ce qu'il pouvait faire pour lui. Bien connu de Sénèque, ce courant, qui revendique le modèle animal du chien, face aux artifices de la technique, a inspiré en particulier les satiristes romains, qui se délectent volontiers du cynique grec Ménippe de Sinope.

III. Le monde romain s'appropriant la culture politique et savante grecque puis la culture chrétienne

1. La place fondamentale du droit romain

Romulus tue son frère jumeau Rémus parce qu'il a franchi en riant la ligne qu'il avait tracée en interdisant de la passer. Cette légende symbolise l'attachement des Romains au droit : le respect de la règle est sacré, aussi sa transgression est-elle très sévèrement sanctionnée. Les châtiments romains sont exemplaires, au sens où ils ont pour visée de dissuader toute velléité d'imitation. Le sort réservé en 71 avant notre ère, à l'issue de la troisième guerre servile, aux esclaves qui se sont révoltés avec Spartacus est bien connu : 6 000 sont crucifiés sur la Via Appia, qui relie Rome à Capoue.

Si Rome s'est inspirée en partie de la philosophie et des institutions politiques grecques, elle a développé de manière originale un droit civil qui a été au principe de la puissance de l'Empire. Très tôt, les Romains ont eu un droit, que nul n'est censé ignorer : en 451 et 449 avant J.-C., les Douze Tables de la loi sont écrites, sur le modèle des lois grecques, qui remplacent le droit oral. Afin de préparer ce corpus, trois représentants romains se seraient rendus à Athènes, pour s'inspirer des lois de Solon. Si la véracité de ce voyage est contestée, son évocation par Tite-Live traduit avant tout l'inspiration démocratique athénienne des douze tables, dont l'esprit reflète le souci d'isonomie (égalité de tous devant la loi).

À partir de la « Loi des Douze Tables », fruit d'un compromis politique entre l'aristocratie et le peuple, le droit civil s'est développé grâce à des juristes professionnels en s'extrayant de l'ancien droit religieux, patriarcal et aristocratique, des pontifes, qui, sous une forme hautement ritualisée, avantageait systématiquement les aristocrates. Se sont ainsi élaborées des notions juridiques correspondant à un *droit des personnes* (minorité, incapacité, tutelle, curatelle, famille, mariage, héritage, adoption...), à un *droit des choses* (propriété, servitudes, choses corporelles et incorporelles, meubles et immeuble, nue propriété, usufruit, copropriété, indivision, location...), à un *droit des obligations* (contrat, dépôt, gage, hypothèque, cautionnement, mandat, vente, testament...). C'est la base ensuite de l'extension coloniale du pouvoir romain, laissant la liberté religieuse aux conquis mais établissant les règles communes pour le droit civil.

Le *droit public*, qui règle et constitue les pouvoirs centraux, s'est développé par contre conjointement à Rome et à Athènes en relation avec les rapports de force politique entre la plèbe et l'aristocratie, mais il gardait une dimension religieuse et tacite. Toutefois, à Rome la notion d'*imperium* qui qualifie le pouvoir du commandement civil et militaire, et qui, à l'origine était absolu au sens où il comportait le droit de vie et de mort, est un legs de la royauté étrusque avec son caractère sacré, le passage de la royauté à la République en 509 ayant surtout pour effet de le diviser en plusieurs titulaires dans les magistratures et de le rendre temporaire puisque l'exercice du pouvoir était surtout annuel, ou encore de formaliser l'ordre de préséance dans les magistratures (dictateur, consul, préteur, censeur, édile, tribun de la plèbe...). La présence d'un pouvoir exécutif fort est une des grandes différences avec Athènes.

La loi a pour fonction d'intégrer le citoyen à la communauté, en réglementant les échanges. Au VIe siècle de notre ère, l'empereur byzantin Justinien a fait compiler les principes du droit romain : oubliées un temps, les « compilations de Justinien » ont inspiré bien des juristes, après leur redécouverte à la fin du XIe siècle. Elles mettent en évidence les vertus et l'efficacité du droit romain, écrit, par rapport au droit coutumier qui a longtemps été la règle en Europe.

L'empereur Caracalla prend en 212 une décision exceptionnelle dans l'histoire par un édit : il accorde la citoyenneté romaine à tous les hommes de l'Empire, quelle que soit leur ethnie. Cela traduit l'esprit d'assimilation qui préside au droit romain sous l'Empire. Les Romains sont ainsi un peuple connu pour son sens de l'organisation, ce que reflète l'organisation des villes, avec deux axes perpendiculaires, le cardo (nord-sud) et le decumanus (est-ouest), qui se croisent en principe là où se trouve le forum.

2. L'imprégnation de la culture savante des Grecs

Une véritable « grécomanie » s'empare des élites romaines après la victoire définitive des Romains en 168 avant notre ère, à l'issue de la troisième guerre de Macédoine. Des Romains, comme le général Paullus (230-160 av. J.-C.), vainqueur des Grecs, transforment alors leur habitat, avec l'ajout à leur *domus* (maison) d'un « péristyle », jardin autour duquel s'ouvrent des pièces aux fonctions bien définies. Vers 15 av. J.-C. Vitruve met en évidence l'influence architecturale grecque sur les édifices romains dans *De architectura*.

Désormais, les élites veulent que leurs fils soient éduqués par un pédagogue, dont l'enseignement est marqué par un profond philhellénisme. L'élite romaine devient de ce fait bilingue, ce qui facilite la pénétration de la culture grecque dans les esprits romains. Le fameux « *Tu quoque mi fili* », (« Toi aussi, mon fils ! ») que Jules César aurait adressé à Brutus à sa mort a de ce fait sans doute été prononcé en grec. Certains vont déplorer l'ampleur de cette influence, dans laquelle ils voient la cause d'une décadence morale : « Je ne puis supporter que Rome soit devenue une ville grecque ! » s'indigne le poète Juvénal (55-128). Rome est devenue une nouvelle Athènes.

3. La rhétorique : d'Aristote à Cicéron et Quintilien

Démosthène (384-322 av. J.-C.) est resté célèbre pour son talent d'orateur. Les assemblées de la démocratie athénienne sont en effet le lieu de débats, lors desquels la maîtrise de la parole s'avère essentiel. Il en est de même à Rome, où les hommes politiques sont souvent de brillants orateurs, tel l'homme politique et avocat Cicéron (106-43 av. J.-C.), auteur du *De Oratore*, où il affirme : « On naît poète, mais on devient orateur ». Chez les Grecs, il s'agit de persuader (avec Hermès comme dieu de l'éloquence), mais les Romains, eux-mêmes influencés par le stoïcisme, estiment que la rhétorique doit être associée à une bonne moralité, afin que le rhéteur soit l'image même de la sagesse. On peut parler d'*ethos* de l'orateur. Outre Cicéron, Quintilien est un orateur du premier siècle de notre ère dont *L'Institution oratoire* (*De institutione oratoria*) a exercé une influence durable sur la pratique de la rhétorique.

L'art oratoire, ou rhétorique, art de bien parler, suppose ordre et mémoire. Héritiers d'Aristote, Cicéron et Quintilien distinguent cinq « parties » du discours, qui correspondent aux temps d'élaboration et de production du discours de l'orateur. Tout d'abord, l'*inventio* correspond à la recherche des idées, afin de déterminer le contenu. Il faut ensuite, par la *dispositio*, organiser ces idées. L'orateur pratique dans un troisième temps l'*elocutio*, qui consiste en la recherche de la forme d'expression, afin d'assurer la qualité formelle de la parole. Toutefois, la parole qu'engendre la rhétorique n'est efficace que si l'on accorde de l'importance à l'*actio*, qui consiste en la recherche de la gestuelle et de l'intonation qui vont donner au discours sa force. Enfin, la *memoria* est le temps de l'apprentissage intégral du discours, afin de pouvoir le proférer sans notes. Cette importance de l'ordre et de la mémoire, qui incite à associer un discours aux différentes parties d'une maison, afin de se repérer, est mis en évidence, dans le monde grec, par l'anecdote selon laquelle le Simonide de Céos (556-467 av. J.-C.) aurait permis, en se remémorant la place occupée par chaque convive, d'identifier les cadavres de personnes sur lesquelles un toit s'était effondré lors d'un banquet que Simonide avait quitté de manière inopinée.

IV. Vers un christianisme hellénisé et romanisé

1. Le tournant impérial et l'intégration du christianisme

Tout comme la période hellénistique a correspondu à un déclin des valeurs civiques, le passage de la République à l'Empire marque une césure dans la culture politique puis la culture tout court, par le jeu d'une transition par étapes.

La crise de la République, de 133 à 31 av. J.-C., est l'effet de la colonisation et des tensions engendrées par l'enrichissement démesuré de la classe sénatoriale grâce à son monopole de l'*ager publicus*, les immenses terres des populations conquises, et la démultiplication des esclaves. L'attribution de *l'ager publicus* déclenche une crise à partir des Gracques (les frères Tibérius Gracchus, tribun de la plèbe, et Caïus Gracchus), qui proposent une répartition plus égalitaire des fruits de cette conquête, crise qui oppose la plèbe et le parti sénatorial de 133 à 121 av. J.-C. La révolte des esclaves, notamment celle de l'esclave thrace Spartacus entre 73 et 71 est aussi l'occasion d'une crise majeure. Les généraux, qui calment ces cycles de révolte, finissent par apparaître comme les seuls garants de l'ordre et de l'unité. Ainsi, de Caesar à Auguste, s'opère une transition de la République à l'Empire par une concentration continue des pouvoirs politiques et militaires dans leurs mains. Alors que le droit civil, instrument de la domination coloniale, continue l'essentiel de son développement comme outil de colonisation et de rationalisation sociale dans l'Empire, les institutions politiques perdent progressivement leur caractère républicain au profit de l'Empereur, qui devient un dieu vivant.

Se met en place un culte impérial qui va justement susciter une réaction des chrétiens, qui deviennent progressivement, à partir du IIe et IIIe siècle, une importante minorité religieuse avec ses croyances et son Église : ainsi s'explique les persécutions antichrétiennes, avec les martyrs des premiers siècles. Cette autonomisation et cette montée en puissance débouchent sur l'édit de Milan de Constantin en 313, qui met fin aux persécutions, autorise le culte public, et programme une véritable conversion de l'ensemble de l'Empire romain au christianisme, qui s'étend sur un siècle, jusqu'à ce que les cultes païens soient interdits tout comme les jeux du cirque, jugés cruels. La première Basilique de Saint Pierre de Rome est édifiée entre 324 et 335 sur la tombe présumée de l'apôtre Pierre, martyrisé à Rome, comme Paul : l'évêque de Rome s'impose au fil des siècles comme le chef de l'Église, malgré les schismes orthodoxe puis protestant, et bien d'autres vicissitudes. En 325, c'est Constantin lui-même qui sollicite le Concile de Nicée, voulant prévenir l'hérésie d'Arius. Saint Ambroise (333-397), évêque de Milan, et Saint Jean Chrysostome (344-407), évêque de Constantinople, sont les témoins et les acteurs plus ou moins rétifs de cette intégration du christianisme à l'Empire.

2. L'évolution de la religiosité dans l'antiquité tardive

Le judaïsme, très structuré par le système de ses prescriptions, par le rabbinat et les synagogues, ne va subir une influence gréco-romaine que ponctuelle et latérale, avant les tentatives beaucoup plus tardives de Maïmonide qui s'inscrit dans l'aristotélisme médiéval.

Ce n'est pas le cas du christianisme. Paul, qui connaît la philosophie, est le premier à construire un véritable discours sur les propriétés intellectuelles de la religion de Jésus de Nazareth : c'est une sagesse, mais révélée, qui peut paraître une folie pour des païens formés à la philosophie grecque.

Aussi la fusion théologique avec la philosophie grecque commence véritablement avec Origène (185-255), de la même génération que Plotin. Origène fait une première synthèse du platonisme et du christianisme en interprétant le platonisme dans un sens dualiste et mystique qui va marquer durablement le christianisme platonisant d'Ambroise et Augustin.

Mais parallèlement à la fusion institutionnelle avec l'Empire, qui sera encore plus grand en Orient (césaro-papisme) et programmera la scission de la confession orthodoxe, s'approfondit, en réaction à cette fusion, une tendance née dès la fin du IIe siècle. C'est la figure émergente d'une religiosité de virtuoses exceptionnels, fuyant le monde comme Jésus au désert, dans une retraite ascétique radicale, à la fois ami de Dieu et athlète spirituel, comme le montre Peter Brown. Sur cette figure va croître le phénomène du monachisme, très important dans la genèse culturelle de l'Europe au Ve siècle, au moment de l'effondrement de l'Empire romain d'Occident, car c'est essentiellement dans les monastères que va être transmise, au Ve et VIe siècle, la culture gréco-latine et chrétienne menacée d'extinction. Le *scriptorium*, où l'on recopie les textes dans les monastères, joue un rôle majeur dans la transmission de cette culture.

C'est le prestige de cette forme spirituelle qui imbibe de plus en plus la vie intellectuelle et spirituelle de l'Antiquité tardive que l'on retrouve dans ces deux figures majeures que furent Plotin (205-270) et Augustin (354-430). Le premier prépare en amont de la fusion institutionnelle de l'Empire romain et du christianisme, et le second accomplit en aval cette fusion, l'union des univers intellectuels gréco-romain et chrétien.

3. Une figure philosophique de l'Antiquité tardive : Plotin

Plotin donne du platonisme une version à la fois unifiée et mystique. Unifiée parce que toute la dimension de chantier ouvert et autocritique de l'œuvre est soustraite au profit d'un schème théorique définitif : l'Un, les Formes, l'âme du monde et des êtres, la matière sont unis de haut en bas par une procession ou une émanation qui vaut comme un épaississement progressif, un chemin vers le Multiple. De ce fait, la tâche de chaque âme est de retourner vers sa source, vers l'Un, de fuir sa propre tendance à la dispersion. Il en résulte le programme intellectuel et spirituel de « fuir seul vers le Seul » (*Ennéades*, VI, 4, 14, 16), qui marque le basculement du platonisme dans un programme de fusion mystique et solitaire avec le principe. Fusion mystique qui amplifie la dévalorisation platonicienne de la matière pour lui donner une coloration morale maximaliste et pessimiste, car la fusion mystique, qui seule nous rend pur, est rare et réservée à quelques sages d'exception. La soustraction ou la latéralisation de la dimension politique et cosmologique de la pensée de Platon est ici manifeste.

Bien qu'il ne soit pas un chrétien, Plotin participe ainsi à l'émergence de cette religiosité typique de l'antiquité tardive, et contribue de manière décisive à la fusion du platonisme et du christianisme.

4. Une figure gréco-romaine et chrétienne de l'Antiquité tardive : Saint Augustin

Originaire d'Afrique du Nord, Augustin subit à Milan l'influence d'un Ambroise influencé lui-même à la fois par Origène et par Plotin. À la suite d'Ambroise mais avec un génie littéraire inédit, il va transvaser le schème plotinien du retour mystique de l'âme vers l'Un dans celui de la conversion du cœur à l'amour de Dieu. *Les Confessions* racontent, dans une dramaturgie grandiose qui fera école, l'itinéraire de l'esprit vers Dieu d'un virtuose spirituel. Fuyant les pains corruptibles du sexe, de la gloire et du savoir, le jeune et ambitieux professeur de rhétorique, renonce au monde pour renaître dans l'amour exclusif du pain incorruptible de Dieu. Le maximalisme spirituel et moral de Plotin est ainsi transformé en un modèle très fort de la conversion et en pessimisme moral, car, dans le cadre biblique du péché originel l'immense majorité des hommes semble promise par contraste à la dispersion et à l'avilissement du péché.

Dans le contexte de l'affaiblissement de l'Empire sous les poussées barbares, et notamment du sac de Rome par Alaric en 413, et des critiques adressées au christianisme d'avoir désarmé les caractères, Augustin entreprend, dans la *Cité de Dieu*, une défense et illustration de la religion chrétienne dans l'histoire. On retrouve appliqués à l'histoire et à la société le même dualisme et le même maximalisme que dans l'anthropologie de la conversion des *Confessions*. S'opposent, dans le monde historique, la forme de lien social animé par l'amour de Dieu et donc la charité, la cité céleste, et la forme de lien social animé par l'amour de soi et donc les pains corruptibles de la gloire et du sexe. À la sociologie politique fonctionnelle de Platon, ou des classes d'Aristote, Augustin oppose une conception en deux tendances morales opposées. Le gouvernement monarchique d'un roi animé par la charité semble de ce point de vue ce qu'il y a de plus souhaitable. Ce sera la base de ce que l'on appellera l'augustinisme politique pour l'Europe chrétienne du haut Moyen Âge, et aussi du vocable de « roi très chrétien » que l'on associera de manière typique à un Saint Louis.

Enfin Augustin construit une théologie de la toute-puissance de Dieu pour répondre à l'hérésie du moine Pélage. Celui-ci pense qu'un progrès moral par les bonnes actions, les œuvres est possible et que Dieu ne peut nous en être que reconnaissant. Mais si Dieu est tout puissant, il ne saurait être contraint par nos œuvres comme dans les mécanismes rituels de don et de contre-don : sa grâce est gratuite. Si le péché originel est une corruption originelle, elle est indéfiniment présente en l'homme. Au pessimisme anthropologique et au maximalisme moral de la charité correspond donc un Dieu lointain, insondable. C'est contre un christianisme aristotélicien, celui de Saint Thomas, jugé trop proche du pélagianisme, que Luther mobilisera la théologie et l'anthropologie d'Augustin.

Les Grecs et les Romains antiques ont contribué à forger l'identité culturelle occidentale. Le nom Europe lui-même est celui d'une princesse orientale, fécondée par Zeus, déguisé en taureau blanc. Le mythe d'Orphée, premier des poètes d'après les légendes antiques, ne cesse d'inspirer les artistes, qu'ils soient poètes (Apollinaire), romanciers (Pascal Quignard, *Tous les matins du monde*), cinéastes (Cocteau, *Orphée*)... Avec toutes les justifications et les limites de ce concept, la pensée grecque et latine mérite d'être étudiée, pour sa valeur propre, mais aussi comme source d'un héritage fécond. Si au XVIe siècle Du Bellay déplore de ne pas trouver Rome dans Rome, c'est-à-dire la grandeur antique dans la Ville, force est de constater que la pensée grecque et romaine est encore vivace à notre époque sous bien des formes, y compris les plus récentes, tels les forums numériques, grâce à ses métamorphoses perpétuelles, conformément à un thème si prégnant dans la culture antique.

→ Bibliographie sur la pensée grecque et latine

- Jean-Louis Backes, *Le Mythe dans les littératures d'Europe*, Le Cerf, 2010.
- Christophe Badel, *Grand Atlas de l'Antiquité romaine*, Autrement, 2014.
- Jacques Brunschwig, Geoffrey Lloyd et Pierre Pellegrin, *Le Savoir grec*, Flammarion, 2011.
- Peter Brown, *La Société et le sacré dans l'Antiquité*, Le Seuil, 1985.
- Peter Brown, *À travers un trou d'aiguille. La richesse, la chute de Rome et la formation du christianisme*, Les Belles Lettres, 2016.
- Isabel Dejardin, *Visages antiques de la barbarie. Enquête sur l'émergence d'une notion*, Bouchêne, 2010.
- Pierre Grimal, *Cicéron*, Fayard, 1986.

- Pierre Hadot, *Qu'est-ce que la philosophie antique ?*, Gallimard, 1995.
- Édith Hamilton, *La Mythologie. Ses dieux, ses héros, ses légendes*, Marabout, 1998.
- Claude Nicolet, *Le Métier de citoyen dans la Rome républicaine*, Gallimard, 1976.
- Jacqueline de Romilly, *Précis de littérature grecque*, PUF, 1980.
- Maurice Sartre, Anne Sartre-Fauriat et Patrice Brun (dir.), *Dictionnaire du monde grec antique*, Larousse, 2009.
- Jean-Pierre Vernant et Pierre Vidal-Naquet, *Mythe et tragédie en Grèce ancienne*, François Maspero, 1972.
- Paul Veyne, *Le Pain et le Cirque*, Seuil, 1995.
- Paul Veyne, *L'Empire gréco-romain*, Seuil, 2005.
- Paul Veyne, *Quand notre monde est devenu chrétien (312-394)*, Albin Michel, 2007.
- Pierre Vidal-Naquet, *Le Monde d'Homère*, Perrin, 2000.

2. Judaïsme, Christianisme et Islam :
une chronologie jusqu'à l'aube des temps modernes

Judaïsme	Christianisme	Islam
▪ **1300-1200** Moïse ▪ **1040** Samuel prophète et juge ▪ **1010-972** David Roi de Juda et Israël ▪ **972-933** Salomon Roi de Juda et d'Israël ▪ **933** Division du royaume ▪ Prophètes : Élie, Amos, Ésaïe ▪ **722** Fin du royaume d'Israël ▪ Prophètes : Jérémie, Ézéchiel ▪ **588** Fin du royaume de Juda, destruction du Temple ▪ **533-333** Domination perse		
▪ **33-63** Domination hellénistique	▪ Jésus de Nazareth (-7 +30) ▪ Conversion de Paul de Tarse	
▪ **63** Début de la domination romaine ▪ Philon d'Alexandrie (-20+45)	▪ 60-95 Rédaction des Évangiles	
▪ **70** Destruction du Second temple, début du judaïsme rabbinique et de l'élaboration écrite du commentaire talmudique	▪ Théologie chrétienne : Tertullien(160-245), Origène(185-254), Saint Ambroise(339-397) ▪ Naissance du monachisme chrétien en Égypte : Saint Antoine (251-356), Saint Pacôme (292-348) ▪ 313-380 Conversion de l'Empire romain ▪ Augustin (354-430) ▪ Saint Benoit (480-547). Ordre des bénédictins et monastères	

Judaïsme	Christianisme	Islam
	▪ Augustinisme politique, conversion des rois barbares	Muhammad (570-632) Scission des Sunnites et des chiites **635-718** Conquête de la Syrie, de l'Égypte, de l'Arménie, de l'Afrique du Nord, de l'Iran, de l'Afghanistan, de l'Espagne **661-750** Califat des Omeyyades à Damas **750-1258** Califat des Abbassides à Bagdad : âge d'or de l'Islam
▪ Maïmonide (1138-1204)	▪ **1054** Schisme d'Orient (orthodoxe) ▪ **1074** Réforme grégorienne ▪ **1095-1291** Croisades ▪ **1098** Cisterciens (réforme des Bénédictins) ▪ Saint Thomas (1225-1274) ▪ **1210-1215** Naissance de l'ordre des Franciscains et de l'ordre des Dominicains	Avicenne (980-1037) Averroès (1126-1198) **1299-1923** Empire ottoman **1453** Prise de Constantinople **1750** Wahhabisme
	▪ Luther (1483-1546) ▪ Calvin (1509-1564)	

2

Les apports du judaïsme, du christianisme et de l'islam à la pensée occidentale

Olivier Gouchet

Le mot « monothéisme », terme philosophique et non théologique, est d'usage relativement récent (1660). Les croyants des trois grands monothéismes – judaïsme, christianisme et islam – professent une foi envers un Dieu unique, dont le message est délivré par l'intermédiaire de trois messagers, respectivement Moïse, Jésus, Muhammad. En tant qu'« adhésion adéquate à un "objet" paradoxal », selon le mot du philosophe Rémi Brague, la religion relève de la foi, mais il est possible d'en faire une approche culturelle et historique.

Comment ces trois religions du Livre sont-elles apparues ? Quelles sont les caractéristiques qui les rapprochent et les distinguent ?

De fait, le judaïsme, le christianisme et l'islam ont des traits communs, mais aussi des fondamentaux spécifiques (I). Pour comprendre ces derniers, il convient de considérer la Révélation contenue dans les livres sacrés de ces religions (II). Se pose alors la question de la coexistence et de l'évolution des trois religions (III).

I. Un Dieu, trois messagers, trois livres saints : les fondamentaux

1. Un Dieu unique

Les fidèles des trois monothéismes confessent volontiers croire au même Dieu unique, créateur de l'univers, omniscient, omnipotent, objet de foi et non de savoir. Aux yeux de l'Islam, qui représente le monothéisme le plus strict, la conception chrétienne d'un Dieu Père, Fils et Esprit Saint professée dès les débuts du christianisme, est une hérésie.

Semblablement, pour le judaïsme, Dieu n'a pas de Fils, et le Messie (*mashiah,* traduit par *christos « oint »* dans la traduction dite *Septante*) dont les juifs attendent la venue, est un homme qui rétablira la paix pour tous dans le monde.

Pour l'Islam, Dieu est le Guide parfait (*al-Hâdî*) et tout croyant sincère est donc « bien guidé » (*mahdî*). Ce dernier terme a vite pris une signification eschatologique (c'est-à-dire portant sur la fin du monde) : à la fin des temps, Dieu enverra un messager bien guidé, le *Mahdî*, qui fera triompher la religion et écrasera les forces sataniques.

2. Un Messager

a. Judaïsme : Moïse (né en Égypte vers la fin du XIVe siècle avant notre ère)

Le peuple hébreu a eu ce destin singulier que Dieu, tout comme il s'était adressé à Abraham, homme juste et premier patriarche, respecté par les trois monothéismes, choisisse Moïse pour délivrer les Hébreux de leur esclavage égyptien et les mener vers la Terre Promise. L'échange sur le mont Horeb (Sinaï) entre Dieu et le berger Moïse (Exode 3,15 : référence du passage de la Bible, livre Exode, chapitre 3, verset 15) est fondamental pour l'esprit du judaïsme. Déterminé à obéir à Dieu, Moïse lui demande au nom de qui il doit parler aux fils d'Israël : « Dieu dit : *je suis qui je serai* » une formule ambiguë, que des commentateurs ont comprise comme un refus divin de révéler son nom, qui se cache dans le tétragramme (groupe de 4 lettres) : YHVH, que les juifs ne prononcent pas par respect de la divinité.

b. Christianisme : Jésus de Nazareth (crucifié le 7 avril 30)

Des trois messagers de Dieu, Jésus est sans doute celui qui soulève le plus un problème, non tant par sa réalité historique que par les prérogatives que lui attribue le christianisme. Des témoignages se trouvent chez un petit nombre d'auteurs anciens, juifs comme Flavius Josèphe (*Antiquités judaïques,* 18, § 63-64, écrit vers 95), ou païens comme Tacite, Suétone, ou Pline le Jeune, qui se contentent de brèves allusions.

Reste le problème fondamental : la nature divine de Jésus, qui le sépare radicalement et, pour beaucoup de non-chrétiens, scandaleusement, de Moïse et de Muhammad.

c. Islam : Muhammad (vers 570-632)

Né à La Mekke, cité marchande et caravanière, dans la famille aristocratique des Quraichi, Muhammad (ou Mahomet) connut la pauvreté dans son enfance. Il perdit tout jeune ses parents, fut confié à son grand-père paternel qui mourut lorsque Muhammad avait huit ans. L'enfant fut alors recueilli par son oncle Abû Tâlib, qui se montra un éducateur et, plus tard, un protecteur dévoué.

Pour gagner sa vie, Muhammad accompagna des caravanes de commerce vers la Syrie, puis entra au service d'une riche veuve, Khadija, qu'il épousa à l'âge de 25 ans.

Muhammad a laissé l'image d'un homme méditatif qui aimait échapper à l'agitation de la cité et se retirer loin de la foule. Vers 610, il accomplissait une retraite dans le désert, dans une caverne du mont Hira' non loin de La Mekke, lorsqu'il vit en songe un être gigantesque, qui s'adressa à lui en l'appelant « Envoyé de Dieu » et en lui ordonnant de répéter un texte. Il refit ce même rêve à l'état de veille et, effrayé, se réfugia chez sa femme. Celle-ci l'encouragea à accepter sa vocation.

Pendant trois ans rien ne se passa. Puis Muhammad se mit à prêcher, proclamer l'unicité de Dieu, appeler à aider les pauvres et à condamner l'adoration des idoles. Certains se convertirent, mais la majorité des Mekkois, qui vivaient des pèlerinages et cultes polythéistes, se montrèrent hostiles. Aux vexations succédèrent des brimades et la violence alla jusqu'au meurtre de musulmans. 'Ali, le cousin de Muhammad, fils d'Abû Tâlib, et son ami Abû Bakr furent avec Khadija les premiers convertis.

Abû Tâlib et Khadija, les protecteurs de Muhammad, meurent en 619. Pendant trois ans, Muhammad cherche en vain des appuis. Il finit par conclure une alliance avec des Arabes de Yathrib venus en pèlerinage, qui se convertissent et lui prêtent serment de fidélité. En 622, les musulmans décident de fuir La Mekke pour Yathrib par petits groupes. La moitié des habitants de Yathrib se convertit à l'Islam et cette oasis prend le nom de Médine, en arabe *medinat-an-nabî*, la ville du prophète. La date de 622, dite de l'Hégire (exil, émigration), marque le début du décompte du temps pour le calendrier musulman.

Les débuts de la communauté sont difficiles économiquement. La moitié juive de l'oasis, qui voyait initialement d'un bon œil le monothéisme de l'Islam, refuse de se convertir. Les musulmans multiplient les raids en Arabie et Muhammad se transforme en chef de guerre pour assurer la survie de sa communauté. Il fait construire la grande mosquée de Médine. Après une série de batailles, il finit par conquérir La Mekke sans coup férir, accorde une amnistie aux Mekkois, sauf à dix d'entre eux, vide la Ka'ba de ses idoles et organise le pèlerinage, dont les non-musulmans sont désormais exclus et qui reprend en 631. Muhammad participe à celui de 632, mais meurt quelques mois après. Il est enterré à Médine et son tombeau fait l'objet de pèlerinages.

Quelques mots s'imposent sur la notion de jihâd pour faire table rase des fausses interprétations : le mot ne signifie pas « guerre sainte » (l'expression n'existe pas), mais « effort pour atteindre un but ». « C'est une abréviation, dont la formule complète, fréquente dans le Coran, est "l'effort dans le chemin de Dieu" au sens d'effort pour faire régner les droits de Dieu. » (Robert Caspar, article « jihâd » du *Dictionnaire des Religions*). Ses moyens seront divers et non militaires au premier chef, sauf pour défendre l'espace musulman ou l'étendre lorsque les moyens pacifiques ont échoué. Le mot s'applique couramment à l'effort de la politique sociale.

II. La Révélation par les textes

1. Loi écrite et Loi orale dans le judaïsme

Une fois le peuple hébreu établi sur la Terre Promise, Dieu, par l'intermédiaire de Moïse, lui donne les Tables de la loi, portant le Décalogue (les Dix Commandements). « Ces paroles », souligne Moïse, « le Seigneur les a dites à toute votre assemblée sur la montagne, du milieu du feu, des nuages et de la nuit épaisse, avec une voix puissante, et il n'a rien ajouté ; il les a écrites sur deux tables de pierre, qu'il m'a données. » (Deutéronome 5,22).

Ce passage en apparence anodin est culturellement essentiel, puisque Dieu y sacralise l'écriture hébraïque.

Parmi les préceptes – au nombre de 613 selon un passage du Talmud de Babylone (traité *Makkot* 23a) – que la Tora stipule pour un juif adulte, le premier est d'avoir des enfants et le dernier est d'écrire un livre. La tradition met l'accent sur l'acte d'écrire (Dieu a donné l'exemple avec les Tables de la loi), car, réflexe typique du rationalisme judaïque, on sait bien que n'est pas auteur qui veut. Le croyant peut donc recopier un livre. Copier la Tora est une tâche de longue haleine et redoutable : comme le souligne dans le Talmud un maître trouvant un disciple plongé dans ce travail, une seule lettre de la Tora oubliée ou changée « peut causer la destruction du monde ». Dans un registre moins terrible, une simple faute dans un exemplaire de la Tora la rend *passoul*, c'est-à-dire impropre au service dans la synagogue.

La Tora est la première partie de ce que les juifs appellent TaNaKh, une désignation par les premières lettres de : Tora (la loi), Naviim (les Prophètes), Kétouvim (les [autres] Écrits). Cet ensemble correspond à ce que les chrétiens nomment l'Ancien Testament, à ceci près que ce dernier regroupe un certain nombre de « livres » qui ne font pas partie du canon judaïque. Le TaNaKh est rédigé en hébreu, à l'exception de quelques livres écrits en araméen. Les Hébreux, victimes à multiples reprises de persécutions politiques et religieuses qui les obligeront à s'exiler sur des terres étrangères, devront manier au quotidien des langues différentes de la leur, à tel point qu'il leur faudra se réapproprier l'hébreu ancien dans lequel est transmise la volonté de l'Éternel.

Bien des années avant les chrétiens et les musulmans, les juifs connaîtront le désespoir d'avoir perdu leurs racines. Tant que le messager porteur de la Révélation sera parmi chrétiens et musulmans, ceux-ci vivront le bonheur tangible d'approcher et de questionner qui Jésus, qui Muhammad. Lorsque la mort aura ravi ces deux derniers à leurs fidèles, les communautés respectives feront appel à la mémoire des témoins pour s'organiser et se souvenir, et conserver ce souvenir dans le souci de la véracité des paroles, qu'il faudra figer par l'écrit.

De son côté, la Bible comportait des erreurs notoires – telle l'expression qui faisait d'Ève « la mère de tous les êtres vivants » prestement reformulée en « mère de tous les humains » – auxquelles il a été remédié sans débat. En revanche le texte sacré présente à l'occasion des mots dont le sens s'était perdu très tôt. Pour le reste, l'invention de signes diacritiques (servant à distinguer les sons dans l'écriture) extrêmement précis notant les voyelles brèves ou l'absence de vocalisation, mais aussi le rythme et la mélodie de la lecture ont sauvé la compréhension consensuelle de textes désormais systématiquement publiés avec ces indications.

Le même problème s'est posé du côté arabe. La révélation transmise par Muhammad s'est faite dans le parler du Hedjaz, sa langue maternelle. Le Sceau des Prophètes (*khatam al-anbiya)* disparu, sur la décision clairvoyante du calife Uthman, la communauté musulmane a mis par écrit un texte qui remportait l'adhésion de la majorité des sages lettrés consultés et les versions divergentes ont été détruites sur ordre du calife. Le Coran est lui aussi systématiquement édité dans sa version vocalisée immuable indiquant les voyelles.

Il n'en reste pas moins que le message des textes sacrés recèle tant dans le TaNaKh que le Coran des passages difficiles à comprendre ou à interpréter. C'est ce qui a poussé à la création du Talmud chez les juifs au IIe siècle avant notre ère. Le mot signifie « étude » et renferme tous les commentaires de la Bible. Il est écrit en araméen.

Un célèbre passage du Talmud de Babylone (Traité Bava Metsia, folio 90/a et 90/b) nous en apprend beaucoup sur la pensée hébraïque. Rabbi Eliezer ben Hyrkanos discute avec des rabbins de la pureté ou non d'un four en poterie. Eliézer le juge pur, les autres ne partagent pas son avis. Eliézer n'en démord pas et multiplie les prodiges pour convaincre les autres. Dieu finit par intervenir pour le soutenir. À ce moment, un des contradicteurs, Rabbi Yéhochouha, regarde vers le ciel en criant en substance : « De quoi te mêles-tu, toi ? »

Alors que le récit multiplie les signes en faveur d'Eliézer, ce qui est fréquent dans la Bible hébraïque, mais pas systématique, on sent affleurer une conception de Dieu comme Créateur du ciel et de la terre, comme moteur d'un univers en perpétuel mouvement, en perpétuelle continuation et renouvellement de la vie. Pour les humains, comme le souligne l'extrait du Talmud, Dieu leur a donné la Loi, qui leur sert de guide, Dieu a rempli son rôle dans l'Alliance (pacte de Dieu avec le peuple hébreu). Aux hommes de vaquer à leurs occupations, c'est leur liberté et leur responsabilité. L'Éternel n'est ni l'associé, ni l'ouvrier des hommes.

Ceux-ci ont pour devoir de connaître, respecter et diffuser la Loi. C'est pourquoi l'enseignement des Écritures joue un rôle primordial dans le judaïsme. Fondamentalement, la vie du fidèle était déterminée par étapes : à trois ans, l'enfant était confié à l'école pour apprendre à lire et à écrire. De 6 à 13 ans, le garçon apprend à lire la Tora. À 13 ans, la cérémonie du *bar-mitsva* scelle l'accueil du garçon dans la communauté. Le moment fort de cette fête est la lecture par le garçon d'un passage de la Tora sur le rouleau sacré conservé précieusement à la synagogue.

L'apprentissage de la Tora et du Talmud se fait à la *yéchiva* (école talmudique) confiée à l'autorité d'un maître qualifié, le plus souvent un rabbin. Le local est une salle où l'enseignement se déroule dans le brouhaha des conversations sur le texte d'étude. Le cours consiste en un échange spontané de questions de plus en plus subtiles entre le maître et ses élèves – de tout âge, sans discrimination.

Les textes, en particulier dans le Talmud, étant souvent elliptiques ou obscurs, la présence du maître est essentielle, mais le croyant est libre dans son interprétation, comme on est libre de ne pas partager son opinion. La nécessaire élucidation et interprétation des textes a amené les lettrés à développer de nombreuses méthodes d'analyse originales dont on pourra voir des retombées fécondes dans l'herméneutique (méthode d'interprétation des textes) chrétienne.

2. Le Nouveau Testament et l'apport culturel du christianisme

a. Du judaïsme au christianisme

Faut-il rappeler ce fait d'évidence ? Jésus de Nazareth était juif. Sans judaïsme il n'y aurait pas eu de christianisme. « Né en Palestine, de la prédication d'un Juif, dont les premiers disciples sont Juifs eux aussi, le christianisme procède en ligne directe du judaïsme. Mais, très rapidement, il sort des cadres israélites où il s'était d'abord cantonné. Dès la première génération, le message chrétien est proposé aux Gentils (les non-juifs), qui mettent plus d'enthousiasme à l'accueillir qu'Israël. Bientôt, et de plus en plus, le recrutement païen l'emporte : c'est dans le monde gréco-romain que la nouvelle religion fait carrière et véritablement se réalise. » (Marcel Simon, *Les Premiers Chrétiens*, 1967).

À l'aube du christianisme, la Palestine est depuis des siècles sous domination étrangère, inaugurée par la captivité des juifs à Babylone. Après quelques périodes d'indépendance et d'éclat, les territoires palestiniens forment après la mort d'Hérode Agrippa (44 ap. J.-C.) la province de Judée, directement soumise à l'autorité de Rome.

Au Ier et au IIe siècle après J.-C., la *pax romana* (paix dans l'Empire romain) règne relativement sur tout le territoire de l'empire, favorisant les échanges et l'interfécondation des cultures. Dans les territoires conquis, les dieux locaux sont romanisés sans grande ardeur ni difficulté. Seul le judaïsme reste à l'écart, en vertu d'un privilège qui lui est officiellement reconnu : il est *religio licita* (« religion autorisée ») au même titre que les cultes païens. Le christianisme fera de même : ce sera la cause principale des persécutions.

Quand naît le christianisme, la Palestine, à la suite de plusieurs siècles de vicissitudes historiques, a connu d'amples mouvements d'émigration, tantôt forcée, tantôt volontaire, vers la Mésopotamie et, surtout, vers les régions méditerranéennes réunies dans l'Empire romain. C'est ainsi que s'est constituée la *Diaspora* (Dispersion), s'inscrivant dans une quantité de colonies juives tout autour de la Méditerranée, surtout dans de grands centres comme Antioche, Rome, Carthage et particulièrement Alexandrie. Le grec est la langue usuelle, et même liturgique, de ces communautés dispersées. « Les juifs les plus cultivés de la Diaspora lisent les philosophes grecs. Sans doute ils se plaisent à retrouver dans leurs écrits l'écho de la révélation biblique [...] Mais en même temps ils se pénètrent de leurs doctrines et repensent leur judaïsme en fonction de ces données. Ainsi s'élabore une culture judéo-hellénique dont Alexandrie est le foyer principal et Philon, contemporain du Christ et de Paul, le représentant le plus remarquable. » (Marcel Simon). La Bible est traduite en grec, c'est la version dite des *Septante* (IIe siècle ap. J.-C.) destinée à l'usage des communautés juives de langue grecque et au prosélytisme. Lorsque le christianisme commence à se répandre dans l'Empire, il fera de la *Septante* la Bible officielle de son Église. Le travail des synagogues de la Diaspora a facilité l'expansion religieuse du christianisme. Le cadre de l'Empire en favorise l'implantation factuelle.

La fin tragique du Christ à Jérusalem laisse la petite communauté dans un vide désabusé dont témoignent les propos des disciples d'Emmaüs (Luc, 24, 19). La communauté aurait certainement disparu sans la nouvelle de la Résurrection, qui ranime la foi des disciples, ainsi que Paul de Tarse, dont les écrits sont sensiblement antérieurs aux Évangiles, l'exprime avec une clarté sans apprêt : « Il a été enseveli et il est ressuscité le troisième jour, conformément aux Écritures, et il est apparu à Cephas [Pierre], puis aux Douze. Après cela il est apparu en une seule fois à plus de cinq cents frères, dont la plupart sont encore vivants, et quelques-uns se sont endormis. Ensuite il est apparu à Jacques, puis à tous les apôtres. Et enfin il m'est apparu aussi à moi, comme à l'avorton. » (1 Corinthiens, 15, 4-8). Paul est issu d'une famille aisée de la ville prospère de Tarse. Il est de culture juive, connaît la Tora et exerce le métier de fabricant de tentes.

Parmi les apôtres, le treizième, Paul, a apporté autant d'ardeur à diffuser la nouvelle religion qu'il en avait mis à persécuter les disciples du Christ avant l'épisode du chemin de Damas. Dans ses épîtres, il rompt avec ce que le judaïsme a de concret, de tangible pour insister sur les nécessités spirituelles de la nouvelle foi : le christianisme délaisse la circoncision, marque de l'alliance avec Dieu, abandonne les prescriptions alimentaires et leurs distinctions minutieuses entre pur et impur.

b. Le Nouveau Testament

Le Nouveau Testament, non reconnu comme Écriture sainte par le judaïsme, comporte un classement pratique des livres par grandes catégories :

1. les quatre évangiles : Matthieu, Marc, Luc et Jean,
2. les *Actes des Apôtres*, suite de l'évangile de Luc,
3. les *épîtres ou lettres* des apôtres Paul, Jacques, Pierre, Jean et Jude,
4. l'*Apocalypse* (ou Révélation) de Jean.

L'évangile ayant pour centre l'histoire et la mission de Jésus, venu « accomplir les Écritures » et sauver les hommes, ne pouvait être annoncé qu'à partir des Écritures. C'est pourquoi, dans les réunions, on lisait comme des textes sacrés les livres de la Bible juive, soit en hébreu soit en grec, selon la langue des pays évangélisés. Cela explique pourquoi une des tâches intellectuelles des congrégations dans les monastères consistera en « typologie » c'est-à-dire à reconnaître dans l'Ancien Testament la préfiguration des événements du Nouveau Testament, par exemple la transfiguration de Jésus annoncée par celle de Moïse descendant du Sinaï après y avoir été au contact de Dieu (Exode 34, 29 et Matthieu 17, 2).

c. La culture chrétienne de l'Occident

- *Synthèses culturelles antiques*

La culture de l'Occident s'est nourrie à partir de trois sources essentielles, le christianisme, le droit romain et la pensée grecque, dont la fécondation réciproque et les antagonismes ont garanti le dynamisme dès l'antiquité et tout au long de l'histoire occidentale.

Après la lente fécondation de l'esprit juridico-politique des Romains par la civilisation grecque durant les deux siècles qui ont précédé notre ère, c'est la foi chrétienne qui va s'imprégner de philosophie et de culture grecques. Pour pouvoir s'imposer face aux religions orientales et à la mythologie grecque, les juifs d'Alexandrie avaient adopté la pensée et la langue grecques. Les premiers chrétiens vont les suivre. La pratique de la philosophie les a préparés à expliquer leur croyance et a fondé un savoir théologique qui se distinguait des sciences séculières (profanes). Ils s'y fixaient deux tâches : l'exégèse (interprétation) de leurs professions de foi à l'aide de textes reconnus comme sacrés et l'apologétique (défense) de leurs croyances. Qui voulait être à la hauteur de ces tâches devait maîtriser la langue grecque, la grammaire et la rhétorique, mais aussi la poésie et l'Histoire, la philosophie et les savoirs du monde séculier. La mission parmi les personnes instruites ne pouvait connaître le succès qu'à ce prix, les chrétiens cultivés ne pouvaient vivre leur foi qu'à l'aide de ces activités intellectuelles. C'est ainsi que dans les écoles philosophiques d'Alexandrie vers 200 de notre ère s'est constituée cette alliance d'abord de la synagogue hellénistique, puis de l'Église chrétienne avec la culture grecque, depuis que Clément d'Alexandrie et son disciple Origène avaient rassemblé autour d'eux un cercle d'élèves et, sous couvert de philosophie, utilisé la sagesse grecque au profit de la chrétienne.

Certes, des contre-courants se sont toujours fait jour dans l'Église pour dénoncer comme impie et contraire à l'évangile l'alliance avec la philosophie et les arts. Tertullien s'est exprimé en ce sens, les monastères de l'Église d'Orient également, puis aussi les mouvements radicaux du Moyen Âge luttant contre la pauvreté, le jeune Luther à l'occasion, mais plus résolument les sectes piétistes et puritaines. Il est apparu cependant à chaque fois que pour contrer les fanatismes et les tendances gnostiques (mêlant le christianisme, le judaïsme et d'autres religions orientales dans la conviction de pouvoir accéder à la connaissance de Dieu), cette discipline intellectuelle qui émanait de la philosophie, des arts et des sciences, était indispensable. L'alliance de Clément d'Alexandrie a été confirmée pour l'Église d'Occident par Augustin. Elle n'a jamais vraiment été mise en doute après lui. Même les adversaires de la culture profane ont au moins reconnu qu'il fallait progresser de la simple profession de foi vers la théologie. En revanche, les grands esprits moins scrupuleux ont adhéré sans réserve, le cœur léger, à cette alliance : Bède le Vénérable tout comme Hraban Maure, Thomas d'Aquin comme Bonaventure, Mélanchton comme Schleiermacher. Toute la pratique culturelle de la formation catholique des clercs les a suivis, ainsi que l'instruction des pasteurs luthériens.

- *Rapports de l'État et de l'Église : voir le premier chapitre, partie IV*

Des trois monothéismes évoqués ici, le christianisme est le seul à être seulement une religion, et pas aussi un projet politique. Cela rendait inévitable qu'il doive composer avec l'État romain, ce qui a abouti à l'alliance avec Constantin au IVe siècle, scellée par l'empereur Théodose.

- *L'action de l'Église*

Une fois fixées les prérogatives de l'Église face au pouvoir impérial, une double tâche l'attend : christianiser les peuples de l'Europe géographique et leur assurer une éducation.

La christianisation de ces nombreuses populations au nord et à l'est des limites de l'Empire va s'étendre sur une fort longue période, d'environ 150 en Gaule à 711, date de la conquête arabo-musulmane de l'Espagne. L'Empire romain disparaît en 476. L'Église devra négocier avec les peuples germaniques. L'Empire romain d'Occident parle latin, l'empire romain d'Orient parle grec, mais les deux parties se sépareront en 1054, les Slaves ayant donné la préférence à « la Rome de l'est » (Constantinople).

L'Église va débuter la christianisation « par le haut », c'est-à-dire par les souverains et les classes supérieures des royaumes indépendants qui s'étaient constitués et vont entraîner, par la persuasion, la menace ou la violence, leurs sujets sur le chemin du Christ. Cette action n'a été possible que par la création de nombreux monastères, dont beaucoup sont devenus célèbres dans toute l'Europe. Un simple exemple dira l'influence riche de conséquences bénéfiques de l'action de l'Église en matière culturelle. En 999 ou 1000, l'Islande a adopté le christianisme et c'est ainsi que les Islandais ont fait leur un alphabet dérivé de la minuscule carolingienne (petites lettres pour l'écriture sur parchemin) utilisée pour restituer les sons de l'anglais. Dès 1177 les lois ont été mises par écrit et, parallèlement, les lettrés ont conservé sur des parchemins les textes des sagas, des *Eddas* et de la poésie scaldique, sauvant ainsi de l'oubli un trésor culturel inestimable.

L'action éducative de l'Église va aboutir, comme cela avait eu lieu bien avant dans le monde islamique, à la création d'universités, d'abord sous forme d'associations laïques de professeurs comme à Paris ou à Padoue, ou d'étudiants comme à Londres, pour diffuser le savoir. L'Église emboîtera bientôt le pas à ce mouvement. Dans son écrit *De doctrina Christiana* (396/97), saint Augustin imagina l'un des concepts les plus riches de conséquences de l'histoire de l'éducation européenne : la combinaison du savoir païen avec la foi chrétienne. L'union de la religion chrétienne née du judaïsme avec la philosophie grecque transmise par les Romains tira sa force de ce que, dans le chaos des « offres » concurrentes de l'antiquité tardive, le christianisme a pu devenir religion d'État.

En se fondant sur les indications données par Moïse sur l'usage licite ou non des biens égyptiens que les Hébreux libérés emportaient sur le chemin de la Terre promise (Exode 12, 34-36), Augustin reprenait le modèle gréco-romain qui avait présidé à son éducation personnelle, en le liant aux représentations de la jeune Église d'Occident de langue latine, concentrée à Rome et à Milan après la lente séparation du monde antique et du Moyen Âge naissant aussi bien que de l'Église d'Orient, qui avait sa nouvelle métropole à Constantinople

(Byzance) et se limitait de plus en plus au grec. Entre l'Église romaine, dite catholique (universelle) et l'Église d'Orient, dite orthodoxe (détentrice de la vraie doctrine), l'écart dogmatique se creusait de plus en plus.

La christianisation est un processus sans fin qui a exigé des convertis une adaptation considérable dès que la conversion répondait à une véritable volonté personnelle. Le passage à une mentalité nouvelle s'est traduit par l'adoption d'un comportement social différent soutenu par l'action décisive des monastères dans l'aide aux pauvres, aux malades et aux victimes de la violence.

- *Heures sombres*

L'image de l'Église a été assombrie par ses quasi incessantes persécutions des juifs sous tous les prétextes et ses entreprises militaires pour regagner des terres dominées par l'Islam au Proche Orient : pour « délivrer le tombeau du Christ » à Jérusalem, que les pèlerins chrétiens pouvaient visiter librement jusqu'à l'avènement du califat fatimide (période pendant laquelle les califes se proclamaient descendants de Fatima, fille de Muhammad), qui en interdit l'accès, le pape Urbain II lance la première croisade, la seule à être un succès des armées chrétiennes (1095-1097). Les sept autres qui se succèdent dans différentes directions jusqu'en 1291 seront un véritable désastre humain mais ont frappé les esprits comme une période importante de l'histoire.

3. Le Coran et l'apport culturel de l'islam à l'Occident

a. Le Coran (*Qor'ân*, « récitation »)

L'auteur absolu du Coran, c'est Dieu, le rôle de Muhammad est de « réciter » ce que l'ange Jibrail ou l'Esprit divin lui révélaient, expression de la parole même de Dieu, destinée à tous les humains.

Les 114 sourates (chapitres) qui composent le Livre sont habituellement classées par ordre décroissant de longueur, à l'exception de la première. Les spécialistes ont essayé de distinguer celles révélées à La Mekke, enflammées, fougueuses, rythmées et souvent rimées et celles qui dateraient de Médine, plus calmes, mais les critères retenus connaissent de nombreuses exceptions. La recherche récente pense même que Muhammad aurait transcrit lui-même une partie des révélations divines. Dès l'école coranique, les enfants apprennent le Coran par cœur et le récitent selon un rythme établi. Un musulman ne lit pas le Coran comme on lit un livre profane et ne le touche qu'après s'être purifié, car le Coran est saint.

En dehors de quelques notions simples sur l'unicité, l'omniscience et la toute-puissance de Dieu, le Coran se présente comme un code de moralité entraînant des obligations sociales rigoureuses. Les « cinq piliers de la religion » (*arkân ad-dîn*) regroupent les cinq obligations cultuelles fondamentales du musulman : la profession de foi, la prière rituelle, l'aumône rituelle, le jeûne de Ramadan et le pèlerinage à La Mekke. Ce dernier n'est une obligation que si l'on est en bonne santé et qu'on en a les moyens financiers.

Hormis les exhortations à se soumettre à Dieu (*islam*), le Coran comporte des récits historiques dans lesquels apparaissent de grands patriarches de la Bible tels qu'Abraham et Moïse. Abraham a été le premier juste à qui Dieu a promis une descendance innombrable, il jouit du respect aussi bien des juifs que des chrétiens et des musulmans, qui se rencontraient, lors de pèlerinages ou de caravanes à Hébron, où la tradition situe la tombe d'Abraham. Le Coran connaît aussi Jésus ('Aissa) et Marie (Maryam), la seule femme avec Khadija à y être mentionnée nommément avec affection et respect.

L'islam conserve la structure simple instaurée par Muhammad. La mosquée, dont le plan architectural, selon la tradition, restitue le plan de la maison très modeste du Prophète à Médine, les colonnes rappelant les palmiers de l'oasis, est une maison commune et en aucun cas un sanctuaire : la notion chrétienne de « maison de Dieu » est pour un musulman un blasphème anthropomorphique et pour un juif une ignorance de la Tora. L'islam ne connaît ni sacerdoce ni médiateur. Aucun musulman ne peut reprocher à un autre de ne pas croire ce qu'il faut. Après la rupture avec les juifs de Médine (suivie de leur exil et du massacre des récalcitrants) les musulmans ne prient plus tournés vers Jérusalem comme initialement, mais vers la *qibla,* endroit de la mosquée qui indique la direction de La Mekke.

b. Position de l'islam face au judaïsme et au christianisme

D'emblée, les relations de l'Occident et de l'islam égrènent plutôt des conflits que des points d'accord, aussi bien dans le domaine politique que dans le domaine religieux. Ne revenons pas sur les guerres, croisades et persécutions mutuelles en tout genre.

Du point de vue religieux, l'islam ne pouvait que condamner le judaïsme et, pire encore, le christianisme : aux yeux de Muhammad, les juifs ont trahi l'alliance avec Dieu ; quant aux chrétiens, plus infidèles encore, ils pourvoient le Dieu unique d'un fils et élaborent une Trinité inconcevable, même du point de vue de l'arithmétique simple et honnête : Un ne peut pas être trois.

Des trois monothéismes, l'islam est certainement celui qui affirme le plus rigoureusement l'unicité de Dieu. Comme pour le judaïsme et le christianisme, il était nécessaire que le Coran, dont le nom arabe met *ipso facto* l'accent sur le fait que Muhammad n'a pas inventé sa Révélation mais a transmis ce que Dieu lui a inspiré, soit reconnu, appris et appliqué en arabe – ce qui confère à cette langue un caractère sacré, même s'il faut bien l'utiliser dans la vie de tous les jours.

« C'est à l'imam al-Shâfi'î que l'on doit la mise en place de la doctrine classique des Quatre Sources du savoir en termes islamiques [des vérités qu'il incombe au croyant de connaître]. Partant d'une rigoureuse analyse logique du verset coranique IV:59, Shâfi'î définit les sources constitutives du savoir islamique (*Risâla* § 120), à savoir :

- une source révélée : le Coran ;
- une source prophétique : la Sunna (i.e. la Tradition) ;
- une référence de source communautaire : l'Ijmâ' (consensus) ;
- une source individuelle : l'Ijtihâd (effort) en tant qu'exercice rationnel en vue d'assurer l'adaptation et la continuité de la Loi dans un souci de cohérence avec les principes (ou les précédents) établis par les données scripturaires. » (Ali Mérad, *La Tradition musulmane*, 2001)

Le Coran, révélation sans paraboles, mystères ni miracles à l'exception de la Révélation elle-même, n'appelle en théorie aucun effort de réflexion : il suffit de croire. « Toutefois les croyants y perçurent de bonne heure des contradictions, dont le Prophète, d'après la Tradition, se souciait peu : "Ce qui vous embarrasse, acceptez-le avec foi", aurait-il dit. Plus tard, les musulmans, qui ne voulaient pas se contenter d'une attitude d'acceptation naïve, se virent obligés à un essai de définition des termes employés et de coordination des éléments contenus dans le texte sacré : de là naquirent l'exégèse (interprétation) et la théologie coraniques. » (Dominique Sourdel, *L'Islam, 2009*).

III. Coexistence et évolutions des monothéismes

1. Le cas à part de l'Espagne médiévale

L'Espagne médiévale est le seul exemple d'un pays où les trois monothéismes ont coexisté au Moyen Âge, mais la religion de chaque royaume est celle du prince, chrétien ou musulman, qui en fait respecter la pratique. Pour les autres religions, la tolérance est de mise. Au-delà de la croyance, chaque religion a ses rites et sa langue propre, hébreu, arabe et latin. « La langue est aussi celle dans laquelle est dite la Loi : langue et pouvoir vont de pair dans la mentalité hispanique médiévale, (…) mais chaque langue, fût-ce celle de Dieu ou du prince, a besoin des autres pour s'affirmer ou montrer sa supériorité. Le bilinguisme ou trilinguisme est la norme dans l'Espagne médiévale. » souligne Adeline Rucquoi dans son *L'Espagne médiévale.*

Chaque communauté s'intéresse aux savoirs de l'autre et cela entraîne une activité réciproque intense de traduction d'œuvres religieuses, littéraires et surtout scientifiques, un domaine dans lesquels les Arabes et les juifs excellent, en particulier la médecine. Et tous lèguent à l'Espagne de magnifiques œuvres d'art qui vont de l'enluminure des manuscrits à l'architecture sacrée ou non.

Loin d'être une longue période sombre, obscurantiste et fanatique, le Moyen Âge illumine notre modernité, pour citer Gustave Cohen, de sa « grande clarté ». « De Bagdad à Cordoue, en passant par la Provence, la Champagne et la Rhénanie, des géants comme al-Fârâbî, Avicenne, Rachi, Maïmonide, Averroès, Thomas d'Aquin, Maître Eckhart, ont inventé de nouveaux concepts en jonglant avec leur polysémie. » (Géraldine Roux, *Maïmonide ou la nostalgie de la sagesse*, 2017).

2. Évolution des monothéismes : divergences et scissions

L'être humain étant ce qu'il est, il aurait été surprenant que des opinions contraires ne se fassent pas entendre au sein des ensembles contraignants que constituent les monothéismes.

a. Le judaïsme

La dispersion forcée des juifs, leur éparpillement relatif dans des zones géographiques éloignées les unes des autres, leur contact inévitable avec d'autres langues et d'autres cultures entraînent d'une part un renforcement typique de l'attachement des exilés à la TaNakh, au Talmud et aux autres commentaires de la Tora, mais aussi des adaptations au nouvel environnement. C'est ainsi qu'on distingue les juifs ashkénases (littéralement « allemands » d'Allemagne, de la France du Nord et de l'Europe de l'Est) des juifs séfarades (littéralement « espagnols ») d'Espagne et du Proche Orient.

Comme on pouvait s'y attendre, les éventuelles différences entre les juifs croyants jusqu'à aujourd'hui portent surtout sur le degré de respect de la tradition, depuis le hassidisme, qu'on pourrait qualifier de piétisme, jusqu'au judaïsme moderne, qui accepte par exemple depuis peu qu'une femme puisse être rabbin.

b. L'islam : shi'ites et sunnites

Là aussi, le degré de conformation aux règles de l'islam dépend des sensibilités des groupes et des individus. La grande division entre musulmans jusqu'à nos jours trouve son origine dans les décisions que la communauté (Umma) a dû prendre pour assurer la succession de Muhammad dans la période troublée qui a suivi le décès du Prophète. Les uns suivent une ligne « légitimiste » qui confierait le pouvoir aux descendants de Muhammad, en premier lieu à Ali, son gendre et cousin. Ce sont les shi'ites (partisans).

L'autre branche de l'islam s'en remet à la tradition (sunna), d'où le nom de sunnites, qui font confiance aux décisions majoritaires de la Communauté des croyants. Ils représentent à l'heure actuelle le plus grand nombre des musulmans.

c. Le christianisme

Après le schisme de 1054, le développement de l'Église va connaître des projets de réformes, dont l'administration autoritaire du Vatican, empêtrée dans le séculier (construction dispendieuse de l'église monumentale Saint Pierre de Rome), ne saura pas prendre à temps la mesure. Cet état de fait entraînera la naissance des protestantismes.

- *La Réformation de Luther*

Martin Luther (1483-1546) est un moine augustinien allemand, professeur de théologie, qui proteste (31 octobre 1517) contre la pratique des indulgences et autres abus ecclésiastiques de son temps. Tempérament énergique et tourmenté, il revendique le retour à une foi purement fondée sur l'Évangile, et les écrits de Paul de Tarse. Sa doctrine du salut peut se résumer en trois principes : par le Christ seul, par la foi seule, par les Écritures seules. Le chrétien est libre, à la fois prêtre et roi.

Le luthéranisme va se développer surtout en Europe du Nord sous la forme d'une Église évangélique épiscopale sans hiérarchie, reposant sur l'action de pasteurs instruits, non astreints au célibat. Luther refuse les sacrements qui n'ont pas été instaurés par le Christ et n'en retient donc que deux : le baptême et l'eucharistie.

- *La Réforme de Calvin (1533, rupture avec le catholicisme)*

C'est la conception de l'eucharistie qui fait une différence théologiquement essentielle entre le catholicisme, le luthéranisme et le calvinisme. Pour Jean Calvin (1509-1564), l'eucharistie consacre l'union spirituelle du croyant avec le Christ. Pour l'Église catholique, ce sacrement repose sur la transsubstantiation, c'est-à-dire la transformation de l'hostie en corps du

Christ. Pour l'Église luthérienne, il s'agit de consubstantiation, c'est-à-dire que le pain et le vin reçus par le fidèle sont à la fois du pain et du vin mais aussi le corps et le sang de Jésus. Les protestants communient sous les deux espèces (pain et vin) pour reproduire les éléments instaurés par Jésus lors de la Cène, le dernier repas pris en commun par le Christ et ses apôtres (Luc 22,19) à l'occasion de la pâque juive.

Le grand axe qui sépare Luther de Calvin est la théorie de la Grâce chez ce dernier, pour qui la rédemption ne sera accordée qu'aux élus selon la volonté de Dieu (théorie de la prédestination). Les églises calvinistes sont animées conjointement par les fidèles élus et les pasteurs.

Comment mieux conclure ce survol du processus infini de la foi, du savoir et de la science dans les trois monothéismes – n'oublions pas que les chrétiens ont découvert Aristote par des manuscrits arabes traduits par des juifs – qu'en évoquant les grandes figures de l'aristotélisme médiéval que sont le musulman Averroès (Ibn Rushd, 1126-1198), le juif Moshe ben Maïmon (1138-1204), dit Maïmonide, et le chrétien Thomas d'Aquin (1225-1274) avec les mots de Jacques Attali pour qui « la nostalgie de Cordoue peut devenir l'Utopie de Jérusalem » ?

→ Bibliographie sur les monothéismes

- *La Bible TOB – Alliance biblique universelle*, Le Cerf.
- *Der Talmud*, Goldmann Taschenbücher, München (édition partielle, en allemand).
- *Biblia Hebraica Stuttgartensia.*
- *Le Coran* (traduction de Régis Blachère, Maisonneuve et Larose, 1966).
- Qorân Karîm, *Dar al-Shurûq* 1983 (en arabe).
- Jacques Attali, *Raison et foi. Averroès, Maïmonide, Thomas d'Aquin,* Conférences del Duca, Bibliothèque nationale de France, 2004.
- Gérard Bensussan, *Qu'est-ce que la Philosophie juive ?,* Midrash, Desclée de Brouwer, 2003.
- Rémi Brague, *Du Dieu des chrétiens et d'un ou deux autres*, Champs Flammarion, 2009.
- Rémi Brague, *Au moyen du Moyen Âge*, Philosophies médiévales en chrétienté, judaïsme et islam, Champs Flammarion, 2008.
- Rémi Brague, *La Loi de Dieu*, Histoire philosophique d'une Alliance, folio essais, Gallimard, 2005.

- Rémi Brague, *La Sagesse du Monde,* Fayard, 1999.
- Régis Burnet, *Le Nouveau Testament*, Que sais-je ? PUF/Humensis, 2021.
- Alain Corbin (dir.), *Histoire du christianisme : pour mieux comprendre notre temps*, Seuil, 2007.
- Mircea Eliade, *Dictionnaire des Religions*, Plon, 1990.
- Amos Oz et Fania Oz-Salzberger, *Juifs par les mots*, Gallimard, 2014.
- Géraldine Roux, *Maïmonide ou la nostalgie de la sagesse,* Points, 2017.
- Maurice-Ruben Hayoun, *Petite Histoire de la Philosophie juive*, Ellipses, 2017.
- Maurice-Ruben Hayoun, *La Philosophie juive,* Collection U, Armand Colin, 2004.
- Maurice-Ruben Hayoun, *L'Exégèse juive*, Que sais-je ?, PUF, 2000.
- Hartmut Leppin, *Die frühen Christen, von den Anfängen bis Konstantin*, C.H.Beck, München, 2021.
- *Maximes des Pères,* édition bilingue Benjamin Gross, Editions de l'éclat, 2013.
- Ali Mérad, *La Tradition musulmane*, Que sais-je ?, PUF, 2001.
- Marc-Alain Ouaknin, *Les Dix Commandements,* Points Seuil, 1999.
- Marc-Alain Ouaknin, *Invitation au Talmud*, Champs Flammarion, 2018.
- Thomas Römer, *L'Ancien Testament,* Que sais-je ?, Humensis, 2019.
- Henri Sérouya, *La Pensée arabe*, Que sais-je ?, PUF, 1967.
- Marcel Simon, *Les Premiers Chrétiens*, Que sais-je ?, PUF, 1967.
- Dominique Sourdel, *L'Islam*, Que sais-je ?, PUF, 1968.
- Henri Tincq, *Petit Larousse des religions*, Larousse, 2007.

→ Filmographie

- Youssef Chahine, *Le Destin*, 1997 [sur Averroès].

3 et 4. La science et les progrès techniques (chronologie des chapitres 3 et 4)

Mathématiques, Physique et biologie	Sciences humaines	Découvertes techniques
▪ **600** Début de la physique des Milésiens ▪ **550** Début du pythagorisme ▪ Atomisme : Démocrite (460-370) ▪ Médecine d'Hippocrate (460-380) ▪ Problème des incommensurables : Théodore (428-348), Platon (428-348), Théétète (417-369), Ménon ▪ Physique et biologie d'Aristote (385-322) ▪ Éléments d'Euclide (322-285) ▪ Théorie héliocentrique d'Aristarque de Samos (310-230) ▪ Physique, mathématique : Archimède (287-212) ▪ Astronomie de Ptolémée (90-170)	▪ Histoire : Hérodote (484-420) ; Thucydide (455-400) ▪ Sophistique et rhétorique : Protagoras (492-421) ; Gorgias (480-376), Isocrate (436-338) ▪ Rhétorique, poétique, éthique, théorique politique d'Aristote (385-322) ▪ Théorie politique : Polybe (208-118) ▪ Rhétorique, théorie politique : Cicéron (106-43) ▪ Histoire : Tite Live (59-17) ▪ Christianisation des sciences humaines : Augustin (354-430)	▪ **800** La charrue ; **700** Le papier
	▪ 1150 Aristotélisme médiéval	▪ Vers 800 Poudre à Canon ▪ Vers 1000 Boussole
▪ Héliocentrisme : Copernic (1473-1543) ▪ Physique : Galilée (1564-1642) ▪ Astronomie : Kepler (1571-1630) ▪ Optique, mathématique, biologie : Descartes (1596-1650)	▪ Vers 1350 Début de la Renaissance ▪ Mécanisme : Descartes (1596-1650) ▪ Modèle matérialiste et calculatoire : Hobbes (1588-1679)	▪ 1450 Imprimerie ▪ 1610-1620 Lunette astronomique et microscope

Mathématiques, Physique et biologie	Sciences humaines	Découvertes techniques
▪ Physique, astronomie : Newton (1643-1727) ▪ Biologie évolutionniste : Darwin (1809-1882) ▪ Géométries non euclidiennes : Riemann 1826-1866) et Lobatcheski (1792-1856) ▪ Médecine expérimentale Bernard (1813-1878) ▪ Logique moderne : Frege (1848-1925) et Russell (1872-1970) ▪ Physique relativiste : Einstein (1879-1965) ▪ Théorie des quantas : Planck (1958-1947) ▪ Physique de l'énergie M. Curie (1867-1934) ▪ Biologie : Watson (né en 1928) et Crick (1913-2004)	▪ Psychologie expérimentale : Locke (1632-1704) et Hume (1711-1776) ▪ Défense des humanités classiques : Vico (1668-1744) ▪ Sociologie politique : Montesquieu 1689-1755) et Rousseau (1712-1778) ▪ Culturalisme : Herder (1744-1803) ▪ Linguistique : Humboldt (1767-1835) ▪ Économie politique : Smith (1723-1790), Ricardo (1772-1823), Marx (1818-1883) ▪ Sociologie : Comte (1798-1857) Tocqueville (1805-1859), Durkheim (1858-1917), Weber (1864-1920), Simmel (1858-1918) ▪ Anthropologie culturelle : Morgan (1818-1881), Boas (1858-1942) ▪ Psychologie : Freud (1856-1939) ▪ Economie : Keynes (1883-1946), Schumpeter (1883-1950) ▪ Sociologie : Merton (1910-2003), Lazarsfeld (1901-1976), Bourdieu (1930-2002) ▪ Anthropologie : Lévi-Strauss (1908-2009) ▪ Neurosciences et sciences humaines	▪ **1769** Machine à vapeur ▪ **1798** Première vaccination contre la variole ▪ **1829** Premier train avec voyageurs ▪ **1860-1880** Développement des moteurs à gaz et à essence, de l'industrie chimique et de la production industrielle d'électricité ▪ **1903** Premier avion ▪ **1913** Organisation scientifique du travail, début du management ▪ **1920-1930** Naissance de la Propagande politique ▪ **1946** Premier ordinateur ▪ **1955** Première production d'énergie nucléaire ▪ **1980** Les ordinateurs individuels ▪ **1997** Brebis clonéee : Dolly

3

Les étapes de la constitution des sciences exactes et des sciences de l'homme

Jean-Marc Durand-Gasselin

Toutes les sociétés, « premières » ou « développées », « paléolithiques », « néolithiques » ou « modernes », tous les hommes « chasseurs-cueilleurs », « cultivateurs », « commerçants », « industriels », supposent un savoir de la faune et de la flore, pour se nourrir, se soigner, et aussi, pour s'orienter dans l'espace et le temps global, une certaine conception de l'univers, une certaine conception de l'histoire de la société et des hommes. Or, d'une part, alors que le savoir suppose une curiosité et une investigation indéfinie, la conception globale de l'univers et de l'histoire suppose elle, au contraire, une transmission suffisamment rigide par le mythe et le rite pour assurer l'intégration sociale. D'autre part, il faut pourtant bien sûr qu'il y ait une cohérence suffisante entre d'un côté le savoir profane ou séculier issu de la curiosité et des nécessités fonctionnelles de l'adaptation à la vie et, de l'autre, la forme de savoir contenu dans le mythe et au cœur de l'intégration sociale. C'est ce que l'on observe dans « la pensée sauvage », selon la formule de Lévi-Strauss (1908-2009). Dans la « pensée sauvage » le savoir empirique de la faune et de la flore est rendu compatible avec le mythe tout en l'alimentant par une sorte de bricolage intellectuel. Par conséquent existe potentiellement une tension entre le développement du savoir, aussi bien sur la nature que sur l'histoire et la société, et la préservation du complexe sacral du mythe et du rite.

Or un des traits singuliers de la culture des Grecs, du VIe siècle des milésiens avec leurs premières enquêtes sur la nature au IVe siècle d'Aristote avec tous ses traités savants, c'est d'avoir découplé à un degré inédit le savoir profane et la conception du monde contenue dans le mythe et préservée et transmise dans le complexe sacral (cf. chap. 1). La tension entre d'un côté la connaissance du monde extérieur par les moyens de l'observation, du classement et d'hypothèses causales laïques, et, de l'autre, les formes mythologiques (et rituelles) contenant la tradition et combinant des causalités physiques et des causalités magiques, prend la forme d'une quasi-opposition inédite par son caractère frontal. Le développement de la science va s'accompagner d'une critique des dieux (Xénophane) et, symétriquement, de l'accusation d'athéisme. De même la connaissance de l'histoire et de la culture engendre la critique des récits mythiques de l'histoire des cités, et, symétriquement, la critique d'être *philobarbaros*, comme on l'a reproché à Hérodote. Les savants sont accusés de développer le savoir en rupture avec la tradition et avec la solidarité du groupe. Il s'agit d'une rupture avec la manière dont la « pensée sauvage » incorporait le savoir profane au mythe et lissait leur contradiction ; il s'agit aussi d'une rupture avec la manière dont la science égyptienne donnait une variante étatique et contrôlée par l'élite des prêtres et des scribes de cette conjugaison du savoir profane et de la tradition. La physique, les mathématiques, la biologie, l'histoire, la sociologie politique, la logique, la rhétorique, se sont à la fois *considérablement développées* tout en acquérant une *autonomie nouvelle* par rapport à la tradition mythique et à son inscription dans la mémoire corporelle du rite. On peut résumer ces deux traits par le nom d'Aristote, sans conteste le grand savant de l'Antiquité.

C'est d'abord à partir de l'héritage aristotélicien, transmis par son école, le Lycée, en partie raffiné par quelques savants grecs et latins et transitant en partie, en parallèle avec l'effondrement de l'Empire romain d'Occident, par le monde arabo-musulman, qu'il faut concevoir la constitution moderne des sciences exactes et des sciences de l'homme.

Les sciences de la nature se sont en effet, grâce à Galilée (1564-1642), constituées en grande partie contre la physique et la cosmologie d'Aristote, en inventant un nouveau canon de la science reposant sur les mathématiques, le concept de loi et le dispositif expérimental (I). Cette rupture a été l'occasion d'une innovation centrale à la fois épistémologique et culturelle qui s'est prolongée dans la biologie, quoique de manière tardive et spécifique (II). Les sciences de l'homme ont interrogé les problèmes spécifiques que pose la connaissance des réalités humaines qui supposent une intériorité psychologique (des intentions, des émotions et des raisons), une consistance symbolique (notamment un langage verbal mais plus largement des formes culturelles) et une normativité (une validité en termes de vrai/faux, juste/injuste, bien/mal etc.), trois traits qui n'existent sous une forme combinée que dans l'espèce humaine et qui entrent mal dans les coordonnées du nouveau canon de la science physique (III).

I. La rupture galiléenne et le vecteur de la nouvelle physique

1. La physique d'Aristote et la cosmologie de Ptolémée

Comme on l'a vu, la physique d'Aristote était ainsi une physique-biologie qualitative et finaliste (chap. 1). La cosmologie d'Aristote (et d'Eudoxe) dans la *Théorie du ciel* prolongeait cette physique qualitative, finaliste et hiérarchisée dans un cadre géocentrique : la terre, au centre du cosmos, la lune séparant les deux mondes de la sphère sublunaire de la génération et de la corruption et la sphère des fixes avec ses êtres parfaits en éther et dans des mouvements circulaires éternels. Cette cosmologie s'est prolongée en un véritable système astronomique chez Ptolémée (90-168), astronome grec qui vécut à Alexandrie, dans son grand traité d'astronomie *L'Almageste* qui en reprend les deux hypothèses centrales du géocentrisme et de la forme circulaire parfaite, et qui construit tout un système permettant de rendre compatibles ces deux hypothèses de base avec les observations astronomiques qui se sont entretemps considérablement développées. Il invente le système des épicycles (cercle principal) et des déférents (cercles secondaires) qui permettaient de rendre compte, en se combinant avec des vitesses différentes de rotations, de ce qui était observé. Il fallait pouvoir expliquer ce qui semblait être dans les mouvements des trajectoires observables, entretemps très affinées, des allers et retours et des vitesses qui n'étaient pas constantes dans les trajectoires des astres. Ce système ptolémaïque va dominer la cosmologie et l'astronomie savante grecque, latine, arabe et chrétienne jusqu'au XVIe siècle.

2. Sur quelques observations décisives et une révolution symbolique

De fait la révolution la plus connue de Galilée est celle qui est liée à l'existence d'un univers héliocentrique. En fait cette idée existe déjà chez les Grecs, notamment chez Aristarque de Samos au IIIe siècle av. J.-C. Elle venait d'être réaffirmée par Nicolas Copernic (1473-1543) dans *De la révolution des orbes célestes* (1543).

Dans la cosmologie d'Aristote la sphère des fixes était un monde d'éther, de perfection, de circularité et d'éternité, par opposition au monde sublunaire de la vie et de la mort, plus imparfait. Or Galilée, qui participe de la révolution de l'optique et de l'invention du télescope, est d'abord incité à récuser cette hétérogénéité. Il observe en 1604 une nova située au-delà de la lune dans un endroit censé être éternellement identique et parfait, et en calcule la distance immense, bien au-delà des ordres de grandeurs habituels. De plus, il observe la surface de la Lune aussi irrégulière que celle de la Terre et l'affirme contre l'idée d'un éther parfait, dans le *Messager céleste* de 1610. Il constate l'apparition de beaucoup plus d'étoiles, et donc d'une *infinité* potentielle et non plus une finité des étoiles. Enfin il observe quatre satellites autour de Jupiter, la Lune n'étant donc plus une exception. Bref, l'idée d'un univers infini et homogène, antiques thèses de certains milésiens et des atomistes, refait surface contre la thèse du cosmos fini et géocentré, intégrée à la perspective théocentrique des monothéismes et devenue très tôt doctrine officielle de l'Église romaine en amont même de l'aristotélisme médiéval incarné en Europe par Saint Thomas.

Pour saisir l'effet symbolique considérable de ce passage d'un monde clos et harmonieux, d'un cosmos géocentré, à échelle d'homme, à l'univers infini ouvert non seulement par l'héliocentrisme mais plus largement par les observations de Galilée, il faut donner la parole à Pascal, dans sa célèbre pensée *Sur la disproportion de l'homme*. Il évoque l'irruption de l'infiniment grand et de l'infiniment petit comme une triple rupture symbolique, résumée dans la formule « le silence éternel de ces espaces infinis m'effraie » : rupture avec le schème de la *centralité* (géocentrique), et donc avec l'idée du privilège humain dans l'ordre cosmique ou dans l'ordre de la création ; rupture avec le schème de la *correspondance du microcosme et du macrocosme*, de notre structure et de celle du monde, correspondance qui a innervé le platonisme et la théologie de ces correspondances pendant toute la période médiévale ; rupture avec le schème de la *hiérarchie des valeurs* incarnée dans des lieux (la hiérarchie des perfections), selon le modèle cosmocentrique de la sphère sublunaire inférieure à la sphère des fixes ou le modèle théocentrique de l'échelle céleste, des choses à Dieu en passant par les hommes et les anges. C'est l'enjeu de la rupture thématisée par le célèbre classique de l'histoire des sciences d'Alexandre Koyré, *Du monde clos à l'univers infini* (1957).

La science physique va désormais apparaître comme une véritable avant-garde intellectuelle, menaçant nos conceptions traditionnelles les plus ancrées. Cette dissonance cognitive du savoir profane devient une donnée explicite du nouveau jeu de la science que l'on retrouve jusqu'à aujourd'hui.

3. La nouvelle physique du mouvement et la nouvelle forme du discours scientifique

a. Mouvement, vitesse et accélération

Chez Aristote la pesanteur est une force contenue dans le corps pesant (substantialisme), et cette force s'exerce d'une manière inversement proportionnelle à la résistance du milieu, ce qui suppose que la vitesse de la chute du corps pesant est fonction de son poids ou proportionnelle au quotient de la force motrice sur la résistance. Ou encore : la vitesse relative de deux corps pesants de poids différents est fonction de l'effort musculaire pour les soulever. Le même sens commun stipule que si la terre se déplaçait, un corps que je jette en l'air retomberait en décalé, et nous-mêmes devrions sentir ce mouvement comme lorsque nous montons dans un chariot. Ces arguments du sens commun s'opposaient de manière récurrente à l'hypothèse héliocentrique.

Galilée va faire d'abord conjointement, par un effort d'abstraction inouïe, deux innovations conceptuelles pour rendre possible l'hypothèse héliocentrique : le découplage de la vitesse et de l'accélération ; l'invention de l'inertie. Soit un bateau en mouvement à vitesse constante. Si du haut d'un mât quelqu'un lâche un corps pesant, l'aristotélicien pense qu'il tombe en arrière du mât à cause du mouvement du bateau. Or Galilée observe qu'il tombe au pied du mât. C'est parce que le corps pesant est dans le même référentiel que le bateau et que le corps pesant partage avec le bateau une commune inertie. Ceci permet d'expliquer que si la terre bouge à vitesse constante (en l'occurrence, selon un calcul plus tardif, 30 000 km/h, ce qui est très rapide) les corps qui sont à sa surface se déplacent avec elle comme le corps pesant sur le bateau, comme si la terre était au repos. C'est l'accélération du chariot que nous ressentons et non la vitesse. L'inertie permet de rendre compte de cette différence en éclairant et en reconstruisant notre expérience. L'opposition aristotélicienne entre mouvement forcé et violent, qui suppose tout l'arrière-plan du cosmos, avec son ordre des lieux pour chaque chose, est remplacée par la distinction de la vitesse constante et de l'accélération sur fond d'espace homogène et géométrisé.

b. La chute des corps et la première loi de la physique moderne

Cela incite Galilée à rendre compte de la différence entre le mouvement à vitesse constante et le mouvement accéléré, notamment le mouvement accéléré de la pesanteur, et à risquer une hypothèse, sur la double base d'un postulat pythagoricien de la dimension mathématique de la nature et d'un postulat de simplicité de la nature, pour formuler le mouvement uniformément accéléré du corps en chute libre. La distance parcourue par un corps en chute libre est ainsi hypothétiquement considérée comme égale au produit d'une constante par le carré des temps parcourus, la distance parcourue par unité de temps étant donc de plus en plus grande : $d = c.t^2$ ou $d/t = c.t$. La vitesse de la chute des corps ne dépend donc pas du poids (ou de la force motrice au sens d'Aristote) et donc la pesanteur apparaît comme un phénomène pour partie relationnel, ce que Newton démontrera en découplant très précisément la masse (m), constante, du poids (p), variable en fonction de la force gravitationnelle, que nous évoquons plus bas. Le substantialisme d'Aristote apparaîtra ainsi comme un obstacle épistémologique issu des généralisations et des inductions abusives du sens commun.

Cette formule donc, testée et vérifiée, comme on le voit ensuite, non seulement contredit celle d'Aristote mais est aussi *beaucoup plus précise* que la formule d'Aristote, qui suppose une sorte de vitesse moyenne et ne permet pas de rendre compte de l'accélération. En fait si V est proportionnelle au quotient F/R, si F = R, cela fait quand même 1 et non 0 ; si la résistance est supérieure à la force motrice, cela ne donne pas non plus de vitesse nulle.

Mais surtout, le succès de cette formule, sa vérifiabilité, sa résistance victorieuse au test expérimental, sa précision, vont constituer la loi physique, en tant que rapport algébrique constant (« = » ; « ^{2} », « . ») entre grandeurs physiques (« d », « c », « t »), comme canon de la connaissance scientifique achevée, programmant la célébrité de toutes les formules ultérieures de la physique, chez Kepler, Newton, puis tous les autres.

c. Mathématique et physique : la nouvelle alliance

Ceci explique la célébrité de cette formule de Galilée, typiquement pythagorisante, dans *L'Essayeur* (1623) :
« La philosophie est écrite dans cet immense livre qui se tient toujours ouvert devant nos yeux, je veux dire l'Univers, mais on ne peut le comprendre si l'on ne s'applique d'abord à en comprendre la langue mathématique et ses caractères sont des triangles, des cercles et autres figures géométriques, sans les moyens desquels il est humainement impossible d'en comprendre un mot. Sans eux, c'est une errance vaine dans un labyrinthe obscur. »

Il s'agit en ce sens d'une revanche du mathématisme de Platon, devenu très présent dans les milieux platonisants de la Renaissance italienne, sur le biologisme d'Aristote.

d. Le dispositif expérimental, moyen indispensable de la science

D'où aussi, enfin, la possibilité de rendre compte des mouvements physiques par une composition vectorielle des forces, et qui sera déterminante pour Newton et sa théorie de la gravitation universelle, et plus largement dans toute l'ingénierie qui s'appuiera sur la nouvelle physique.

Le dispositif expérimental imaginé par Galilée est celui d'un plan incliné en bois avec une bille en plomb qui permet de vérifier que les longueurs parcourues sont proportionnelles au carré des temps. Les expériences célèbres du haut de la Tour de Pise voulaient surtout marquer les esprits du temps convaincus par la physique d'Aristote à la fois fausse et dogmatiquement constituée en autorité incontestable. Pascal, dans ses *Expériences nouvelles touchant le vide* (1647), où il met en évidence contre Aristote et Descartes l'existence du vide et la pression de l'air, contribuera à acclimater en France cette idée d'un détour décisif par le dispositif expérimental.

Les obstacles majeurs à une conception héliocentrique étaient donc levés, en même temps que la physique était conceptuellement révolutionnée et son dispositif de validation solidement établi. La nouvelle forme du discours scientifique et ses effets conceptuels latéraux (antifinalisme, antisubstantialisme, mathématisme) se combinent donc à l'esprit expérimental. Le progrès de la science semble ainsi pouvoir s'appuyer sur ces deux jambes de l'esprit hypothétique et mathématique et du test expérimental.

II. Le développement de la physique à partir de ce nouveau canon de la science et la question de la biologie

1. Les lois de Kepler

Il faut aussi mentionner l'apport des trois lois de Kepler (1571-1630) dans *L'Harmonie du monde* (1619).

La première loi consiste à troquer les orbes contre des ellipses : l'orbite de chaque planète a la forme d'une ellipse dont le Soleil occupe un des foyers. La deuxième loi énonce que la droite joignant la planète au Soleil balaie des aires égales en des temps égaux. Cela signifie que le maximum de vitesse est atteint au périhélie lorsque la droite est la plus courte et donc quand la planète est la plus proche du Soleil, et le minimum de vitesse à l'aphélie quand elle est le plus loin du Soleil, c'est-à-dire du foyer de l'ellipse. Le premier effet de ces deux lois est une grande simplification du système de Copernic qui conservait encore de l'aristotélisme l'idée de circularité des trajectoires. La troisième loi donne une relation entre les périodes (T) de révolutions autour du Soleil (Mercure : 0,24 année ; Vénus, 0,615 année ; Terre 1 année ; Mars 1,88 année ; Jupiter : 11 années ; Saturne 29, 457 années) et les distances (D) moyennes au Soleil (Mercure 0,387 ; Vénus 0.723 ; Terre 1 ; Mars : 1.54 ; Jupiter : 5.203 ; Saturne ; 9.539). Kepler va ainsi essayer différents types de relations algébriques entre T et D. Kepler va donc trouver par la méthode hypothético-déductive, consistant à faire plusieurs hypothèses pour ensuite les confronter aux observations afin de déterminer celle qui s'y conforme, une constante K = distance au cube/ temps au carré : *le carré du temps de révolution autour du Soleil de n'importe quelle planète (y compris la Terre) est proportionnel au cube de sa distance moyenne au Soleil.* Cela permet de calculer la vitesse ou la distance d'une nouvelle planète. Cela établit une relation de nécessité entre la distance et la vitesse dans les relations astronomiques.

2. Newton : l'inertie et la gravitation universelle

a. La masse et l'inertie : l'accomplissement des ruptures galiléennes

En effet Newton (1643-1727), dans ses *Principes mathématiques de la philosophie naturelle* (1687), accomplit à la fois le canon de la science physique, mathématique et expérimentale, et l'unification des progrès qu'elle a faits grâce à Galilée et à Kepler.

D'une part, il formule avec une plus grande rigueur que Galilée la loi de l'inertie, en énonçant le caractère naturel du mouvement rectiligne uniforme ou du repos et il entérine le fait que le mouvement circulaire n'est plus un mouvement naturel ou spontané mais qu'il suppose une composition vectorielle des forces. L'accélération d'un corps est bien l'effet d'une force (ou d'un mouvement violent au sens d'Aristote) selon la loi *$F = mA$ ou $m = F/A$ (ou encore $P = m.A$) équation inertielle*, ce qui donne une définition de la *masse* par la *quantité de matière (densité et volume)* mais aussi par *l'inertie* : plus la masse est grande, plus est grande l'inertie et donc la résistance à l'effet d'une force venue la changer de trajectoire.

Il peut donc montrer l'effet d'une force sur la trajectoire naturelle d'un corps comme un changement de mouvement *en vitesse et en direction* d'un corps qui dépend de la force imprimée sur ce corps et de sa direction et aussi de la masse de ce corps. Il y a une composition de l'inertie et de la force imprimée dans toutes les trajectoires d'un corps muni d'une masse m.

Ainsi le mouvement accéléré vers le bas des corps pesants n'a-t-il plus rien de « naturel », il est lié à une force qui s'imprime continûment au corps. On voit que la formule de Galilée qui proportionne la vitesse de la chute des corps au carré des temps parcourus est rétroactivement expliquée par l'effet d'accumulation dans le temps de la force imprimée sur la trajectoire du corps : de T1 à T2 s'ajoute l'effet de la force qui s'appliquait déjà de T0 à T1, de T2 à T3 s'ajoute encore l'effet de cette force à ses effets cumulés précédent etc. produisant une augmentation continue de la vitesse. Il en est de même pour la composition des mouvements dans les trajectoires paraboliques que Galilée avait commencé à étudier : se conjuguent impulsion et inertie et gravité – sans gravité, après l'accélération initiale, le corps devrait aller en ligne droite à vitesse constante.

b. La gravitation universelle et l'horloge du monde

Newton peut ainsi établir, non pas comme Galilée sur la base de postulats généraux, ni comme Kepler de manière purement descriptive et expérimentale, mais à partir des systèmes d'équivalences mathématiques des lois déjà établies par l'un et l'autre, que la force gravitationnelle qui lie deux corps est égale au produit d'une constante par le produit des masses sur le carré de la distance qui les sépare : $F = G. mm'/D^2$. Cela montre par exemple que cette force variera sur la Lune ou sur le Soleil en fonction de la masse de la Lune ou de celle du Soleil. L'équation renvoie aux observations de Tintin et de Haddock dans *On a marché sur la Lune* lorsque Haddock fait des bonds gigantesques sans efforts car la masse de la lune est très inférieure à celle de la Terre ; sa propre masse est constante mais son poids est bien inférieur sur la Lune.

La loi physique comme relation algébrique constante entre grandeurs physiques gagne alors un prestige intellectuel immense dans toute l'Europe savante puis dans toute l'Europe cultivée des Lumières. L'idée de progrès en Europe doit beaucoup à Newton (cf. chap. 4 et 7).

3. Canon de la science et paradigmes scientifiques : l'effet Einstein et la mécanique quantique

On peut saisir dans son principe la révolution de la physique de la relativité d'Einstein (1879-1965). Newton, considère, dans ses *Principes*, l'espace et le temps comme des absolus, c'est-à-dire des cadres généraux de l'univers créés par Dieu. Or Einstein pensera en termes de « champ », c'est-à-dire d'une unité de l'espace, du temps et de la masse qui, par sa présence, déforme l'espace-temps. La rupture avec le sens commun franchira une étape supplémentaire, l'espace euclidien ayant été jusque-là considéré comme naturel, comme correspondant à la réalité dans la continuité de nos intuitions ordinaires et de nos capacités d'abstraction spontanées. Einstein doit mobiliser une géométrie de l'espace courbe, dite non euclidienne, un espace riemannien (1854) pour lequel il n'y a pas de parallèles à une droite donnée passant par un point donné.

Il faut donc de ce point de vue distinguer les paradigmes, selon la formule de Thomas Kuhn (1922-1996), dans *La structure des révolutions scientifiques* (1962), qui renvoie à la description historique des concepts fondamentaux de la science et de la manière dont ils font corps entre eux (espace, temps, mouvement, poids etc.) et les canons de la science (la manière dont elle pense établir des progrès fiables). Chez Aristote, nous avons un paradigme finaliste et substantialiste renvoyant au cosmos fini et harmonieux et un canon fondé sur la logique et le sens commun. Chez Galilée-Newton nous avons un paradigme de la causalité matérielle avec un espace et un temps absolu et infini, et un canon de la science hypothético-déductive nomologique et expérimental. Chez Einstein nous avons un paradigme du champ mais avec le même canon épistémologique que Galilée et Newton. La mécanique quantique, des quantas d'énergie à l'échelle de l'infiniment petit, rend compte de la structure granulaire de cette énergie en élargissant le canon épistémologique de loi physique à des lois statistiques, comme le montre Einstein dans *L'Évolution des idées en Physique* (1936).

4. L'ombre de la physique mathématique en biologie et les voies ouvertes par Bernard et Darwin

a. Mécanisme, vitalisme, finalisme : la spécificité des êtres vivants

La physique de Galilée, qui s'inscrit dans le pythagorisme de la Renaissance italienne, a trouvé dans le mécanisme cartésien une sorte de traduction philosophique. Or, au cours des XVIIe et XVIIIe siècles, la biologie va sembler hésiter entre l'option du mécanisme cartésien, qui semble épouser la marche victorieuse du nouveau canon de la science, mais semble mal rendre compte de la dimension organisée et finalisé des êtres vivants, et le finalisme et le vitalisme, qui donnent au vivant une sorte de consistance spécifique mais au prix d'une sorte de mystère insondable et non scientifique. L'ombre d'Aristote continue ainsi à peser en biologie jusqu'au XIXe siècle.

On peut attribuer à deux scientifiques du vivant la résolution de cette discordance entre nouveau canon de la science et spécificité des objets à connaître : Charles Darwin (1809-1882) et Claude Bernard (1813-1878).

b. Les espèces : d'Aristote à Darwin

L'idée cosmocentrique d'une éternité des espèces, dans la lignée d'Aristote construisant une véritable classification biologique en genres, espèces et individus, dans ses *Parties des animaux* et *Histoire des animaux*, avait été reversée dans le cadre théocentrique de la création. Or l'idée que les espèces se transforment voire dérivent les unes des autres n'est pas une idée entièrement nouvelle si on en croit deux fragments doxographiques associés au présocratique milésien Anaximandre au VIe siècle av. J.-C : « Les animaux sont engendrés à partir de l'humide évaporé par le soleil. Mais l'homme est engendré par un autre animal, plus précisément le poisson, et au commencement ressemblait à un poisson. ». Et le transformisme moderne n'est pas une invention de Darwin : on en trouve une version déjà élaborée chez Jean-Baptiste Lamarck (1744-1829) dans sa *Philosophie zoologique* (1809). Mais c'est Darwin qui va produire dans *L'Origine des espèces* (1859) les arguments scientifiques plus convaincants en faveur de l'hypothèse transformiste.

On peut résumer la démarche et les découvertes de Darwin en plusieurs moments. Darwin part de l'observation triviale des variations individuelles chez les êtres soumis à la domestication, et peut en induire l'existence d'une capacité naturelle de variation des organismes, et aussi observer qu'une reproduction orientée peut fixer héréditairement certaines de ces variations par accumulation dans un sens déterminé avec ou sans projet raisonné ou méthodique (sélection artificielle, sélection inconsciente). Ainsi sont produites, par « l'action cumulative de la sélection » les races si avantageuses : le cheval de course, le dromadaire et le chameau etc. Darwin peut en induire l'hypothèse, par analogie, d'une aptitude des organismes à être sélectionnés d'une manière analogue au sein de la nature, par une sélection naturelle. Pour la comprendre, il faut évaluer le taux de reproduction des diverses espèces et leur capacité de peuplement. Il y a une capacité naturelle d'occupation totale rapide de tout territoire par les représentants d'une seule espèce, animale ou végétale, se reproduisant sans obstacle. Or, au lieu de cette saturation, on observe l'existence d'équilibres naturels constitués par la coexistence, sur un même territoire, de représentants de multiples espèces. Cela suppose un mécanisme régulateur nécessairement éliminatoire qui s'oppose à la prolifération illimitée : la lutte pour la vie, *struggle for life*, effectue une sélection naturelle dont le principal effet est la survie des plus aptes. Sous la pression analogique du modèle de la sélection artificielle, Darwin forge l'hypothèse d'une sélection naturelle qui, à travers la lutte (interindividuelle et interspécifique dans la relation au milieu), effectuerait le tri de la préservation des variations avantageuses dans un contexte donné, et assurerait ainsi le triomphe vital, transmissible héréditairement, des individus qui en seraient porteurs. Dans un milieu déterminé avec des ressources finies pour les individus d'une espèce déterminée et pour les autres espèces (typiquement comme une île qu'il a visitée comme naturaliste à bord du *Beagle* sur les côtes d'Amérique du Sud entre 1832 et 1837), il y a une compétition dont l'enjeu est la survie (*struggle for life*).

La sélection naturelle permet d'expliquer à la fois *l'origine* des espèces à partir de la variabilité *inter-individuelle* (« une variété fortement accusée est le commencement d'une espèce »), par opposition à la *création d'espèces*, leur structure interne, y compris pour l'homme celle de ses facultés psychologiques supérieures comme on le voit dans *La descendance de l'homme* (1871), mais aussi les *coexistences* et les *équilibres dynamiques* entre les espèces dans tel ou tel milieu, à partir de l'idée de la compétition et non à partir d'une harmonie préétablie. C'est toute la conception du vivant, de sa structure et de son évolution qui est transformée.

Là encore la dissonance cognitive avec certaines des affirmations du mythe, notamment chrétien, sont massives, d'où la tentative, typique de la « pensée sauvage » au sens de Lévi-Strauss, d'accorder récit de la création et évolutionnisme ou celle d'une négation active et idéologique de la théorie de l'évolution, ou encore d'utiliser le darwinisme comme idéologie politique (cf. chap. 9).

c. La neutralisation épistémologique du vitalisme et du finalisme chez Claude Bernard

L'apport scientifique de Claude Bernard consiste d'abord dans la notion de « milieu intérieur » qui permet d'établir des constantes en eau, température, oxygène, substances minérales etc. nécessaires à la vie des cellules, avec ses mécanismes de régulation physique et chimique selon des chaînes causales qui peuvent faire l'objet d'hypothèses et de protocoles expérimentaux.

Bernard, dans *L'Introduction à la médecine expérimentale* (1865), refuse de chercher à définir la vie, mot facilement mystérieux, ésotérique, mais utilise un vocabulaire finaliste (tout/partie; fonction) pour se guider dans la formulation de ses hypothèses tout en soumettant activement chacune de ces hypothèses causales sur les fonctions régulatrices du milieu intérieur à des tests expérimentaux. Il dépasse l'opposition rigide et stérile entre mécanisme et finalisme (ou vitalisme).

III. Le canon de la science et les sciences de l'homme : les deux options et leurs limites

1. Aristote encore

a. Héritage et spécificité épistémologique

Les sciences humaines prennent directement pour objets ce qui constitue l'intégration sociale: la vie des héros et des hommes ordinaires, les institutions et les formes culturelles, comme on le voit dès Hérodote dans son enquête sur ces réalités dans le bassin méditerranéen et les critiques qui lui sont adressées. Les dissonances cognitives ne promettent donc pas d'être moins fortes mais au moins de résonner de manière différente.

L'idée d'une différence épistémologique centrale entre les sciences de la nature, physique et biologie, et les sciences de l'homme, histoire, économie, sociologie politique, ethnologie etc. peut être trouvée chez Aristote. Les sciences du nécessaire, qui mettent en œuvre le syllogisme scientifique (physique-biologie et mathématique) sont distinctes des savoirs du contingent et du seulement probable, liées à l'action humaine, qui supposent donc des raisonnements reposant sur des prémisses seulement probables (rhétorique, éthique, science politique, économie), qu'Aristote et son École ne contribuent pas moins à établir et à développer. À quoi il faut bien sûr ajouter l'histoire, qui s'est développée dès Hérodote et Thucydide. Cette partie de l'héritage grec et aristotélicien centré sur les sciences humaines va transiter dans le monde romain où vont dominer, d'un côté l'histoire (Tacite, Tite-Live, Suétone) et la sociologie politique (Polybe, Cicéron), de l'autre la rhétorique (Cicéron, Quintilien) (chap. 1).

b. Les sciences humaines avant la modernité scientifique

Cet héritage grec romanisé va revenir dans l'Europe chrétienne pendant la Renaissance, à partir du foyer des premières universités du XIIe siècle, et se retrouvera ainsi chez des figures aussi variées que Castiglione ou Montaigne pour la culture historique et l'art de la conversation de la noblesse cultivée et humaniste. Il est une continuation de cette culture humaniste grecque et romaine aménagée pour une société encore largement féodale et aristocratique.

2. De Galilée à Hume et Montesquieu et au-delà

a. Descartes contre Aristote : le programme mécaniste

Or c'est cette culture humaniste du probable, du discours oratoire et des exemples moraux, que Descartes (1596-1650) rejette explicitement dans les *Règles pour la direction de l'esprit* (1619) ou dans le *Discours de la méthode* (1636) au profit de ce qu'il conçoit comme le nouvel idéal de la clarté et de la certitude de la science mécaniste mathématisée, s'en prenant explicitement à l'héritage contemporain d'Aristote à l'université et dans les cercles humanistes. Dans le *Traité des passions* (1644) il propose une version mécaniste des passions qui étaient chez Aristote traitées dans le cadre de sa *Rhétorique* ou de la *Poétique*. Descartes est ainsi le précurseur des approches neurologiques et cognitives des fonctions psychologiques, approche qui, depuis les années 1980, est devenue de plus en plus forte dans le monde et dans les sciences de l'homme. La grande différence est bien sûr que le dualisme cartésien du corps et de l'esprit est annulé.

b. Hobbes et Bentham contre Aristote : le programme calculatoire

Cet effet de rupture avec le corpus aristotélicien se trouve aussi chez Hobbes (1588-1679), dans son *Léviathan* (1651), qui propose un modèle mécaniste mais aussi calculatoire de l'agent humain et de ses passions. Ce modèle rationnel-normatif de l'agent humain s'oppose à celui, aristotélicien, des fonctions psychologiques et des vertus avec son arrière-plan cosmologique. Il va surtout se développer en économie à partir de l'économie politique anglaise et de Bentham (1748-1832), qui établit le modèle de l'explication utilitariste. Il incite à lire les réalités collectives comme des effets d'agrégation des conduites individuelles recherchant une optimisation des plaisirs. Il se développe vite en économie et se développera dans une sociologie d'inspiration économique aux États-Unis, chez Merton (1903-2003) et Lazarfeld (1901-1976), et en France avec Boudon (1934-2013).

c. Locke et Hume contre Aristote : le programme expérimental

Mais la volonté de faire comme la physique moderne sans tomber dans le dualisme cartésien se retrouve aussi sous une forme plus expérimentale dans l'empirisme de Locke (1632-1704) et surtout de Hume (1711-1776), dans son *Traité de la nature humaine* (1739), qui prétendent faire une science morale expérimentale de l'esprit qui serait le pendant, en psychologie, de ce que Newton a fait en physique. Cette voie expérimentale et lockéenne des réalités humaines fondée sur l'idée de régularités observables, comparables aux régularités naturelles, ne part pas de l'idée d'un agent humain nécessairement calculateur ou même rationnel. En France, avec *De L'Esprit des Lois* (1749), Montesquieu (1689-1765) est l'équivalent de Hume dans le domaine de la sociologie politique, dans laquelle il tente de montrer les corrélations systématiques entre les mœurs, les formes du droit et les régimes politiques : la sociologie politique prend ainsi une tournure scientifique. On retrouve cette approche dans la psychologie expérimentale moderne qui établit des corrélations plus ou moins quantifiées entre les facultés psychologiques et leurs performances.

d. Comte contre Aristote : le programme positiviste

Auguste Comte (1798-1857), inventeur du mot « sociologie » dans son *Cours de philosophie positive*, poursuit cette tâche, avec sa loi sociologique des trois états, théologique, métaphysique et positif, pour désigner l'évolution coordonnée de la société, de ses institutions et des formes de connaissance, comparables aux trois âges de l'enfance, de l'adolescence et de la virilité. Les ingénieurs sociaux qui doivent diriger la société positive n'empruntent plus rien à la prudence aristotélicienne, fruit de l'expérience des choses seulement probables. Cette approche expérimentale et plus ou moins positiviste se retrouve chez Durkheim (1858-1917), qui propose de traiter les faits sociaux comme des choses dans ses fameuses *Règles de la méthode sociologique* (1895) (cf. chap. 5), ou chez Freud (1856-1939), qui construit un modèle énergétique et hydraulique de l'appareil psychique dans sa *Métapsychologie* (1915) et dans *le Moi et le ça* (1923).

3. D'Aristote à Vico et Herder et au-delà

a. Vico et Herder contre l'exclusivité cognitive de la physique mathématique

Face à ce front d'une réinvention des sciences humaines à partir du canon de la physique moderne, va se constituer une alternative fondamentale, privilégiant l'histoire et la culture à partir de l'idée que la vie humaine possède une intériorité, un caractère symbolique et normatif qui résistent au canon de la connaissance issu de la physique moderne.

Le premier penseur moderne de la spécificité des sciences humaines est probablement l'Italien Giambattista Vico (1668-1744), dans *La Science nouvelle* (1725). Contre le mépris des humanités classiques héritières d'Hérodote et d'Aristote (rhétorique, poésie, littérature, histoire) par les disciples de Galilée, Descartes et Hobbes, au nom de la supériorité de la physique mathématisée, il faut, considérer que ces disciplines forment un trésor de compréhension des réalités humaines, nécessairement supérieures à ce que peut et pourra produire une science mécaniste des conduites humaines et dont les progrès ne relèvent pas comme dans les sciences de la nature d'un processus de réfutation successif. Son argument consiste à dire que l'histoire ou plus largement les sciences qui prennent les phénomènes humains pour objets forment une connaissance supérieure à la connaissance de la nature et des phénomènes naturels parce que les faits humains ont été produits par les hommes eux-mêmes, ce qui n'est pas le cas des phénomènes naturels. La différence entre sciences de la nature et sciences de l'homme ne passe donc plus par la différence entre le nécessaire et le probable. Le rapport au sens commun et à la connaissance ordinaire n'est donc plus considéré comme un obstacle à la science. Cette idée est reprise en Allemagne chez Herder (1744-1803) dans *Une autre philosophie de l'histoire* (1774). Les réalités humaines doivent être comprises comme des formes culturelles particulières.

b. Expliquer et comprendre

Le principe de cet argument sera repris par toute l'épistémologie dualiste allemande de la fin du XIXe siècle, notamment chez Dilthey (1833-1911) et Weber (1864-1920), en grande partie contre le positivisme dominant depuis Comte. Dilthey, dans *L'Édification du monde historique dans les sciences de l'esprit* (1910), explicitera ce qu'il pense être la différence de nature entre phénomènes naturels (matériels, mécaniques) et phénomènes humains (matériels et spirituels, extérieurs et intérieurs, pourvus de signification) et donc entre les manières de rendre compte scientifiquement des uns (loi physique, mathématique, mesure) et des autres (discours interprétatif, vocabulaire usuel) en engageant des opérations mentales distinctes (expliquer pour les premiers, comprendre pour les seconds). Ernst Cassirer (1874-1945) reprendra ce principe, dans sa *Philosophie des formes symboliques* (1923) et dans *Logique des sciences de la culture* (1942) à partir du concept de forme symbolique, qui sera repris dans le structuralisme. Les réalités humaines supposent une voie de connaissance scientifique alternative à celle du canon moderne de la science physique.

De fait, c'est ce qu'ont développé les sciences de la culture, notamment la linguistique, l'anthropologie culturelle et la sociologie religieuse, symptomatiquement très développées en Allemagne, de Humboldt (1767-1835) à Weber, ou l'anthropologie culturelle américaine de Lewis Henry Morgan (1818-1881) et Franz Boas (1858-1942). Ces disciplines sont obligées de prendre en charge les particularités symboliques des groupes humains. De même, le structuralisme français, des *Structures élémentaires de la parenté* (1949) de Lévi-Strauss au Bourdieu (1930-2002) de *La Distinction* (1979), s'appuie sur une telle consistance symbolique et prolonge le champ ouvert par Cassirer à partir du modèle de la linguistique de Ferdinand de Saussure (1857-1913) et Nicolaï Troubetskoy (1890-1938) et pour laquelle chaque phonème, dans une langue, prend une valeur par sa place dans un système de relations entre phonèmes.

c. La norme et les conduites humaines

De la même manière, enfin, chez le second Wittgenstein (1889-1951) dans ses *Investigations philosophiques* (1953), on trouve, sous la forme d'une argumentation philosophique originale et classique, l'idée que les concepts de base de la psychologie humaine (croyance, pensée, action) et donc des sciences humaines ont des dimensions normatives (évaluables en termes de vrai/faux, juste/injuste, pertinent/impertinent etc.) supposant des motivations en termes de raison. Ces dimensions normatives sont irréductibles à une description causale car celle-ci est indifférente à la normativité de ses objets. C'est toute l'idée d'un déterminisme causal nécessaire à la connaissance scientifique qui est ainsi remise en cause. Il s'agit d'une sorte de retour enrichi à Aristote.

Les idées d'une intériorité, d'une symbolicité et d'une normativité de la vie humaine ont ainsi été régulièrement opposées sur un plan épistémologique à l'idée que les sciences de l'homme doivent suivre le canon de la science physique. Cette opposition philosophique a donné lieu, sur le terrain de la production scientifique, à des compromis variés, assumés ou non. Le modèle freudien du sujet, par-delà sa construction positiviste, contient une normativité (le surmoi), une symbolicité (les rêves) et une intériorité (qu'il faut comprendre et interpréter dans la dynamique analytique). C'est le constat que faisait Paul Ricoeur (1913-2005) sur Freud dans *De l'interprétation* (1965), en défenseur de la tradition qui remonte à Vico.

Ainsi la science moderne est-elle une véritable aventure qui n'a cessé de révolutionner notre conception de la nature et des réalités humaines, rompant avec le sens commun et avec nos mythologies les plus sacrées, et ouvrant de nouveaux territoires pour la pensée et l'action.

→ Bibliographie sur les sciences

- Gaston Bachelard, *La Formation de l'esprit scientifique*, Vrin, 1993.
- Hervé Barreau, *L'Épistémologie*, PUF, 2008.
- Pierre Bourdieu, *La Distinction. Critique sociale du jugement*, Les Éditions de Minuit, 1979.
- Alan Francis Chalmer, *Qu'est-ce que la science ? Popper, Kuhn, Lakatos, Feyerabend,* Livre de Poche, 1990 (éd. originale 1976).
- Gilles-Gaston Granger, *La Science et les sciences*, PUF, 1993.
- Georges Gusdorf, *Introduction aux sciences humaines. Essai critique sur leurs origines et leur développement*, PU de Strasbourg, 1974.
- Georges Gusdorf, *Les Sciences humaines et la pensée occidentale*, 12 tomes, Payot, 1966-1993.
- Alexandre Koyré, *Du Monde clos à l'univers infini*, Gallimard, 1988.
- Thomas Samuel Kuhn, *La Structure des révolutions scientifiques*, Flammarion, 1993.
- Dominique Lecourt, *Dictionnaire d'histoire et de philosophie des sciences*, PUF, 1999.
- Dominique Lecourt, *La Philosophie des sciences*, PUF, 2015.
- Serge Moscovici et Fabrice Buschini (dir.), *Les Méthodes des sciences humaines*, PUF, 2003.
- Karl Popper, *Conjecture et réfutations : la croissance du savoir scientifique*, 1985 (éd. or.1963).
- Paul Ricoeur, *De l'interprétation. Essai sur Sigmund Freud*, Seuil, 1965.
- Michel Serres, *Éléments d'histoire des sciences*, Bordas, 2003.
- René Taton (dir.), *Histoire générale des sciences*, en deux tomes, PUF, 1957.

4

L'essor technologique et l'idée de progrès

Stéphane Arthur

Dans *Les Travaux et les jours*, Hésiode met en scène, au VIIIe siècle avant notre ère, le mythe d'un âge d'or, qui se serait dégradé : à cet âge lors duquel les mortels vivaient comme des dieux, sans connaître la douleur ni le travail (ce qui n'est pas sans rappeler la vie d'avant l'expulsion du paradis terrestre dans la *Genèse*), auraient succédé l'âge d'argent, l'âge du bronze, l'âge des héros et enfin l'âge de fer, qui est selon Hésiode celui auquel il vit. À cette conception pessimiste de l'histoire humaine s'oppose la notion de progrès (du latin *progressus*, « action d'avancer ») : de toutes les espèces présentes sur terre, l'humanité serait celle qui se définit par sa capacité à évoluer au cours de son histoire. Toutefois, Rousseau pointe les effets nocifs que peut avoir le progrès. L'essor technologique est-il en définitive la marque du progrès, favorable à l'espèce humaine, ou faut-il s'en inquiéter désormais, avec les dérives qu'il a engendrées ? Que signifie la notion de progrès de nos jours ? Peut-on encore croire à un progrès collectif ?

Nous nous interrogerons de ce fait sur la nature prométhéenne de l'homme, être de progrès (I). Dans le processus d'évolution de l'humanité, l'utopie joue un rôle majeur, car elle interroge le rapport de l'homme au progrès, technique et moral (II). La conception du progrès donne souvent matière à une philosophie de l'histoire : les questions du progrès technique et du progrès moral invitent à s'interroger sur le sens de l'histoire (III). Force est de constater que les avancées technologiques et leurs conséquences sociales et anthropologiques suscitent des espoirs et surtout des craintes, qu'il convient de considérer (IV).

I. La nature prométhéenne de l'homme : l'homme, cet inventeur

De la révolution néolithique, avec le passage d'une vie nomade de chasseur-cueilleur à une vie sédentaire d'éleveur-cultivateur, à la révolution numérique au XXIe siècle, en passant par les révolutions industrielles des temps modernes, l'humanité a évolué dans son mode de vie et d'organisation. Comment expliquer que, parmi les espèces présentes sur Terre, l'une soit associée au progrès et pas les autres ? En outre, le progrès technologique, indéniable, grâce aux découvertes scientifiques, est-il associé à un progrès moral ?

1. Le mythe de Prométhée : l'homme, animal sans qualité ?

L'homme apparaît comme l'animal sans qualité, si l'on considère le mythe de Prométhée (dieu, fils du Titan Japer et de l'Océanide Clymène), que Platon reprend dans le *Protagoras*. Vulnérable face aux autres espèces, l'homme ne peut survivre que grâce à Prométhée, qui vole aux dieux la connaissance du feu, des arts (techniques) et de la pudeur, pour la lui donner. Furieux, Zeus condamne Prométhée à être enchaîné sur un rocher tandis qu'un rapace (aigle ou vautour, selon les versions) lui dévore le foie, qui repousse sans cesse. Quant aux hommes, pour les punir, Zeus leur envoie une femme, Pandore, qui porte une boîte (ou une jarre) contenant tous les malheurs qui frappent désormais la condition humaine.

Les interprétations du mythe sont contradictoires, dans la Grèce antique : si Hésiode estime que Prométhée est à l'origine du malheur des hommes, chassés de l'âge d'or à cause de sa désobéissance aux dieux, Eschyle considère bien au contraire que l'action du Titan est un bienfait pour l'humanité : dans *Prométhée enchaîné*, ce dernier est représenté comme celui qui incarne une justice s'opposant à la tyrannie de Zeus. Grâce à Prométhée, l'homme accède à la civilisation, mais aussi à la pensée. De nombreux artistes ont par la suite repris le mythe de Prométhée, pour l'associer à la foi dans le progrès, tels Goethe (1749-1832) avec son poème *Prometheus* (1773, publié en 1785 puis 1789) et Percy Bysshe Shelley (1792-1822) avec son drame *Prométhée délivré* (1820).

D'après ce mythe, en particulier tel que l'évoque Platon dans le *Protagoras*, les qualités de l'être humain ne sont pas d'ordre biologique, mais proviennent de sa capacité à créer des objets : cette inscription de l'humain dans une histoire marquée par un essor technique explique que les Romains définissent l'homme comme *Homo faber*, c'est-à-dire espèce qui a la capacité de produire des objets, et qu'André Leroi-Gourhan (1911-1986), ethnologue et préhistorien, fasse de la technique l'élément définitoire de l'humanité, avec le langage, dans *Le Geste et la Parole* (1964). Dans *Évolution et Techniques* (1943), Leroi-Gourhan classe les techniques de fabrication. Parmi les objets obtenus, il y a l'imprimerie (perfectionnée par Gutenberg), qui permet de transmettre les innovations. Dans *Histoire et Vérité* (1955), Paul Ricoeur (1913-2005) pointe l'importance du langage écrit dans l'élaboration d'une connaissance pérenne, qui puisse évoluer de génération en génération, et ancre l'homme dans l'histoire : « Si l'homme tranche de manière si visible sur la nature, sur la répétition sans fin des mœurs animales, si l'homme a une histoire, c'est d'abord parce qu'il *travaille* et qu'il travaille avec des *outils* ». Il fait référence à ce propos à Blaise Pascal, qui assimile dans le *Fragment d'un Traité du vide* l'humanité à un seul homme cheminant grâce au progrès et vers lui.

Hannah Arendt a montré que les objets créés par l'être humain servent de cadre qui transcende les générations. Le triomphe de la physique mathématique avec Galilée a ainsi rendu possible de fabriquer des appareils scientifiques, comme le télescope, qui permettent de connaître le cosmos, sans se contenter de l'expérience sensible directe.

2. Dépasser l'état de nature : l'homme et le monstre

Dans le chant IX de l'*Odyssée* d'Homère, l'épisode lors duquel Ulysse et ses compagnons sont prisonniers de Polyphème, le cyclope, illustre bien la conception que les Grecs antiques ont de l'homme. En effet, pour survivre, il faut échapper au monstre, qui dévore six compagnons d'Ulysse et promet le même sort à ceux qui, tremblants, sont encore vivants. Il s'agit d'échapper à la force brute qu'incarne Polyphème, que des commentateurs de l'œuvre d'Homère ont assimilé dès l'Antiquité à un volcan (en raison de son œil unique qui rappelle celui d'un volcan, de son nom « Qui fait beaucoup de bruit »).

La culture consiste, dans la conception grecque, à s'arracher de sa nature, or Polyphème vit dans un habitat naturel : le terme « technologie » a pour sens premier « discours sur un art », la *technê* étant « art », « technique », ce qui suppose un savoir-faire. De fait, pour sortir de l'antre du cyclope, Ulysse et ses compagnons inventent un stratagème : ils doivent faire preuve de *métis*,

« intelligence rusée », pour parvenir à sortir de la caverne, en quelque sorte, puisqu'il ne faut pas tuer Polyphème, seul apte à pousser la roche qui lui sert à fermer son antre. Ce faisant, en offrant du vin à boire à Polyphème puis en se cachant sous ses ovins, Ulysse marque son appartenance à l'espèce que nous nommons désormais *homo sapiens sapiens* (ou simplement *homo sapiens*). L'intelligence de l'homme en fait un être de progrès : l'intelligence d'Ulysse contraste avec la bêtise du cyclope, comme dans l'*Iliade* la crédulité des Troyens lorsqu'ils font entrer le cheval de Troie au sein de leurs remparts contraste avec la finesse des Achéens. Cela se traduit par la fabrication d'objets, puisqu'Ulysse doit se faire forgeron, en somme se montrer *homo faber*. Pour ce faire, il dispose d'un atout considérable : sa main.

3. La main : l'homme et l'animal

Dans *Des parties des animaux*, Aristote fait référence au mythe de Prométhée dans la version que Platon prête à Protagoras, pour le réfuter. Aristote s'appuie sur la polyvalence de la main pour présenter l'homme comme un être privilégié, et non comme le plus désavantagé des animaux (car il est nu, sans chaussures, sans armes). « Capable de tout saisir et de tout tenir », la main confère au contraire à l'homme un statut exceptionnel dans la nature : c'est un outil, « outil le plus utile », qui se révèle être outils, puisque la main peut se muer en divers instruments, selon l'usage qu'en fait l'homme. Là où l'homme apparaît comme un être jouissant de liberté, l'animal est soumis au déterminisme biologique. De ce fait, dans son *Éloge de la main* (1934), l'historien de l'art Henri Focilon (1881-1943) « entreprend cet éloge de la main comme on remplit un devoir d'amitié » : « La bête sans mains, même dans les plus hautes réussites de l'évolution, ne crée qu'une industrie monotone et reste sur le seuil de l'art ».

4. Descartes et l'humanisation de la nature

Dans la sixième partie de son *Discours de la méthode* (1637), Descartes a recours à la comparaison, à propos des hommes, « comme maîtres et possesseurs de la nature ». L'homme est voué à dominer dans la nature, du fait de sa maîtrise de la technique. En effet, l'homme est lui-même esprit (l'âme) et matière (le corps), alors que le monde est pour Descartes avant tout un monde-machine, fait de matière. Cette conception du monde-machine marque la rupture entre la vision du monde grecque antique, pour qui une machine est une « ruse » (sens étymologique du mot « machine », encore perceptible dans le terme « machination ») de l'homme contre la nature. Au XVIIe siècle, en revanche, avec le développement des automates, la physique adopte pour modèle scientifique la machine. Ce modèle mécanique ne veut pas dire que le monde soit sans valeur. Bien au contraire, Descartes considère que le monde est un objet si parfait, avec la complexité et l'harmonie de ses rouages, qu'il est nécessairement dû à un créateur parfait : Dieu. Même si le modèle de la machine a laissé la place à celui de l'ordinateur et de l'information (génétique…), il a longtemps constitué un principe de compréhension du monde et de progrès, puisque la mécanisation a souvent été vue comme le moyen pour l'homme de s'affranchir des tâches les plus pénibles.

5. Perfectibilité et progrès

a. Les Lumières et le progrès

Il en résulte une perfectibilité de l'espèce humaine, que pointe Rousseau dans son *Discours sur l'origine et les fondements de l'inégalité parmi les hommes* (1755). L'être humain évolue, grâce à sa liberté, dont il peut faire bon ou mauvais usage. La question du progrès, chez Rousseau, attentif à ses effets nocifs potentiels, a un enjeu moral. Le développement des sciences et des industries suscite des désirs et la volonté de paraître : l'être humain est incité à vouloir posséder davantage que son semblable, en qui il voit un rival, et non un autre soi-même. Les adversaires de Rousseau, comme Voltaire, ont eu beau jeu de critiquer avec plus ou moins de mauvaise foi Rousseau, en faisant mine de croire qu'il s'oppose au progrès, alors qu'il affirme que l'homme est perfectible.

La foi du siècle des Lumières dans le progrès est très forte. L'*Esquisse d'un tableau historique des progrès de l'esprit humain* (1794) de Condorcet (1743-1794) est exemplaire à cet égard : « la nature n'a mis aucun terme à nos espérances », affirme-t-il. Comme la plupart des hommes des Lumières (dont Turgot, envers qui il reconnaît sa dette), Condorcet considère que le progrès des sciences est à la source d'un progrès social et moral. Les découvertes scientifiques se cumulent, et permettent d'affranchir l'esprit humain, en lui livrant des connaissances, face aux superstitions : la publication des volumes de l'*Encyclopédie* est destinée à jouer ce rôle. Dans une approche mathématique, Condorcet emploie l'expression de « masse des vérités », pour désigner l'accumulation des vérités au cours de l'histoire, et ce dans tous les domaines. Cette foi dans les progrès de l'esprit humain se traduit par la certitude que la tyrannie en politique et le fanatisme en religion sont voués à disparaître, sous l'effet des progrès : Condorcet planifie leur disparition, en quelque sorte. L'optimisme de Condorcet, qui est une théorie des progrès plutôt que du progrès, a influencé, au siècle suivant, des auteurs comme Comte.

b. Positivisme et scientisme

Auguste Comte (1798-1857) promeut avec le positivisme une pensée fondée sur le principe que la vérité relève de la science. Comte ambitionne de rénover la société sur des bases scientifiques, en créant une société fondée sur l'ordre et le progrès. Pour ce faire, il analyse l'histoire du progrès social et distingue dans son *Discours sur l'esprit positif* (1844) trois états dans le développement de l'intelligence humaine : l'état théologique, l'état métaphysique et l'état positif. L'état théologique, des débuts de l'humanité au XIVe siècle, qui comporte lui-même trois phases (le fétichisme, le polythéisme et le monothéisme), connaît d'abord des progrès en matière de sociabilité. Du XIVe au XVIIIe siècle, l'état métaphysique est marqué par la lutte des pouvoirs temporel et spirituel, au détriment de ce dernier. Au XIXe siècle apparaissent les prémisses de l'état positif, auquel aspire Comte, qui estime que la sociologie donnera les connaissances nécessaires à son établissement. L'esprit scientifique, dit aussi positif, présidera à la société qui correspond à cet état. Auguste Comte annonce qu'une nouvelle religion, la religion positive ou religion de l'Humanité, va apparaître, avec un culte porté aux grands hommes.

Dans *Le Crépuscule des illusions* (1992), dont le titre fait bien évidemment référence au *Crépuscule des idoles* de Nietzsche (1844-1900), Georges Gusdorf observe la faillite de l'illusion scientiste, en remarquant que les espoirs exprimés par Renan dans *L'Avenir de la science* (œuvre de jeunesse, mais qui n'est publiée qu'en 1890) de voir l'avènement de la justice et le développement de la science, unis dans un même mouvement, ont été mis à mal par l'usage qui a été fait des sciences au XXe siècle : « L'idole de la Science a été brisée en mille morceaux ». Dispersée en diverses disciplines, la science a perdu son unité et, plus grave encore, elle n'a pas apporté de progrès moral. Bien au contraire, la science a été dévoyée en faveur d'intentions bellicistes ou de grands groupes industriels qui ont pour visée le profit. Désormais, comment croire que la science soit sacrée, alors qu'elle ne peut plus prétendre être vecteur de morale ?

Si le XXe siècle a sonné le glas des rêves du positivisme et du scientisme, il n'en demeure pas moins que l'approche morale du progrès ne perd pas pour autant sa valeur, et que Rabelais nous a mis en garde : « Science sans conscience n'est que ruine de l'âme ». C'est à travers les utopies, avers dont l'envers sont les contre-utopies, que l'on peut observer une approche morale de la question du progrès. Donnant aux hommes du pouvoir, la technique est bien la meilleure et la pire des choses, selon l'usage qu'on en fait.

II. Progrès et utopie : l'homme en quête de progrès

À la Renaissance, de nombreux auteurs imaginent des utopies, dans lesquelles ils mettent en scène une société parfaite, la plupart du temps en un lieu qui n'existe pas, conformément à l'étymologie grecque : *u-topos* désigne un lieu imaginaire (*u* exprimant la négation), alors qu'*eu-topos* (*eu* désigne ce qui est beau, bon) renvoie à un lieu idéal. Si la notion existe depuis l'Antiquité, c'est Thomas More qui crée le mot. Souvent en faveur du progrès technique, ces utopies invitent à croire au progrès moral et social, cependant que le XXe siècle déchante.

1. *Utopia* (1516) de Thomas More : l'éloge de la raison

a. Malheurs du temps

Voulant faire avancer l'être humain sur la voie de la raison, Thomas More (1478-1535) publie en 1516 *Utopia*. L'ouvrage est structuré en deux parties. La première évoque les fléaux de son temps. More y dénonce la pratique des *enclosures* : en Angleterre, les grands propriétaires terriens enclosent leurs terres, afin de limiter les coûts en main-d'œuvre. De ce fait, de nombreux pasteurs se trouvent sans activité. Contraints à la misère, ils se livrent au vol pour survivre. La réaction des autorités ne se fait pas attendre : le vol devient passible de la peine de mort, ce qui incite au meurtre, afin de ne pas laisser de témoin et de ne pas se faire arrêter. Thomas More dresse ainsi un réquisitoire contre une société injuste qui est responsable de la misère et de la délinquance qu'elle entend combattre.

b. Le monde idéal : utopie évangélique

Dans la seconde partie d'*Utopia*, le personnage de Raphaël Hythlodée raconte sa découverte d'une île dans laquelle les hommes vivent sous le gouvernement de la raison. Dans le prolongement de la *République* de Platon, More livre un idéal politique dont il n'espère pas l'avènement, mais qui a pour fonction de donner à voir et à penser l'écart entre les pratiques contemporaines et ce qui serait le plus favorable aux hommes. Alors qu'il va être décapité pour avoir refusé de renier l'autorité du pape, par attachement à la foi catholique, More imagine un monde où règne en particulier la tolérance religieuse, véritable anachronisme en son temps.

c. Quand Hugo prolonge More : *Les Misérables*, utopie humanitaire

De même que More déplore que la société de son temps fabrique de l'injustice, en créant un prolétariat misérable, et réprime les crimes qu'elle incite les plus démunis à commettre en ne leur laissant pas d'autre issue, Hugo (1802-1815) dénonce dans son roman *Les Misérables* (1862) la responsabilité de la société dans le sort des « misérables ». Seul le progrès moral et social peut préserver la société de semblables situations, qui dégradent l'humanité, proclame Hugo, dans son avertissement au lecteur, écrit de « Hauteville-House, 1862 » : alors en exil, Hugo suggère que le régime du Second Empire doit faire place à un autre, qui marque un progrès politique (vers la lumière, par l'avènement de la liberté), de même que la société industrielle doit être transformée afin de mettre fin à la régression que subissent les exclus.

2. Utopies

Le genre de l'utopie est celui auquel on a volontiers recours pour inciter au progrès. Rabelais date d'utopie la lettre de Gargantua à son fils dans le chapitre 8 de *Pantagruel* (1532) : l'idéal humaniste d'un savoir total, encyclopédique, imprègne cette lettre, qui préconise l'étude des langues, des livres et des sciences, mais avec une finalité sociale et morale, marquée par une préoccupation éthique. Quant à Francis Bacon (1561-1626), il imagine *La Nouvelle Atlantide* (1627), qui évoque une île dont les habitants sont gouvernés par une société secrète de savants. Au XIXe siècle, le positivisme favorise l'apparition d'utopies urbaines, avec Charles Fourier (1722-1837) ou Étienne Cabet (1788-1856) : grâce à la raison et aux progrès des sciences, ces auteurs croient en un véritable âge d'or à venir, dans lequel les experts sauront résoudre, dans le cadre urbain, les problèmes de l'humanité, en particulier la misère et la délinquance. Cela passe par une organisation collective pour Fourier, avec le phalanstère où vit la communauté, nommée phalange, alors que Cabet, dans un esprit imprégné d'humanisme chrétien, imagine, dans son essai *Voyage en Icarie* (1840), Icaria, utopie urbaine où le plan en damier et l'uniformité des maisons sont destinés à garantir une égalité absolue.

3. De l'utopie à la contre-utopie

Tout comme Emil Cioran (1911-1995) dans *Histoire et utopie* (1960), Raymond Ruyer (1902-1987) analyse dans *Les Nuisances idéologiques* (1972) le danger potentiel que représente une utopie dont on voudrait faire une réalité sociale ou politique. Avec l'apparition des totalitarismes au XXe siècle, les contre-utopies, ou dystopies, font florès. À travers Big Brother et sa moustache épaisse il est possible de voir un réquisitoire d'Orwell (1903-1950) contre Staline dans *1984* (1949). La charge est sévère également dans *La Ferme des animaux* (1945), où « tous sont égaux, mais certains sont plus égaux que d'autres ». *Le Meilleur des mondes* (1932) d'Aldous Huxley (1894-1963) et *Fahrenheit 451* (1953) de Ray Bradbury (1920-2012) constituent aussi des contre-utopies, qui livrent une conception inquiétante de l'être humain.

Un exemple original de dystopie est livré par Philip Roth (1933-2018) avec *Le Complot contre l'Amérique* (2004), qui est une uchronie (récit qui imagine ce qui ne s'est pas produit mais aurait pu se produire). Dans ce roman, Roth se met en scène dans sa jeunesse de petit juif et imagine que l'aviateur Lindbergh, proche des nazis, l'ait emporté sur Franklin Delano Roosevelt aux élections présidentielles de 1940. Cette accession au pouvoir d'un antisémite est suivie de brimades contre les juifs, et l'objectif est de les assimiler peu à peu afin d'effacer subrepticement du pays toute trace de judaïsme. L'intention de Lindbergh est si monstrueuse que la plupart des personnages juifs ne croient pas tout d'abord qu'il soit envisageable qu'un totalitarisme de fait s'établisse aux États-Unis et se croient en sécurité. La fragilité de la démocratie et la tentation conjointe du populisme et du rejet de l'autre (quand on considère qu'il y a « eux » et « nous ») ressortent du passé alternatif qui constitue la matière du récit. Les progrès politique (la démocratie) et social (la tolérance, le vivre ensemble malgré des religions ou des cultures peu ou prou différentes) ne sont pas inscrits dans le marbre. *Le Complot contre l'Amérique* livre par conséquent une lecture de vulnérabilité permanente du progrès.

III. Histoire et progrès : la question du sens de l'histoire

Comme l'homme a une histoire grâce aux progrès que la science permet, et aux ruptures épistémologiques qu'elle engendre, toute une réflexion s'est développée, sur le rapport de l'homme au monde, à travers la question du progrès, et sur la question de la finalité de l'histoire : pour reprendre une expression théologique chrétienne, y a-t-il une « flèche du temps », c'est-à-dire une orientation de l'histoire ? Cette dernière a-t-elle un sens (une signification et une finalité) ?

1. Hegel et la fin de l'histoire

a. Vico, précurseur de Hegel

Auteur de *Principes d'une science nouvelle concernant la nature commune des nations* (1725), Jean-Baptiste Vico (1668-1774) voit dans l'histoire l'action d'une nécessité : s'il adopte la terminologie religieuse de « providence » pour la désigner, il n'en est pas moins un précurseur de Hegel en voyant la raison à l'œuvre dans l'histoire. Attentif aux particularismes, Vico concilie par son approche le romantisme et un certain rationalisme, qui n'est pas celui de Descartes ni des Lumières. Dans sa perspective, chaque culture participe à la manifestation de la raison, qu'il conçoit comme concrète, et n'est pas coupée de son origine barbare. Vico a influencé en particulier l'historien Jules Michelet (1798-1874), lui aussi attentif au rôle des peuples et des cultures dans l'histoire.

b. La philosophie de l'histoire de Hegel

Hegel (1770-1831) livre une vision dialectique de l'histoire, c'est-à-dire qu'il pense en avançant par le biais de l'opposition de différentes thèses, en dépassant les contradictions mises en évidence. De la sorte, l'esprit chemine vers la connaissance de soi. Dans la perspective hégélienne, l'histoire est un processus qui mène à la liberté : l'Esprit (la conscience individuelle et collective) progresse, par-delà les caprices de l'histoire. Hegel affirme de ce fait que l'histoire a un sens : les événements majeurs, comme la chute de l'Empire romain, la fin du Moyen Âge ou la Révolution française, ne constituent pas de simples hasards. Dans *La Raison dans l'histoire* (1830), Hegel reconnaît que le spectacle de l'histoire semble être celui de la violence et du chaos. Toutefois, si l'on considère l'action des hommes, force est de constater que rien n'est fait sans raison, au sens où les passions humaines expliquent ces actions : « rien de grand dans le monde ne s'est accompli sans passion ». Dans un troisième temps, Hegel explique par « les ruses de la raison » les progrès de l'Esprit au cours de l'histoire. Les passions sont de ce fait à l'origine d'œuvres qui limitent elles-mêmes les passions. Les grands hommes, comme Napoléon, sont alors ceux dont les fins particulières sont mises à profit par l'Esprit. Hegel voit ainsi dans l'État libéral moderne l'incarnation de la raison. Aussi Hegel est-il amené à parler de « fin de l'histoire » : c'est, selon lui, de toute nécessité que l'histoire mène à la démocratie, régime qui ne peut être suivi d'aucun nouveau progrès, car le suffrage universel est la forme la plus grande possible d'universalité. Avec la fin de l'histoire s'achève le temps des conflits idéologiques : cette perspective est reprise par Francis Fukuyama (né en 1952) dans *La Fin de l'Histoire et le Dernier Homme* (1992), où il est question des rapports entre les pays post-historiques (les démocraties libérales marchandes) et les pays historiques.

2. Marx, et le matérialisme historique (voir aussi chapitre 9)

Instrument de la domination de la nature par l'homme, la technique pose problème, dans le mode de production capitaliste, du fait de son inégale maîtrise pour Marx, qui souligne qu'elle favorise l'aliénation des travailleurs manuels, par la mécanisation. On gagne en efficacité, mais c'est au profit d'une minorité. *Le Capital* (dont le premier tome paraît en 1867, les deux autres étant posthumes) dénonce cette exploitation du prolétariat : le profit du capitaliste est permis par le surtravail non rémunéré de l'ouvrier. Le marxisme consiste ainsi en une philosophie matérialiste de l'histoire : pour Marx, ce sont les structures matérielles des sociétés qui font avancer l'homme au cours de l'histoire, et non les idées ou les intentions des hommes. Marx parle par conséquent de « matérialisme historique » : selon cette théorie, la production de la vie matérielle détermine la vie sociale et l'apparition des idées. Marx le formule d'un chiasme dont il a le secret : « Ce n'est pas la conscience qui détermine la vie, mais la vie qui détermine la conscience ». Dans une version matérialiste de l'optimisme hégélien, Marx et Engels proposent de ce fait un idéal communiste, visant l'abolition de la propriété privée des moyens de production et la suppression des classes sociales. Cela suppose une dictature provisoire du prolétariat, le temps d'écarter tout danger de contre-révolution.

3. Spengler : déclin de l'Occident ?

Dans *Le Déclin de l'Occident* (essai rédigé avant la Première Guerre mondiale, mais publié en 1918 et 1922), Oswald Spengler (1880-1936) livre pour sa part une vision pessimiste de l'histoire, qui tranche avec les perspectives scientistes et positivistes, promettant à l'humanité des lendemains radieux. Spengler établit une analogie entre la décadence de l'Empire romain dans le passé et celle, à venir, de l'Occident. En ce sens, il propose une vision faustienne de l'homme occidental, dont il prédit la chute, car il n'a pas su préserver la richesse de sa culture traditionnelle : sa domination sur le reste du monde est comptée. L'approche de Spengler relève de l'historicisme, qui cherche la vérité dans l'histoire, ou du moins affirme la nécessité de prendre en compte le contexte pour comprendre les valeurs d'une société.

IV. Le progrès en question(s)

Si la question du sens de l'histoire a donné lieu à des interprétations différentes, en particulier au XIXe siècle, qui ont pour principe premier un idéalisme (Hegel) ou un matérialisme (Marx), le XXe siècle a tendance, à la suite des inquiétudes romantiques du siècle précédent, à s'interroger sur les menaces inhérentes au progrès, plutôt qu'à voir dans le progrès un idéal. De manière provocante, Jean-François Revel publie en 1988 *La Connaissance inutile* : l'oxymore du titre souligne l'écart entre la foi dans le progrès des humanistes de la Renaissance et des Lumières d'une part, et les horreurs que les avancées scientifiques ont permises au XXe siècle d'autre part. Pour cet auteur, ce qui mène le monde, c'est le mensonge, dont l'idéologie est une puissante fabrique. Désormais, le progrès est entré dans l'ère du soupçon. Le progrès fascine parfois, effraie souvent.

1. Inquiétudes : la monstruosité du progrès

a. La technique comme rupture

Si elle est décisive dans l'histoire de l'humanité, dans l'Antiquité grecque, les philosophes cyniques rejettent tout ce qui relève de la technique, comme étant du domaine de l'artifice. C'est pourquoi ils prennent pour modèle le chien, être qui vit simplement, sans pudeur et sans artifice, tout en sachant distinguer l'ami de l'ennemi.

Avec les révolutions industrielles, une véritable religion du progrès se développe chez certains penseurs au XIXe siècle. Le XXe siècle est cependant moins enthousiaste à son égard, en prenant pour pierre de touche la technique. Dans *Le Savant et le Politique* (1919), Max Weber (1864-1920) se montre critique à l'égard de la technique, qui produit un désenchantement du monde : par son effet, l'homme prend ses distances à l'égard de la magie et de la religion. L'homme perd des illusions, des superstitions, mais aussi un rapport harmonieux au monde.

b. Du service aux sévices

Le XIXe siècle est marqué par de profondes avancées technologiques. Ces dernières effraient certains : tel poète voit ainsi dans le chemin de fer un monstre mugissant. La romancière romantique Mary Shelley livre dans *Frankenstein ou le Prométhée moderne* (1818), roman épistolaire précurseur de la science-fiction, une représentation angoissante du progrès, dans laquelle l'homme apparaît comme un apprenti sorcier, puisque Victor Frankenstein a découvert le secret de la vie, mais sa créature, le monstre, est d'un physique répugnant tout en étant doté d'intelligence. Monstruosité physique de l'un, monstruosité morale de l'autre, qui est en cela un lointain avatar du docteur Faust, personnage présent dans une légende germanique du XVIe siècle, puis chez Marlowe, Goethe et tant d'autres artistes, et qui est prêt à donner son âme au diable afin d'accéder aux secrets de l'univers. Avec ses éléments surnaturels, le roman de Mary Shelley invite à se demander si l'homme n'est pas en train de perdre son âme avec les progrès de la science. De manière triviale : l'homme ne sera-t-il pas victime du progrès, dont il est pourtant l'auteur ?

c. Le risque d'aliénation par la technique

Martin Heidegger (1889-1976) met aussi en accusation les effets pervers de la technique, en particulier dans ses *Essais et conférences* (1958), où il aborde « La question de la technique ». Fruit de la science à l'époque moderne, la technique apparaît comme une pensée du calcul et de l'exploitation de la nature, alors que le philosophe se livre à une pensée méditante. Si la technique n'est ni bonne ni mauvaise en soi, Heidegger déplore le fait que l'ère de la technique dans laquelle nous vivons transforme l'homme en automate, et de ce fait l'ère de la technique est aussi l'ère du nihilisme. En réaction, Heidegger préconise dans *Être et temps* (1927), dédié à Husserl, et dans sa *Lettre sur l'humanisme* (1946), de revenir à la source de l'être, et de ne pas se contenter de la domination de l'étant (terme qui désigne ce qui se présente de manière déterminée et concrète), afin d'être véritablement le *Dasein*, l'« être-là », qui peut s'ouvrir à la vérité, que Heidegger désigne sous le nom grec d'*alêthéia* (« dévoilement »). L'homme a en effet ce privilège, parmi les étants, d'être le seul à pouvoir penser ce qui n'est pas.

Élève de Heidegger, Hannah Arendt (1906-1975) s'intéresse au monde du travail, à l'aliénation qu'il peut engendrer, et à la fonction des instruments dans *La Condition de l'homme moderne* (1958). À la routine du monde du travail et à la confusion entre le public et le privé, Hannah Arendt oppose l'engagement politique.

Les cadences infernales et la difficulté à maîtriser les machines donnent de la technique une image angoissante et burlesque dans *Les Temps modernes* (1936) de Chaplin, dont le personnage Charlot est pris dans les rouages d'une machine expérimentale. De dominateur de la nature par la technique, l'homme est transformé en cobaye. Le couple qui s'échappe – la Gamine, interprétée par Paulette Goddard, et Charlot – sur une route vers un avenir incertain semble symboliser la nécessité pour l'être humain de s'évader d'un monde de la technique où il devient lui-même automate : l'image des moutons au début du film exprime la déshumanisation qui menace. Le bonheur est à ce prix : l'homme semble promis au malheur dans un monde du travail marqué par l'automatisation, et le chômage de masse, qui engendre lui-même la misère et la montée des nationalismes. Ainsi s'explique cette déclaration de Chaplin à un journaliste en 1931 : « Le chômage, voilà la question essentielle. Les machines devraient faire le bien de l'humanité, au lieu de provoquer tragédie et chômage ».

d. Pièges du progrès : le matérialisme triomphant ?

Dans son *Prométhée mal enchaîné* (1899), André Gide tourne déjà en dérision la croyance excessive de l'homme au progrès. Albert Camus, dans *Prométhée aux enfers* (1946), souligne que le progrès n'a de sens que si les hommes ne se détournent pas du spirituel au profit exclusif du matériel : il nous invite, dans le sillage de Prométhée, à ne pas « nous résigner à vivre sans la beauté et la liberté qu'elle signifie ». Cet écueil qui consiste à confondre le progrès et le confort est mis en scène avec humour par Boris Vian (1920-1959) dans sa chanson *La Complainte du progrès* (1955), dans laquelle il égrène une suite d'objets, dont le « presse-purée » et autres biens de consommation (dont beaucoup sont le fruit de son imagination, comme le « repasse-limaces »), censés changer la vie de l'homme ! Cette invasion du quotidien par les objets lors des Trente Glorieuses fournit la matière même du livre de Georges Pérec (1936-1982) *Les Choses* (1965).

Les dénonciations du matérialisme de notre société ne sont pas sans rappeler le rejet de la pléonexie chez les aristocrates par Aristote dans *Les Politiques*. La pléonexie (*pleoneksia*, « excès » en grec, de *pléon*, « plus » et *echein*, « avoir ») désigne cette volonté d'avoir toujours plus que son voisin : les Grecs la considèrent comme une déviance morale. Aristote voit dans la préoccupation d'accumuler des richesses une confusion fâcheuse entre avoir et être. Dans son *Essai sur les variations saisonnières des sociétés eskimos. Étude de morphologie sociale* (1904-1905), le sociologue Marcel Mauss (1872-1950) reprend ce terme pour montrer que l'homme moderne casse le cycle de l'échange des sociétés traditionnelles en se contentant de prendre, au lieu de « donner, recevoir, rendre ». Dans son ouvrage *Pléonexie* (2015), Dany-Robert Dufour (né en 1947) dénonce les dérives et les dangers du capitalisme, à la lumière des effets produits par une concentration excessive des richesses, ce qui est source de conflits, de destructions et de déséquilibres. Dans *Walden ou la Vie dans les bois* (1854), Thoreau (1817-1862), chantre de la désobéissance civile qui a inspiré Gandhi et Martin Luther King, évoque deux années passées en autarcie, dans une cabane, comme une sorte de retour à la nature, alors que l'industrialisation fait de plus en plus sentir ses effets sur la vie des hommes. Thoreau nous invite à considérer les besoins réellement nécessaires (manger, s'abriter, se vêtir, se chauffer), afin de ne pas être esclaves des « biens » que les sociétés industrielles nous présentent comme indispensables.

2. L'humanité en péril ?

a. La responsabilité de l'homme

Dans *Le Principe responsabilité* (1979), Hans Jonas (1903-1993) manifeste une peur à l'égard des effets pervers du progrès : à la suite de Heidegger, dont il a été l'élève, il déplore le fait que l'homme ne contrôle plus la technique. L'homme est l'être qui perturbe la nature, aussi Jonas préconise-t-il, au nom de l'écologisme, comme impératif d'agir de telle sorte que les effets de notre action ne soient pas contraires à la permanence d'une vie authentiquement humaine sur Terre.

S'il se réjouit de l'appropriation des nouvelles technologies par la nouvelle génération dans *Petite Poucette* (2012), Michel Serres (1930-2019) s'inquiète des effets de l'humanisation de la planète, qui engendre un désastre écologique. C'est pourquoi il propose dans *Le Contrat naturel* (1990) l'établissement d'un contrat tacite entre l'homme et la nature, son hôte, envers qui il se comporte comme un parasite. Ce « contrat naturel », prolongement du contrat social rousseauiste, relève de l'approche poétique, destinée à faire comprendre à l'homme sa responsabilité dans le saccage de son propre milieu. Serres espère ainsi que l'homme puisse retrouver le rapport à la nature qu'il a perdu avec le temps, et la préserver. Luc Ferry (né en 1951) reproche dans *Le Nouvel Ordre écologique*, sous-titré *L'Arbre, l'Animal et l'Homme* (1992), à Michel Serres de participer avec les tenants de l'écologie profonde (ou écologie radicale) à l'essor d'un antihumanisme, sous couvert d'affirmation de l'égale dignité de tout être vivant : à travers l'amour des animaux s'exprimerait une hostilité envers l'humanité. Élisabeth de Fontenay (née en 1934) s'oppose à cette vision critique de l'écologie dans *Le Silence des bêtes*.

La philosophie à l'épreuve de l'animalité (1998), où elle invite à considérer le silence des animaux autrement que comme une lacune : jouant implicitement avec la référence à *Acheminement vers la parole* de Heidegger, elle préconise un « acheminement vers leur non-parole » afin de voir la « question animale » dans une perspective neuve. Il est à noter que dès 1956 Romain Gary (1914-1980) obtient son premier prix Goncourt avec *Les Racines du ciel*, « premier roman écologique » (préface de 1980), où il invite, à travers le personnage de Morel, à résister à la puissance destructrice des hommes. Par son combat en faveur des éléphants, massacrés par les autochtones pour leur chair et par les Européens pour faire trafic de l'ivoire, Morel incarne la lutte en faveur de la liberté et de la beauté. De ce fait, la protection du vivant ne relève pas d'une simple préoccupation technique.

b. Débats autour du transhumanisme et des perspectives ouvertes par les progrès des sciences

Les progrès des biotechnologies, dont la génétique, laissent entrevoir la possibilité d'améliorer l'espèce humaine. Il en résulte des questions d'ordre moral, qui sont l'objet de la bioéthique, discipline apparue dans les années 1960. Dans *L'Avenir de la nature humaine. Vers un eugénisme libéral*, le philosophe Jürgen Habermas (né en 1929) rejette l'idée d'une sélection génétique, s'opposant ainsi à Peter Sloterdijk, (né en 1947) qui prône dans *Règles pour le parc humain*, sous-titré *Une lettre en réponse à la* Lettre sur l'Humanisme *de Heidegger* (1999, 2000 pour la traduction française) ce que ses adversaires ont perçu comme un eugénisme, qu'il associe à la volonté d'amélioration de soi, qui caractérise d'après lui l'espèce humaine. Sloterdijk déplore dans son bref essai l'avènement de la culture de masse, qui s'est coupée de la tradition humaniste, dont la visée est l'éducation de l'homme.

c. L'homme-machine : la fin de l'homme ?

Le transhumanisme ouvre des perspectives, mais pose la question du post-humanisme. *La Fin de l'homme* (2007) de Francis Fukuyama livre ainsi un réquisitoire contre le transhumanisme, dont il s'inquiète des conséquences anthropologiques et politiques. Dans *Les Utopies posthumaines* (2005), Rémi Sussan (né en 1960) considère les dérives possibles d'un affranchissement de l'homme de sa condition mortelle par la technologie : « soit des intelligences artificielles succéderont à leurs géniteurs humains, soit les hommes eux-mêmes fusionnés avec la machine jusqu'à être méconnaissables ». Dans *Cyborg philosophie* (2011), Thierry Hoquet (né en 1973) annonce : « Les individus amputés et réparés par prothèse robotique sont en réalité le laboratoire où s'expérimentent les formes de vie de l'avenir :

où l'humain sera prolongé, c'est-à-dire à la fois amplifié et potentiellement annihilé par l'avènement d'autre chose qui n'est pas lui ». Le post-humanisme apparaît comme l'évolution ultime engendrée par la conception matérialiste de l'homme-machine dont La Mettrie, inspiré par la théorie cartésienne de l'animal-machine, se fait l'écho (*L'Homme-machine*, 1748). « Rêve ou cauchemar ? » s'interroge Yves Charles Zarka (« De l'homme-machine à la machine post-humaine : la vision machinique du monde », *Cités*, 2013/3, n° 55), qui invite dans *L'Inappropriabilité de la Terre : principe d'une refondation philosophique* (2013) à sortir de la logique d'appropriation qui préside à la conception machinique.

Dans le domaine littéraire de la science-fiction, les nouvelles et les romans d'Isaac Asimov (1920-1992) amènent dans le cycle des robots (publié en 1990 en France sous le titre *Le Grand Livre des robots*) à s'interroger sur le risque de voir les robots s'approprier les caractéristiques des humains et les concurrencer, voire les remplacer.

Fruit des avancées permises par le progrès, l'humanité actuelle oscille entre la jouissance des objets et des conditions qu'il a engendrés et l'inquiétude quant à l'avenir possible avec les effets du progrès sur l'environnement ou l'être humain. Analyser la question et l'histoire du progrès ne peut se faire sans considérer l'histoire du sujet. Le progrès échappe-t-il à l'homme ? Ce dernier n'est-il pas contraint de refonder son rapport au monde, soumis désormais aux effets spectaculaires de son action ?

→ Bibliographie sur l'essor technologique et l'idée de progrès

- Hannah Arendt, *Condition de l'homme moderne*, Calmann-Lévy, 1961.
- Jacques Ellul, *Le Système technicien*, Calmann-Lévy, 1977.
- Francis Fukuyama, *La Fin de l'homme : les conséquences de la révolution biotechnique*, Gallimard, 2004.
- Jürgen Habermas, *L'Avenir de la nature humaine. Vers un eugénisme libéral ?*, Gallimard, 2002.
- Martin Heidegger, *Essais et conférences*, Gallimard, Tell, 1958.
- Hans Jonas, *Le Principe responsabilité*, Champs Flammarion, 1990 [éd. or. 1979].
- Marcel Gauchet, *Le Désenchantement du monde*, Gallimard, 1985.
- Georges Gusdorf, *Le Crépuscule des illusions*, La Table ronde, 2002.
- Thierry Hoquet, *Cyborg philosophie. Penser contre les dualismes*, Le Seuil, 2011.

- André Leroi-Gourhan, *Évolution et technique*, Albin Michel, 1943.
- André Leroi-Gourhan, *Le Geste et la Parole*, Albin Michel, 1964.
- Herbert Marcuse, *Éros et civilisation*, Minuit, 1963.
- Paul Ricoeur, *Histoire et vérité*, Le Seuil, 1955.
- Dany Robert-Dufour, *Pléonexie*, Le Bord de l'eau, 2015.
- Raymond Ruyer, *Les Nuisances idéologiques*, Calmann-Lévy, 1972.
- Peter Sloterdijk, *Règles pour le parc humain*, Millet et une nuit, 2000 [éd. or. 1999].
- Rémi Sussan, *Les Utopies posthumaines : contre-culture, cyberculture, culture du chaos*, Omnisciences, 2005.

→ Filmographie

- Charlie Chaplin, *Les Temps modernes*, 1936.

Chronologie des chapitres 5 et 9 : La société, le droit et l'État/Idéologies du monde contemporain

La société	Le droit	L'État
	▪ **1750** Code d'Hammourabi	
▪ Grèce antique : laïcisation de la pensée et des lois	▪ **VIIIe-VIIe siècles** Droit coutumier : *Mos majorum* ▪ Droit des pontifes ▪ **VIe-Ve siècles** Droit civil : modèle grec et romain du nomos ▪ **VIe-Ve siècles** Genèse du droit public ▪ **451-450** Loi des XII Tables	▪ **509-508** Institutions religieuses, militaires et politiques républicaines à Rome et démocratiques à Athènes
▪ **IIIe siècle av. J.-C.** Début de l'expansion romaine ▪ **375** Début des invasions barbares	▪ Droit prétorien	▪ **31** Passage de la République romaine à l'Empire
▪ **VIe-XIe siècles** Régression du commerce, localisme, féodalité	▪ **438** Code théodosien ▪ **476** Effondrement de l'empire romain et effacement de son droit civil ▪ **533** Empire romain d'orient : Code Justinien	▪ Disparition de l'État en Occident au profit des chefferies barbares
▪ **XIe siècle** Essor du commerce et des villes, mouvement des communes	▪ Droit public : royautés sacrées ▪ **1074** Réforme grégorienne ▪ **1140** Décret de Gratien ▪ Droit public : souveraineté du pape, ▪ Droit civil : étude et recyclage du droit civil romain	▪ **VIe-XIe siècles** Augustinisme politique : sacre des rois barbares, leadership de la papauté, féodalité
▪ **XIe-XVIIe siècles** Essor de la société civile en Italie et en Angleterre ▪ **XVe siècle** Début de la colonisation européenne ▪ **XVIe siècle** Réforme, guerres de religion	▪ **1215** Angleterre : *Magna Carta*	▪ **XIIIe-XVe siècles** Genèse de l'État souverain, centralisation politique et développement de l'administration

La société	Le droit	L'État
	▪ **1532** F. de Vitoria : l'idée de droit de l'homme, début du développement du droit naturel moderne	
	▪ **1688** Révolution anglaise : *Habeas corpus*, État de droit	
▪ **1760** début de la révolution industrielle	▪ **1787** Droit public : Constitution américaine	▪ Révolution française : rationalisation administrative
▪ **XIXe siècle** Révolution démocratique, abolition des privilèges, révolution industrielle, mouvement ouvrier, syndicalisme, lutte sociale, société de croissance ▪ **1860** Début de la seconde révolution industrielle ▪ **1920** Société de consommation	▪ **1789** Déclaration des droits universels, vers la hiérarchie des normes ▪ **1805** Droit civil : Code Napoléon ▪ **1848** Début du droit social	▪ **1860** Intervention croissante de l'État dans la vie économique ▪ **1870** Début de l'État-providence
▪ **1929** Crise économique ▪ **1960** Nouveaux mouvements sociaux ▪ **1980** Troisième révolution industrielle	▪ **1945** Généralisation du principe de la hiérarchie des normes, Tribunal de Nuremberg, développement du droit international public et du droit international privé	▪ **1930** États totalitaires stalinien et nazi

5

La société, le droit et l'État modernes

Jean-Marc Durand-Gasselin

Les sociétés premières, telles que les décrivent les archéologues du paléolithique ou l'ethnologie, possèdent une démographie limitée. Leurs membres sont encore peu spécialisés dans des tâches ou des métiers particuliers. Elles sont sans État au sens d'une structure administrative et politique centrale monopolisant la fonction guerrière, la justice et d'autres fonctions comme la gestion des ressources. Elles supposent seulement des chefs ou des *big men* (chamane, guerriers etc.), sous une forme plus ou moins institutionnalisée. Elles s'appuient sur des formes de liens religieux qui tiennent en grande partie lieu de droit, de système d'interdits et de sanctions, avec parfois des tribunaux *ad hoc* pour traiter des cas graves.

La naissance, à partir du néolithique, autour de 10 000 avant notre ère, sur fond de développement de la sédentarité et de l'agriculture, d'institutions centrales et communes monopolisant les fonctions guerrières et de justice et contrôlant une partie des ressources, permet aux sociétés de prendre des proportions bien plus grandes sur un plan démographique et spatial et de diviser davantage le travail social, en installant des inégalités statutaires plus importantes et plus durables que dans les sociétés premières. Cela suppose aussi un réaménagement partiel du mythe et du rite, qui ajoutent, à leur fonction d'intégration sociale et aux thèmes dominants au paléolithique de la mort et du sexe, celle d'une sacralisation de la supériorité aristocratique et masculine autour du thème du héros guerrier. Cela s'accompagne en tendance d'un développement de plus en plus formel du droit, notamment de propriété et d'héritage, bien que ce droit s'enracine dans un lien mythique et rituel.

Avec l'effondrement de l'Empire romain d'Occident en 476, dans la zone géographique d'où émergera la modernité occidentale, c'est à la fois l'État qui disparaît ou qui ne subsiste plus que sous une forme de vestige de bâtiments et d'habitudes romaines, mais aussi le droit qui lui correspond et les relations sociales qu'il sanctionnait. Un droit coutumier et local, correspondant à des relations féodales interpersonnelles et à un pouvoir politique seigneurial, lui-même local, s'est ainsi mis en place pendant le haut Moyen Âge, les Empereurs et les rois, d'origine barbares, étant souvent à peine plus que des chefs locaux ayant au surplus divisé leur royaume d'origine. C'est le pouvoir papal, seule institution encore vivante de l'Empire romain d'Occident qui va assurer le leadership spirituel et en partie politique des sociétés féodales morcelées de l'Europe occidentale.

Or les sociétés modernes européennes, qui rassemblent des millions d'individus, vont se constituer en grande partie contre ces formes de relations sociales féodales d'allégeance et de fidélité interpersonnelles essentiellement locales. Le droit moderne va se constituer contre ces formes de droit coutumier, et l'État moderne contre le pouvoir politique du seigneur féodal et le pouvoir de la papauté.

La chose est bien connue. Le développement des villes et des relations commerciales dès le XIe siècle, avec ses nouvelles élites bourgeoises et urbaines, le recyclage du droit romain, à partir de la réforme grégorienne de Grégoire VII (pape de 1073 à 1085), et le vaste mouvement de centralisation politique et administrative, de fonctionnarisation des élites politiques, de remembrement territorial de la couronne, de monopolisation de la violence légitime, de la monnaie et la justice, vont donner naissance à la configuration de la société, du droit et de l'État modernes, à la fois contre la féodalité et contre le pouvoir spirituel et temporel de Rome jusqu'à l'aube de la Réforme (I). En effet ces formes d'émergence ou de réémergence de relations sociales fondées d'abord sur le commerce et l'industrie, de relations de droit fondées sur une règle codifiée et d'une organisation étatique de plus en plus puissante et découplée du pouvoir spirituel s'accompagnent de tensions statutaires, politiques et religieuses qui vont aboutir à la Réforme et aux révolutions anglaise, américaine et française (II). Enfin, les révolutions politiques, en se combinant avec la révolution industrielle, sont au principe de contradictions et de solutions en partie nouvelles aux XXe et XXIe siècles (III).

I. L'émergence de la société, du droit et de l'État modernes et leurs tensions : de la révolution papale à l'aube de la Réforme

1. La société féodale, le droit coutumier, l'augustinisme politique

a. La société féodale et la nouvelle forme du lien social

En effet sur les décombres de l'Empire romain d'Occident s'est édifié un système de protection privée liant des grands propriétaires ou des chefs de guerre à des hommes libres leur faisant allégeance contre protection, selon un contrat privé de vassalité et de dépendance qui formera un véritable « type social » comme le dit Marc Bloch dans *La Société féodale* (1939). Ce système formait souvent un principe pyramidal du simple guerrier au roi, le cercle des vassaux les plus proches du roi formant ce que l'on appellera bientôt la noblesse, grâce à une forme spécifiquement politique et publique de vasselage, le vasselage royal.

Ce système, stimulé par les invasions des Vikings, des Musulmans et des Hongrois, et promu par les carolingiens, se répand en Europe et atteint son apogée au XIe siècle. Il avait pour effet un morcellement progressif du pouvoir politique et territorial, les hommes libres recevant des terres contre leur service, et aussi finalement une certaine insécurité voire un retour à des formes archaïques de vendetta plus ou moins commandées par le code de chevalerie.

b. L'effacement progressif du droit romain

De même le droit civil romain (droit contractuel et commercial, droit de l'héritage etc.), clef de la puissance de l'Empire, ne subsiste plus désormais que sous la forme d'une source de plus en plus lointaine et relativisée par une production normative locale et de plus en plus en plus orale, d'où la montée en puissance continue du VIe au XIe siècle d'un droit essentiellement coutumier et local.

c. Augustinisme politique et féodalisme

Enfin, de manière concomitante à ce processus social, politique et juridique, le destin de l'Église romaine joue un rôle décisif. Vestige en Occident de l'Empire romain, présente par ses évêques, ses prêtres et le réseau des paroisses et des monastères, elle va avoir un rôle politiquement et culturellement unifiant pour l'ensemble de la future Europe médiévale, l'Église étant de fait, par ce réseau, une puissance temporelle. Dès la fin du VIIe siècle le pape Grégoire le Grand (pape de 590 à 604) théorise ce que l'on appellera rétrospectivement « l'augustinisme politique », qui faisait de l'Église romaine une puissance spirituelle prééminente au pouvoir temporel et le guidant, avec l'aide de son réseau d'évêques et de paroisses (cf. chap. 1 et 2 sur Augustin). Le projet d'une conversion des rois barbares, déjà entamé par le baptême de Clovis, se prolongeait dans l'institution du sacre des rois par un évêque, sur le modèle originel de l'onction des rois d'Israël par les prophètes, et incarnait ce projet politique de reconstitution chrétienne du *populus romanus* (cf. chap. 2 sur les conversions de l'Europe barbare).

Mais le morcellement féodal, de plus en plus marqué, donnait progressivement aux seigneurs locaux un pouvoir grandissant, y compris sur le personnel religieux, affaiblissant le pouvoir de nomination romain et semblait favoriser le népotisme et la corruption des mœurs.

2. La condition de l'émergence européenne de la modernité sociale, juridique et politique : le recyclage du droit romain

a. La reprise en main du pape : la réforme grégorienne

Comme le dit Philippe Nemo, « Les institutions féodo-vassaliques, la seigneurie et le servage, la royauté sacrée seront ce contre quoi se dresseront les canonistes, les « légistes » et philosophes fondateurs du modèle « moderne » d'État » (*Histoire des idées politiques dans l'Antiquité et au Moyen Âge*, Puf). Le droit va jouer un rôle central dans l'émergence de la modernité sociale, juridique et politique dans le contexte d'une sorte d'exténuation des structures féodales par rapport à leurs objectifs initiaux de sécurité et de christianisation. C'est l'Église romaine qui est au principe de ce que l'on appellera la réforme grégorienne, puis rétrospectivement « la révolution papale ». Elle va impulser ce recyclage décisif du droit romain.

Dans ses *Dictatus papae* de 1074-1075, le pape Grégoire VII réaffirme, dans l'esprit du droit romain impérial, sa *plenitudo potestatis* et son droit législatif absolu sur l'institution ecclésiale en réaffirmant sa prérogative intégrale de nomination des évêques, des abbés et des clercs et le célibat des prêtres, et indirectement sur les royaumes séculiers, au nom de la supériorité spirituelle de la loi divine sur la loi séculière, selon le principe de l'augustinisme politique. Le pape ré-instituait ainsi une Église centralisée et souveraine, édictant des lois papales, les Décrétales, et faisant d'un droit canonique réarmé l'instrument de cette rénovation. Surtout il prit l'initiative de relancer l'étude du droit romain, notamment en fondant en 1080 la première université de droit européenne à Bologne, constituant assez rapidement, notamment à partir du Décret du moine Gratien (1140) un *corpus juris canonici* sur le modèle des codifications romaines (cf. chap. 1).

b. Le droit civil : du droit coutumier aux codifications modernes par le droit romain

Le recyclage du droit civil romain va avoir deux effets immenses. Encouragé par l'Église et bientôt par les États, et formulé dans les universités chez les canonistes et les légistes royaux, ce recyclage va entraîner une pacification sociale par le recul du droit coutumier et surtout des relations sociales féodales fondées sur des codes d'honneur et de chevalerie et les logiques de vendetta. Il va impulser un travail de codification au long cours du droit civil dont le code Napoléon (1805) est l'incarnation paradigmatique et qui fera largement école en Europe continentale.

c. Le droit public romain et son destin dialectique

Le destin du recyclage du droit public romain est plus dialectique. La notion de souveraineté vient du droit romain impérial et notamment du *Digeste* de Justinien, Empereur Byzantin (né en 482 et ayant régné de 527 à 565), et en particulier de deux formules attribuées au juriste Ulpien (170-223) : « *Quod principi placuit legis habet vigorem* » « ce qui plaît au prince a force de loi » et « *Princeps legibus solutus* » « le Prince est délié des lois ». Cœur de la réforme grégorienne d'un pouvoir papal restauré, ce principe sera ensuite importé par les juristes royaux dès le XIIIe siècle pour façonner un pouvoir royal souverain défini par les deux formules d'Ulpien. On retrouvera cette position chez les partisans de l'absolutisme. Cela produira une concurrence des souverainetés entre les « souverains nationaux » et le pape, qui se manifestera dans des « querelles d'investitures ». À côté et contre ces appropriations de la notion romaine de souveraineté, une tradition alternative s'est constituée chez des penseurs et des juristes qui opposent au principe « *Quod principi placuit legis habet vigorem* » celui, issu du droit romain républicain, selon lequel « *Quod omnes tangit ab omnibus approbari debet* » « ce qui concerne tout le monde doit être approuvé par tout le monde ». Dans l'Église romaine se programme ainsi une tendance conciliariste pour laquelle le concile démocratique des évêques a une autorité supérieure à celle du pape. De même, chez les juristes laïcs, pour le pouvoir politique, le même principe aboutira à défendre les pouvoirs du Parlement, la préséance de la loi, voire la souveraineté du peuple ou la possibilité du tyrannicide. On voit cela chez Saint Thomas (1225-1274) ou Marsile de Padoue (1275-1342), figures centrales de l'aristotélisme médiéval. C'est le germe de la tradition libérale, républicaine et démocratique qui s'affirmera progressivement contre la tradition absolutiste, comme le montre Quentin Skinner dans son ouvrage classique *Les fondements de la pensée politique moderne* (cf. chap. 9).

d. Humanisme occidental, droit romain et droit naturel

Si l'on jette un regard rétrospectif sur l'humanisme occidental, l'humanisme juridique romain complète incontestablement l'humanisme civique et rationaliste grec de la parole et du logos et l'humanisme chrétien de la charité évangélique : il constitue la personne humaine par le rationalisme concret du droit puisque sa vie et ses échanges sont réglés par des rapports de droits supposant son libre arbitre et ayant une certaine régularité et sécurité.

Couplé avec l'égalité chrétienne et le rationalisme d'Aristote, christianisé par la scolastique des universités, il va aboutir, par une réunion progressive de la branche du droit civil et du droit politique, à la conception occidentale des droits subjectifs de la personne humaine, base du système politique et du système juridique, ainsi que d'une morale de l'autonomie de la personne.

L'effet de révolution intellectuelle de cette nouvelle version du droit naturel se voit dès la contestation de la colonisation par Francesco de Vitoria (1483-1546) dans ses *Leçons sur les Indiens et sur le droit de guerre*, puis chez Francisco Suarez (1548-1617), chez qui s'élabore les notions philosophiques d'état de nature et de contrat social contre l'absolutisme et la raison d'État : l'état de nature est un état originel d'égalité qui précède et justifie l'association politique ; les Indiens sont munis des mêmes droits politiques fondamentaux que les colonisateurs chrétiens tentés de les usurper. Alors que le droit naturel chez Platon et Aristote justifiait les inégalités des rapports sociaux, politiques et internationaux, sa version christianisée dans cette seconde scolastique de l'École de Salamanque en prend le contrepied. Ce droit naturel se développe chez Grotius (1583-1645), dans son monumental *Droit de la guerre et de la paix* (1625) chez Pufendorf (1632-1694), chez Locke, dans une version propriétariste, chez Rousseau dans sa version républicaine, Hobbes en donnant une version monarchiste et absolutiste.

3. Vers l'État moderne et l'État-nation

a. De l'ancienne chefferie barbare à l'État moderne

La constitution juridique de l'État moderne, comme pouvoir souverain, domaine public et administration centralisée, est l'effet indirect et imprévu de la réforme grégorienne.

L'importation par les juristes royaux formés dans les universités du concept de souveraineté ou de *plenitudo potestatis* comme droit de légiférer, de normer et de juger en dernière instance va pousser à une différenciation et une autonomisation du pouvoir royal, base de l'État, par rapport aux structures des pouvoirs féodaux et par rapport au pouvoir papal. Le pouvoir royal, codifié et institué comme souverain, se découple de la personne du roi lui-même, mortel, et s'institue comme un domaine public régi par des « lois fondamentales » – qui en tant que telles bornent l'exercice de la souveraineté elle-même et préparent l'idée de constitution. C'est ce que signale l'évolution du vocabulaire : ce n'est qu'à la fin du XVe siècle que l'on emploie en ce sens le mot *status*, ce terme se substituant progressivement à ceux de *respublica*, de *regnum* ou de « couronne ». Aussi les règles de succession au trône excluent-elles la discontinuité dans l'occupation de la charge qui n'est plus une propriété privée : la charge et sa fonction possèdent leurs propres règles, qui ne dépendent plus de la volonté du seigneur. Le domaine royal devient une propriété collective, le roi devenant en tendance une sorte de représentant, d'incarnation momentanée de la collectivité et du territoire. De même naît, avec les légistes, une classe de fonctionnaires recrutés pour leurs compétences juridiques et qui ne sont plus des guerriers compagnons du roi se partageant les terres, sur le modèle d'une administration centralisée et réglée par le droit, comme l'Église romaine.

À partir de ce pouvoir royal souverain va s'opérer un remembrement territorial, une monopolisation des *regalia* (pouvoirs de normer, de nommer, de juger, de faire la guerre et la paix) détenues jusque-là aussi par les seigneurs et les évêques. C'est le cœur de la définition par Weber de l'État comme « organisme qui revendique avec succès sur un territoire donné le monopole de la violence légitime ».

b. État administratif et politique et État-nation

À partir de ce noyau étatique, à la fois politique et administratif, va se constituer l'État-nation qui lui ajoute la notion d'un peuple issu d'une même souche, d'un territoire occupé par ce peuple, d'une langue – le latin, langue commune n'étant que la langue des clercs – et une histoire dont le noyau a d'abord été constitué par le récit des rois, de leur conversion et de leur sacre ainsi que de leurs exploits militaires, et l'histoire des saints (par exemple saint Martin, saint Remi, saint Denis pour la France, saint Stanislas pour la Pologne, saint George pour l'Angleterre etc.). Tous ces éléments se cristallisent en France autour de l'épisode de Jeanne d'Arc.

4. Vers la société moderne : échanges économiques, société civile et espace public

a. La modernité italienne

La soustraction de la société aux relations féodales d'allégeance interpersonnelle, est le produit combiné de ce recyclage du droit romain et de l'essor commercial de certains centres urbains qui obtiennent le droit de commerce. Ce renouvellement s'observe dès la fin du XIe siècle dans les villes du Nord de l'Italie. S'y rencontrent d'un côté l'essor commercial avec des contrées lointaines, industriel avec la production d'étoffe et de laine, et bancaire avec des systèmes de prêts et d'assurance, et de l'autre, la volonté des élites religieuses et économiques de se soustraire à la querelle de deux pouvoirs en train de se réarmer, celui de l'Empire germanique et celui de la papauté, en pleine « querelle des investitures » produite par la concurrence des souverainetés. En s'appuyant sur le droit romain, le mouvement communal italien va ainsi conquérir une véritable autonomie, et faire des cités médiévales le cœur du renouveau du lien social. Ce renouveau est fondé, d'une part, sur une certaine autonomie politique et une certaine solidarité civique qui va s'exprimer de manière privilégiée dans le républicanisme évoqué plus haut, comme on le voit par exemple dans ces deux républiques que furent Venise et Florence, mais aussi, d'autre part, sur l'activité économique, ses différences de classes et d'intérêt plutôt que sur les hiérarchies statutaires féodales. Ce sera la base de ce que l'on appellera au XVIIe siècle « la société civile » pour l'opposer à l'appareil d'État avec son pouvoir absolu et ses fonctionnaires.

b. Universités et vie intellectuelle

En effet, dès le XIIIe siècle, est évident le rôle culturel des universités de droit, de théologie, de médecine, et des arts et lettres avec leurs étudiants cosmopolites et leurs débats intellectuels, qui vont jouer un rôle actif dans ce que l'on appellera la Renaissance. La place dominante de la théologie va ainsi progressivement poser problème.

c. Vers de nouvelles tensions

Lieu d'une inégalité économique croissante, ces centres urbains et ces cités sont aussi le lieu de l'aggravation de la tension entre la dimension mondaine de l'Église avec sa puissance temporelle et ses richesses et le message évangélique égalitaire, tension qui remonte déjà au IVe siècle lorsque le christianisme est devenu religion officielle. De ce point de vue, la création des deux ordres mendiants des dominicains et des franciscains, au XIIIe siècle, se situe à l'épicentre du changement social et des tensions de l'Église romaine et prépare la Réforme.

II. Révolutions et tensions internes dans la société, le droit et l'État modernes de la Réforme à la Révolution française

Du XVIe à la fin du XVIIIe siècle, les tensions présentes dès les débuts de la révolution papale débouchent ainsi sur une série de révolutions religieuses et politiques.

1. La Réforme et ses effets

a. Les lignes de conflit

Par-delà la contingence des trajectoires individuelles de Luther (1483-1546), Mélanchthon (1497-1560) ou Calvin (1509-1564), la Réforme est le catalyseur d'au moins deux tensions.

La première, que nous venons d'évoquer, a pour enjeu la critique chrétienne des privilèges mondains de l'Église catholique. Elle est aggravée par la prétention du pape à la *plenitudo potestatis* et par la prétention notamment à vendre des indulgences qui permettent aux riches de s'acheter une place au paradis.

La seconde a pour enjeu la critique savante de la théologie officielle de Rome devenue aristotélicienne avec Saint Thomas. Cette critique est notamment formulée par Duns Scot (1265-1308) et surtout par Guillaume d'Ockham (1285-1347), moine franciscain. À la différence de ce qu'affirme la théologie de Saint Thomas, Dieu, tout-puissant, comme chez Augustin, ne peut pas être connu par analogie avec les choses naturelles et donc le projet d'une théologie rationnelle est caduc. On ne peut donc, comme l'Église romaine, se prévaloir, en dehors de la Bible, d'aucune connaissance théologique – et cela est défendu alors que le développement de l'imprimerie donne virtuellement un accès élargi au Livre.

b. Luther et le retour d'Augustin

La réforme du jeune moine augustin tourmenté Luther, qui critique la papauté comme « la nouvelle Babylone » et une raison « putain du diable », prolonge ces fronts critiques et initie une révolution religieuse aux conséquences sociales et politiques immenses en Europe occidentale.

Prolongeant, contre l'aristotélisme de Saint Thomas, la lignée du platonisme chrétien d'Augustin (cf. chap. 1), centré sur la vie intérieure, le péché originel, et la conception d'un Dieu tout-puissant qu'on ne peut forcer par nos œuvres à nous sauver, Luther développe un pessimisme anthropologique et théologique radical, le rapport entre nos efforts pour nous perfectionner et nos chances de salut devenant insondable, entièrement dépendant de la grâce gratuite de Dieu.

c. La portée sociale et politique de la Réforme

La thématique de la grâce, dans sa version calviniste, incite à cultiver une ascèse inquiète tournée vers le travail. Weber voyait là une des sources de la modernité sociale et capitaliste orientée vers la rationalisation sociale, thèse historique qui a perdu de sa force philologique mais a le mérite d'inciter à prendre la mesure des effets sur les mœurs de la Réforme et des vagues puritaines qui vont investir l'Europe et inspirer aussi certains aspects de la Contre-Réforme.

Enfin, sur un plan politique l'héritage n'est pas moins considérable. Les guerres de Religion qui s'étirent tout au long du XVIe siècle mettent au cœur de l'agenda politique la question de la paix civile et donc de la tolérance, et semblent impliquer la nécessité de la privatisation de la religion, et donc d'un pouvoir politique suffisamment neutre sur un plan religieux. Le pessimisme anthropologique augustinien et la critique de l'Église romaine, poussent d'une part, dans le contexte de la guerre de paysans de Thomas Müntzer (1489-1525) (cf. chap. 9), à une sorte de sacralisation du pouvoir temporel souverain et à un refus frontal d'une christianisation des aspirations temporelles à l'égalité, et d'autre part au refus du droit de résistance et de tyrannicide défendu par la tradition libérale et républicaine de l'aristotélisme médiéval.

2. La souveraineté et la raison d'État

a. Bodin et les attributs de la souveraineté

La constitution des États modernes sur le modèle du pouvoir romain de la *plenitudo potestatis* a pour effet un renforcement continu du pouvoir royal, une structuration descendante et hiérarchique des pouvoirs et, dans l'exercice d'un pouvoir personnel, la pratique du secret ou de la décision soustraite au regard et au jugement. C'est le juriste Jean Bodin (1529-1596) qui reste la grande référence centrale dans la pensée de la souveraineté. Jean Bodin, dans les *Six livres de la République*, dans la prolongation des premiers légistes royaux, inventorie les attributions du pouvoir souverain : les *regalia* ou les droits régaliens : 1. faire et casser les lois, 2. décider de la guerre et de la paix, 3. nommer les agents de l'État, 4. juger en dernier ressort (droit de grâce). Bodin définit les propriétés de la souveraineté : elle est absolue puisqu'elle effectue ses fonctions sans contestation légitime possible, indivisible et suppose donc une hiérarchie descendante des pouvoirs du pouvoir souverain vers les magistratures, les offices, les commissions, ou les pouvoirs permanents ; elle est perpétuelle. Hobbes (1588-1619), dans le *Léviathan* (1651), en donne une version contractualiste : l'État souverain est ce qui naît d'un contrat fait pour éviter la guerre de tous contre tous.

b. Machiavel, réalisme politique et raison d'État

Le concept de raison d'État, théorisé par Giovanni Botero (1544-1617) dans *Della ragion di Stato* (1589), désigne la dérogation au droit commun nécessité par la survie de l'État dans des situations de menaces exceptionnelles. Elle est souvent rattachée à celle d'*arcana imperii*, de secret d'État. Elle renvoie à la constitution d'une rationalité politique spécifique, distincte de l'ordre moral et religieux du salut et même de l'ordre social commun et ordinaire des intérêts et de la prospérité. C'est l'œuvre du républicain et florentin Machiavel (1469-1527) qui illustre, dans *le Prince* (1513) et le *Discours sur la seconde décade de Tite-Live* (1520), cette prise de conscience qui enrichit la conception de la souveraineté comme exercice du pouvoir motivé par la survie de l'État et donne ainsi naissance à une politologie positive. Le pouvoir politique est engagé dans un champ de forces et de contradictions spécifiques qui peuvent supposer ces dérogations morales et juridiques sans lesquelles le pouvoir et l'État seraient menacés. Aucune complaisance esthétique avec la violence ici, seulement un œil réaliste sur ce que l'histoire politique, notamment romaine à l'époque républicaine, apprend. Machiavel, en un sens, appartient à la lignée du républicanisme romain évoqué plus haut, mais, de manière aussi originale, il appartient également au courant des penseurs de la souveraineté.

3. La société civile et les révolutions

a. La société civile, l'État de droit, l'espace public

La société civile se constitue par les échanges économiques et le droit civil, comme une sphère sociale distincte de celle de l'État absolutiste et aristocratique. Les tendances conciliaristes, démocratiques et républicaines, inspirées du droit romain républicain, des *Politiques* d'Aristote et de leur réappropriation chrétienne (chap. 1 et 9), aboutiront au renforcement des pouvoirs du Parlement, de la loi et de la procédure du débat public, contre le pouvoir exécutif du roi, ses décrets et sa pratique du secret. L'idée d'État de droit limitant le pouvoir par une division et une hiérarchie des pouvoirs législatif, exécutif et judiciaire, naît dans ce contexte. De plus, cela soutient l'élaboration potentiellement révolutionnaire du droit naturel, sur fond d'une montée en puissance de la bourgeoisie, de « la société civile » et de son espace public, avec le relais important de la presse.

Chez Locke (1632-1704), la prolongation de cette conception du droit naturel, dans une variante propriétariste, est complétée par la défense de la société civile contre un État toujours menaçant, et la défense de la loi et des pouvoirs du parlement. Locke peut être tenu pour le philosophe de la *Glorious Revolution* (1689) avec ses conquêtes juridiques (*Habeas corpus* qui protège le justiciable) et politique (pouvoir du Parlement renforcé), mais aussi le grand inspirateur de la révolution américaine, deux révolutions qui ont opposé le camp absolutiste au camp républicain et libéral (cf. chap. 9). C'est ce modèle de la société civile s'insurgeant contre un pouvoir trop fort et une classe aristocratique de plus en plus parasitique qui sera théorisé par Marx comme modèle de la révolution sur fond de changement de mode de production (féodal/capitaliste) (cf. chap. 9 et 10).

b. La civilité à la Renaissance et son passage de l'aristocratie à la bourgeoisie

L'idéal aristocratique et humaniste de la civilité naît dans les cours italiennes de la Renaissance, comme on le voit avec *Le Courtisan* de Castiglione, se prolonge dans les Salons (en 1620 Madame de Rambouillet inaugure sa Chambre bleue premier Salon) et va se diffuser sous une forme bourgeoise dans les clubs, les cafés, les sociétés savantes à fin du XVIIe siècle, parallèlement à la mise en place de la presse. Va ainsi se former un véritable espace public, comme une sphère de communication distincte issue de la société civile et donc distincte de la communication politique descendante du pouvoir royal ou du pouvoir spirituel et intellectuel centralisé de l'Église romaine et d'une Université encore largement dominée par la théologie. Cet espace public se politisera dès la fin du XVIIe siècle en Angleterre et à partir de la fin du XVIIIe siècle en France, et sera le cœur du futur pluralisme démocratique des partis de masse du XIXe siècle à aujourd'hui, comme l'a montré Habermas dans *L'Espace public* (1962), avec sa culture du débat argumenté (cf. chap. 9).

La presse suit un développement parallèle. En France Théophraste Renaudot crée le premier journal autorisé ou légal en 1631, *La gazette*, hebdomadaire de 4 pages, Colbert en 1665 soutient le *Journal des savants*. En 1672 paraît le fameux *Mercure galant*, sur la vie mondaine, en 1684 *Nouvelles de la République des lettres* de Pierre Bayle. On assiste ainsi à un accroissement considérable du nombre de journaux et de leur lectorat. 200 journaux sont créés dans la période de 1600 à 1700, 1000 de 1700 à 1789.

c. Les révolutions politiques comme des fruits mûrs

Remarquons qu'en Angleterre la révolution a été essentiellement restauratrice de l'ancien droit, celui qui, depuis la *Magna Carta* (1215) et tout au long d'une jurisprudence ininterrompue, a limité les pouvoirs exécutifs et protégé les justiciables de l'arbitraire. La bouture du droit romain impérial, malgré la défense du camp absolutiste par Hobbes, n'a pas durablement pris en Angleterre.

La Révolution française combinera, non sans tension, l'inspiration libérale et propriétariste de Locke, bien reprise par Voltaire et une grande partie des Encyclopédistes, avec un Rousseau plus républicain et démocratique qui critique l'idéal poudré et élitiste des Salons et qui hérite pour partie des projets nettement plus communautaires et égalitaires de Lycurgue (cf. chap. 9).

III. Les formes contemporaines de contradiction dynamique dans la société, le droit et l'État

1. La révolution industrielle, la société de croissance et ses transformations

a. Une nouvelle société, ses contradictions et leur domestication dynamique

La révolution industrielle va être une opportunité de développement supplémentaire pour une bourgeoisie qui a commencé son essor dès le XIe siècle en Italie. La combinaison d'une nouvelle organisation de plus en plus méthodique et parcellisée du travail, de machines permettant d'extraire et de convertir en énergie utile une quantité de plus en plus vertigineuse de charbon, de pétrole et gaz, et d'un marché du travail élargi, de plus en plus libéré des anciennes corporations et régi par le droit, ainsi que d'une nouvelle image de la société fondée centralement sur le marché et la loi, aboutit à une « grande transformation », selon la formule de Polanyi. La société constituée par des traditions, des solidarités interpersonnelles et de groupes est remplacée en tendance par une société de marché individualiste (chap. 10).

Marx, dans *L'Idéologie allemande* (1845), le *Manifeste du parti communiste* (1849) ou *Le Capital* (1867), en donne une description classique comme capitaliste, autour du concept de mode de production (selon la succession primitif, féodal, capitaliste) avec ses rapports de productions propres fondés sur la propriété des moyens de production industriels et sa forme d'exploitation ouverte et justifiée par le rapport salarial. Mais Marx minore les rôles combinés de la démocratie politique, sur laquelle Tocqueville insistait pour sa part dans *De la démocratie en Amérique*, de l'effet du mouvement ouvrier, dont il est pourtant un acteur, sur la législation sociale, ainsi que de la hausse de la productivité que permet le machinisme. La hausse relative des bas salaires, la multiplication des échelons intermédiaires dans des entreprises de plus en plus grandes et dans les administrations publiques, et la mise en place d'une législation sociale et d'un début d'État social vont avoir, contre le diagnostic marxiste d'un creusement des inégalités jusqu'à l'effondrement, des effets durables de stabilisation de la société capitaliste, industrielle et démocratique, bien lisibles dans la seconde moitié du siècle.

C'est pourquoi il est aussi éclairant de partir des trois grandes perspectives des pères fondateurs de la sociologie, Max Weber (1864-1920), Émile Durkheim (1858-1917) et Georg Simmel (1858-1918), qui élaborent leur diagnostic au tournant du XXe siècle. Le premier, dans *L'Éthique protestante et l'Esprit du capitalisme* (1904-1905), et plus largement dans *Économie et société* (posthume, 1921), insiste sur la trajectoire depuis la Réforme, de montée en puissance de la rationalité calculatrice et instrumentale sur fond de désenchantement du monde et de montée en puissance de la cage d'acier des grandes organisations rationalisées (État, grandes entreprises industrielles avec leur R&D, syndicats). Le second, dans *De la division du travail social* (1893), *Le Suicide* (1897) ou *Les Formes élémentaires de la vie religieuse* (1912), dans la lignée des thèses de l'économie politique anglaise sur la hausse de la division du travail, diagnostique ses effets sur le lien social (abstraction du droit, moralité abstraite, individualisme) en termes d'anomie, c'est-à-dire d'une perte de puissance unifiante du complexe sacral du mythe et du rite. Le troisième, dans la *Philosophie de l'argent* (1897), pointe la forme de vie urbaine individualisée, accélérée et stimulée par l'échange monétaire dépersonnalisé, la consommation et la multiplication des interactions sociales ; c'est la toile de fond du développement de la psychologie au tournant du XIXe siècle.

b. Les deux guerres mondiales et leurs effets

Or de 1914 à 1950 les deux guerres mondiales vont avoir une propension à aggraver les tendances à la cage d'acier d'un État énorme et d'industries gigantesques, à ressusciter un sacré fort mais très national, pour le meilleur et pour le pire. De 1880 à 1950, d'autre part, l'évolution de la productivité du travail et des salaires a eu tendance à éroder le potentiel critique de la classe ouvrière et à accélérer le passage du secteur primaire au secteur secondaire et de plus en plus tertiaire, diversifiant les classes sociales dans un mille-feuille étagé. Enfin, les deux guerres ont produit un choc d'égalisation inédit, selon la formule de Walter Scheidel dans son *Histoire des inégalités* (2021).

c. Les nouvelles aspirations sociales d'une société prospère

C'est sur le fond au long cours du droit naturel christianisé et de cette nouvelle société du capitalisme organisé et de la croissance forte que les nouveaux mouvements sociaux, étudiants, femmes, gays et lesbiens, écologistes, héritiers idéologiques du mouvement ouvrier (cf. chap. 9), remettent en cause, dans les années 1950-1960, cette modernité comme cage d'acier, nationalisme et accélération subie, en espérant démocratiser les grandes organisations et revitaliser le lien social autrement que par le nationalisme et la consommation. C'est ce que l'on voit par exemple dans le marxisme wébérien de Marcuse qui fait fureur sur les campus américains, allemands, français et anglais, pendant les années 1960 (cf. chap. 9). Les vocables de société postindustrielle et de postmodernité, élaborés dans les années 1970, ont servi à décrire à la fois ces tendances et ces aspirations nouvelles, parfois décrites comme celles d'une « nouvelle gauche ».

d. Le confort et l'anxiété

Mais par-delà les soubresauts des crises (pétrole, chômage), et les effets d'accélération inédit de la mondialisation financière et de révolution informatique, c'est l'horizon de la croissance et du progrès social que la crise écologique en cours (pollution, extinction des espèces, limites des ressources, réchauffement climatique) remet en cause. Elle crée une véritable crise de l'imaginaire social et de l'idée de progrès, la société de croissance apparaissant comme emballée et nous emportant en partie malgré nous vers un avenir anxiogène, selon ces classiques d'Ulrich Beck, *La société du risque* (2001, pour la traduction française) ou de Hartmut Rosa (né en 1965), *Accélération : une critique sociale du temps* (2010, pour la traduction française).

C'est tout un fond d'optimisme social, qui a pris des formes différentes à la Renaissance, aux Lumières, tout au long du XIXe siècle et finalement pendant les Trente Glorieuses, qui est remis en cause, provoquant une réorganisation floue de l'imaginaire social, dont nous sommes les contemporains inquiets.

2. L'État et ses destins : État social, État total, État minimal, etc.

a. État social, droit social et liberté

Tocqueville, dans *L'Ancien Régime et la Révolution* (1856), montre que l'État, à partir de son noyau royal, n'a cessé de se développer et en quoi la Révolution française n'avait fait qu'aggraver cette tendance, ce que l'on peut constater non seulement en France mais aussi partout dans le monde. Ainsi s'explique en 1848 le refus de Tocqueville des Ateliers nationaux, créés pour assurer un droit au travail, au nom de la liberté à préserver : l'État, en garantissant ce droit social, risquerait de devenir producteur et c'est l'ensemble de la société qui risquerait d'être ainsi absorbé par son administration tutélaire. Cette question du périmètre de l'État et de ses missions dans la société démocratique et industrielle allait rebondir jusqu'à aujourd'hui.

Tout d'abord la volonté de stabiliser une société travaillée par la question sociale portée par le mouvement ouvrier se traduisait par l'extension de l'État, grâce au droit social réglementant les rapports sociaux du travail, avec un État social assurantiel (chômage, accident, vieillesse), un État-providence, et un État fiscal redistributeur. Mais les insuffisances du marché, marqué par des crises ponctuelles et imprévisibles, incitaient aussi, pour stimuler la croissance, à étendre les fonctions économiques de l'État au-delà de ses missions régaliennes théorisées par Bodin, de ce que la tradition libérale avait pensé en termes d'autonomie de la société civile et même de la tradition mercantiliste (chap. 9 et 10). Ces tendances prennent corps dans le dernier tiers du XIXe siècle dans un contexte de concentration industrielle croissante.

b. L'État total comme cauchemar organisé

C'est toutefois dans les sociétés italienne mais surtout allemande dans les années 1920-1930, et soviétique pendant la période stalinienne et au-delà, que l'hubris d'un État contrôlant non seulement l'appareil productif et le système politique et syndical mais aussi l'éducation, la vie académique voire une partie de la vie familiale, que cette tendance à l'extension du périmètre de l'État apparaît dans toute sa dangerosité et que les notions de société civile, de pluralisme politique, de liberté de médias apparaissent comme des conquêtes de la liberté et des contrepoids vitaux démocratiques au pouvoir de l'État. Ce sont les thématisations classiques des penseurs libéraux, républicains, voire conservateurs comme Popper, Schumpeter, Aron et Arendt qui insistent sur ces dangers (cf. chap. 9).

c. Défendre un État minimal

Aussi les théoriciens de l'État réduit à ses missions régaliennes comme Hayek, Nozick et Friedman, lisent-ils l'État social à travers cette hubris de l'État total et préparent, au tournant des années 1970, un nouveau cycle orienté vers le retour au marché des fonctions attribuées à l'État social – notamment les fonctions assurantielles (chômage, maladie) et certains secteurs productifs que l'on dérégule (la banque, l'énergie, les transports). La stagflation des années 1970, en discréditant les solutions keynésiennes compatibles avec un État redistributeur, et la pression grandissante des citoyens pour obtenir des prestations sociales dans un contexte de croissance ralentie, vont se combiner à des facteurs politiques de rejet conservateur des nouveaux mouvements sociaux pour donner un angle de tir à cette doctrine, néolibérale d'un côté et néoconservatrice de l'autre (cf. chap. 9). Une nouvelle séquence, très nette aux États-Unis, et un peu moins ailleurs, s'est ainsi ouverte, marquée par un creusement des inégalités sociales et une explosion de la population carcérale – multipliée par presque dix entre les années 1970 et aujourd'hui aux États-Unis.

3. Le droit : la hiérarchie des normes et ses problèmes

a. Problème de cohérence des normes

Le Code Napoléon (1805) marque sans conteste une sorte d'apogée dans la longue trajectoire de reconquête du droit civil écrit sur le droit coutumier et féodal, d'où aussi son écho en Europe, or ce droit a longtemps semblé en grande partie indépendant du droit politique. De son côté, ce dernier s'est reconstitué non seulement à partir de la notion de souveraineté mais aussi à partir du droit naturel et des doctrines contractualistes (Suarez, Hobbes, Locke, Rousseau), et a abouti d'une part aux déclarations des droits (américaine et française) et d'autre part aux constitutions politiques américaine et française.

Mais, alors que les constitutions ont eu des effets immédiats pour façonner la vie politique, les déclarations des droits sont longtemps restées lettre morte : aux États-Unis avec l'esclavage, en France avec les colonies. En outre, constitution et déclarations des droits sont aussi restées d'abord sans effet sur le droit civil (« napoléonien »), largement patriarcal.

Aussi avec la révolution démocratique et le principe d'un contrôle de constitutionalité des lois initié par les États-Unis avec la Cour Suprême, un problème général de cohérence de l'ensemble de l'édifice juridique voit-il de plus en plus le jour, comme à Rome au moment des Codes mais de manière plus nette encore. Seule une hiérarchie des normes des plus générales et principielles au moins générales et aux plus optionnelles permet d'assurer cette cohérence. C'est l'idée centrale du grand juriste Hans Kelsen (1881-1973). Ainsi le bloc de constitutionnalité des droits fondamentaux et de la constitution apparaît-il comme supérieur aux lois, elles-mêmes supérieures aux décrets et aux décisions de justice selon le principe de la hiérarchie et de la division des pouvoirs. « Supérieur » signifiant à la fois plus général, plus éminent et plus difficile à abroger ou à transformer que les normes inférieures, la fonction d'une cour constitutionnelle étant de garantir cette hiérarchie.

b. La hiérarchie des normes, cadre, outil et obstacle politique

Aux États-Unis, matrice de l'idée et de la pratique européenne de la constitution, les droits fondamentaux eux-mêmes n'ont commencé à avoir des effets juridiques que dans les années 1960, sous la pression des mouvements des droits civiques (cf. chap. 9). Dans les années 1770-1780, les pères fondateurs divisés avaient en effet finalement considéré que, étant donné l'esclavage, l'Union ne pourrait se faire si les droits étaient affirmés au-delà d'une simple déclaration. À ceci s'ajoutent les effets rétroactifs de cette mise en cohérence puisqu'une grande partie du droit, notamment civil, est plus ancien que ces cours elles-mêmes. Aussi les cours constitutionnelles, gardiennes de la hiérarchie des normes, voient-elles leur pouvoir juridictionnel prendre une grande extension comme on l'a d'abord vu aux États-Unis et comme on commence à le voir en Europe dès les années 1970 et aujourd'hui avec la Cour Européenne des droits de l'homme.

Le principe de la hiérarchie des normes est devenu en Europe un principe structurant après la seconde guerre mondiale.

Deux problèmes latéraux ont fait prendre conscience de la nécessité d'une hiérarchie des normes. Le premier est la possibilité d'une tyrannie de la majorité, déjà expérimentée pendant les épisodes révolutionnaires, et devenue permanente avec le système des majorités parlementaires : les lois votées à la majorité devaient pouvoir ne pas aller contre les normes supérieures protégeant aussi la minorité. Le second est la montée en puissance du pouvoir exécutif, renforcé par l'extension des pouvoirs de l'État et de l'administration dans le dernier tiers du XIXe siècle avec l'État social et l'extension des objectifs économiques de l'État. La loi et le parlement ont perdu du terrain face au pouvoir exécutif et ses décrets, dont les domaines n'ont cessé de s'étendre. La montée au pouvoir d'Hitler est d'ailleurs préparée par une accélération de cette tendance à cause de la crise de 1929. La réaffirmation de la supériorité des normes fondamentales (et des droits fondamentaux), l'encadrement constitutionnel du pouvoir exécutif est ainsi apparu, à beaucoup de constitutionnalistes, dont Kelsen, comme une nécessité aussi bien politique que morale. Il s'opposait ainsi au juriste Schmitt, défenseur de la tradition absolutiste de Bodin et de Hobbes. La critique de la hiérarchie des normes, du contrôle de constitutionnalité et donc du pouvoir politique des cours constitutionnelles est d'ailleurs redevenue, depuis les années 1970, un lieu commun de pensées s'appuyant sur les idées de souveraineté ou d'identité (nationale, de mœurs), par une sorte de mouvement de balancier significatif (cf. chap. 9).

Ainsi la société, le droit et l'État, dans leur version traditionnelle, ont-ils été considérablement modifiés par la modernité et confrontés à des défis qui n'ont cessé d'impliquer leurs rapports mutuels et leur transformation.

→ Bibliographie sur la société, le droit et l'État moderne

- Michel Crozier, *État modeste, État moderne. Stratégies pour un autre changement*, Fayard, 1991.
- Régis Debray, *L'État séducteur. Les révolutions médiologiques du pouvoir*, Gallimard 1993.
- Marcel Gauchet, *La Révolution des droits de l'homme*, Gallimard, 1989.
- Simone Goyard-Fabre, *Qu'est-ce que la démocratie ?*, Armand Colin, 1998.
- Simone Goyard-Fabre (dir.), *L'État moderne*, Vrin, 2004.
- Jürgen Habermas, *L'Espace public*, Payot, 1993.
- Éric Hobsbawm, *Nations et nationalismes depuis 1780*, Gallimard, 1992.
- Pierre Manent, *Cours familier de philosophie politique*, Gallimard, 2004.
- Bernard Manin, *Les Principes du gouvernement représentatif*, Flammarion, 1995.
- Danilo Martuccelli, *Sociologies de la modernité*, Gallimard, 1999.
- Pierre Rosanvallon, *Le Bon Gouvernement*, Seuil, 2015.
- Sylvain Soleil, *Introduction historique aux institutions. IVe-XVIIIe siècle*, Flammarion, 2002.
- Leo Strauss, *Droit naturel et histoire*, Flammarion, 1986 [éd. or. 1953].
- Jean-Louis Thireau, *Introduction historique au droit*, Flammarion, 2001.
- Yves Thomas, *Histoire de l'administration*, La Découverte, 1995.

6

Les figures du moi et la question du sujet depuis la Renaissance

Stéphane Arthur

Le moi peut être appréhendé de plusieurs manières, selon que l'on considère le moi ontologique, le moi social, le moi psychologique… Quant au sujet, il est considéré pour lui-même à partir de la Renaissance et de la rupture épistémologique et culturelle qui la caractérise, et non simplement en contexte. Se pose ainsi la question, au XVIe siècle, de l'extension du statut de sujet humain : faut-il inclure les Indiens, s'interroge-t-on à l'occasion de la fameuse controverse de Valladolid en 1550 et 1551 ?

La notion même de « sujet » mérite réflexion : ce terme désigne originellement un être soumis à un joug, puis évolue dans le sens d'un être pensant, et prend en linguistique un sens grammatical. Nous verrons ainsi dans ce chapitre comment s'est construite la notion de sujet, de la Renaissance (à partir de son rapport aux héritages antique et médiéval) à nos jours (I). Il en résulte des stratégies et des formes variées d'écriture de soi, selon la conception du sujet que l'on a (II). Mis en lumière, le moi apparaît en crise depuis le dernier tiers du XIXe siècle, sous l'effet des révolutions industrielles (III).

I. Approches du sujet : se révéler, se perdre

1. De la conscience antique de soi à la conscience augustinienne du péché

Les sagesses antiques nous invitent à nous perfectionner par des exercices spirituels. Le christianisme s'approprie ces exercices dans la perspective du salut.

Qu'il s'agisse de *La Cité de Dieu* ou des *Confessions*, l'œuvre de saint Augustin incite à considérer l'homme comme un être peccamineux, c'est-à-dire porté vers le péché. Le fameux vol des poires évoqué dans *Les Confessions* a un enjeu philosophique et théologique : il s'agit de récuser la conception platonicienne selon laquelle « nul ne commet le mal volontairement » et d'insister sur la liberté humaine dans le choix de commettre le mal ou d'accomplir le bien. Ainsi, ce n'est pas Dieu qui est responsable du mal commis, mais l'être humain, du fait de son libre arbitre. Père de l'Église, Saint Augustin exerce une influence considérable sur le christianisme : le Moyen Âge est hanté par l'existence du mal et par la question du salut. L'historien Jacques Le Goff relève à ce propos que c'est au XIIe siècle qu'apparaît la notion de Purgatoire comme lieu, alors que chez saint Augustin ce concept désigne le fait de se purger de ses péchés.

Au XVIe siècle, lorsqu'il affirme que l'être humain est condamné à vivre dans l'état de péché et prône avec le protestantisme une religion du salut, Martin Luther s'inscrit dans cette lignée, que prolongent en leur temps Pascal et Kierkegaard : celle d'un moi tourmenté, en proie à la tentation du péché. Si la Réforme se montre soucieuse de la nature peccamineuse de l'être humain, marqué par la tâche du péché originel, en revanche les grands auteurs, contemporains, de la Renaissance ont une conception plus enthousiaste du sujet, peu ou prou affranchie du poids du péché.

2. La Renaissance : approche anthropologique et pédagogique du sujet

a. Une nouvelle conception du sujet : découvertes et questions

Plusieurs événements transforment le rapport des Européens au monde dans la seconde moitié du XVe siècle. Tout d'abord, la chute de Constantinople (qui marque la fin de l'Empire romain d'Orient, de culture grecque), en 1453, favorise un regain d'intérêt pour la culture antique, grecque en particulier, et l'essor de l'imprimerie, que perfectionne Gutenberg, permet d'assouvir cette soif. En outre, 1492 est l'année où Christophe Colomb « découvre » l'Amérique (bien des années après les Vikings…) et où prend fin la Reconquista.

« Notre monde vient d'en découvrir un autre », constate Montaigne (1533-1592) dans ses *Essais* : l'Europe est désormais l'Ancien Monde, amené à s'interroger sur lui-même et à se considérer comme spécifique. « Nous Européens… » écrit Bacon dans un texte de 1623, signe que de la Renaissance a peu à peu émergé l'idée et même la conscience d'une réalité européenne, qui se répand à travers le monde par les grandes découvertes et la colonisation du monde par les grandes puissances européennes. En outre, explorer le monde et explorer le corps vont de pair chez Rabelais, médecin et auteur humaniste, ce que suggère le chapitre XXXII de *Pantagruel* (1532) : « Comment Pantagruel couvrit de sa langue toute une armée, et ce que l'auteur vit dans sa bouche ». Le corps est un monde à connaître, et les poètes sont attentifs à l'expression de ce corps. Dans ses sonnets, en particulier dans « Je vis, je meurs », Louise Labé a l'audace de dire le désir au féminin, ce que réprouve vigoureusement Calvin. Jouant avec les *topoï* pétrarquistes, elle livre à son lecteur les symptômes d'un corps en proie au désir amoureux.

Il résulte des explorations du XVIe siècle une nouvelle conception du sujet, puisque la Renaissance s'impose comme un nouvel horizon culturel, façonné par les découvertes scientifiques, géographiques, culturelles et les questionnements philosophiques qu'elles induisent. Le cadre médiéval, pour lequel l'individu n'a de sens que dans une pensée du collectif, est contesté. L'humaniste a foi en l'homme : cela se manifeste par le goût de la culture, mais aussi par l'importance accordée à l'amitié, héritage de la *philia* antique, qu'Aristote définit dans l'*Éthique à Nicomaque* comme une affection qui porte à une relation désintéressée à autrui. Dans la culture latine, Cicéron et Plutarque ont eux aussi fait l'éloge de l'amitié, et au XVIe siècle les humanistes Érasme et Thomas More ont cultivé leur amitié avec bonheur. Dans le premier livre des *Essais*, Montaigne évoque d'une formule devenue célèbre la magie et le mystère de l'amitié, à propos de sa relation privilégiée avec La Boétie (1530-1563) : « Parce que c'était lui, parce que c'était moi ». Dans le *Discours de la servitude volontaire* (publié de manière posthume en 1576), son ami La Boétie donne une portée politique à l'amitié : elle repose sur des rapports d'égalité, contrairement à la tyrannie.

b. Une humanité en question : barbarie et humanité

La notion même d'humanité est interrogée, à partir de la notion de barbarie, qui désigne originellement chez les Grecs ceux qui ne parlent pas grec (*barbaros* veut dire « gazouillis d'oiseaux » ou « borborygmes ») et ne vivent pas selon leurs usages. Selon la théorie des cercles concentriques, plus on s'éloigne d'Athènes, plus on est considéré comme barbare par les Grecs. Le terme latin *barbarus* a désigné par extension ceux qui sont étrangers aux Grecs ou aux Romains : pour ces derniers, ceux qui vivent de l'autre côté du *limes* (« frontière »). Par extension, le barbare est celui qui est grossier, ignorant : du barbare au monstrueux, il n'y a qu'un pas. Dans le fameux chapitre « Des Coches » de ses *Essais*, Montaigne interroge notre humanité, en faisant un éloge paradoxal des cannibales, peuple du Brésil qui consomme, certes, de la chair humaine, mais est plus proche des valeurs antiques des Grecs et des Romains que les conquistadors, qui pillent et tuent par cupidité. Ainsi apparaît la figure d'un bon sauvage, qui serait le miroir inversé de nos vices. Montaigne en conclut, dans une perspective que prolonge l'ethnologue structuraliste Claude Lévi-Strauss (1908-2009) au XXe siècle dans *Race et histoire* (1952), que « chacun appelle barbarie, ce qui n'est pas de son usage » (I, 31). L'indulgence que prône Montaigne n'est pas faiblesse, mais combat pour un certain épicurisme (« J'aime la vie... ») et pour le respect de l'individu, qui se traduit par le rejet de la torture, inefficace et inhumaine.

Dans une approche anthropologique, Montaigne constate la relativité des mœurs et des usages. Il en résulte une prudence : « Que sais-je ? » s'interroge l'auteur des *Essais*. La Renaissance plaçant l'homme au cœur de sa pensée, la philosophie apparaît nécessaire pour que le sujet puisse avoir un rapport sain à la vie : « Que philosopher, c'est apprendre à mourir ». Comme l'être humain est hanté par la mort, il « fait diversion », c'est-à-dire qu'il cherche à détourner de son esprit tout ce qui le ramène à sa condition humaine mortelle.

3. Le sujet épistémique : rationalisme et empirisme

a. Descartes et le *cogito* : approche rationnelle du sujet

René Descartes (1596-1650) invite à considérer le sujet comme une « chose pensante », *res cogitans*, dans ses *Méditations métaphysiques* (1641 pour la version en latin, 1647 pour la publication en français). La célèbre formule « *cogito ergo sum* » (présente dans le *Discours de la méthode*, 1637), « je pense donc je suis », affirme que la preuve de l'existence du sujet est sa pensée : le moi est perçu comme un sujet doué d'une autonomie de pensée. Alors que chez saint Augustin Dieu est la caution théologique de la vérité, qui n'existe qu'en lui, l'approche cartésienne du sujet prend pour objet la pensée qui se considère elle-même comme son propre fondement. Cela n'exclut pas que l'imagination puisse détourner l'esprit de la vérité, par une mauvaise interprétation de sensations.

Pour parvenir à une vérité, dont l'évidence est le signe, Descartes prône le doute méthodique : comme son nom l'indique, c'est une règle de méthode, et non une règle de sagesse, ce qui distingue la démarche cartésienne de la pensée sceptique. On peut parler de doute épistémologique. Quant à la raison, elle incite à constater que « mieux vaut changer ses désirs que l'ordre du monde », dans le prolongement de la perspective stoïcienne.

b. Spinoza : vivre selon la nature

Dans son *Éthique*, Baruch Spinoza (1632-1677) invite à vivre selon la raison, afin de vivre selon sa nature : « Dans la seule mesure où les hommes vivent sous la conduite de la raison, ils s'accordent toujours nécessairement par nature » (IV, proposition XXXV). Comme il a publié des *Principes de la philosophie de Descartes* (1663), il pourrait apparaître comme un disciple de l'auteur du *Discours de la méthode*, mais en réalité il propose une philosophie autre. En effet, Spinoza récuse le dualisme entre le corps et l'âme, essentiel dans la pensée cartésienne, mais source de confusion selon Spinoza. Ce dernier invite à connaître ses passions et à les orienter rationnellement plutôt qu'à les réprimer : est libre, pour Spinoza, celui qui comprend ses passions et choisit celles qui lui conviennent le mieux.

c. Approche empirique : Hume et Locke

Récusant la théorie cartésienne des idées innées, les empiristes comme les philosophes britanniques John Locke (1632-1704), auteur d'un *Essai sur l'entendement humain* (1689), et David Hume (1711-1776), avec son *Traité de la nature humaine* (1739-1740) et son *Enquête sur l'entendement humain* (1748), insisteront pour leur part sur le rôle des perceptions dans l'élaboration des idées, qui tirent leur origine des impressions produites par nos sensations ou les réflexions que ces dernières suscitent (joie…). Ce courant de pensée, qui a profondément influencé les auteurs des Lumières, considère que c'est dans l'expérience qu'il faut chercher la source de nos connaissances. Condillac (1714-1780) radicalise l'approche empiriste, avec le sensualisme, qu'il formule dans son *Traité des sensations* (1754). Le matérialiste Helvétius (1715-1771) s'inscrit dans ce courant.

4. Le sujet moral

a. Pascal : contestation d'une approche purement rationnelle du sujet

Le pari de Pascal (1623-1662) est fameux : Dieu étant caché, l'univers étant silencieux, l'homme en est réduit à calculer ses chances de salut. Comme nous sommes « embarqués », c'est-à-dire que nous faisons des choix dans l'existence et que l'absence de choix est déjà un choix, autant faire celui-ci en toute connaissance de cause, en misant sur l'absence d'existence de Dieu, ou sur son existence, à la manière de libertins calculant les gains et les pertes potentiels au jeu. Le constat est simple, selon Pascal : il y a peu à perdre si l'on règle sa vie selon l'idée que Dieu existe, car on ne renonce qu'à des plaisirs terrestres, et beaucoup à gagner si l'on mise sur cette existence, avec l'espoir du salut. C'est la combinaison la plus profitable. Est-ce à dire que Pascal invite le sujet humain à un rapport purement rationnel au monde, fait de calculs ?

Par un « renversement du pour et du contre », dialectique qui consiste à considérer sans cesse le contraire d'une thèse afin de mettre en évidence ses inconséquences, Pascal montre que si l'on adopte la raison comme critère, elle devrait admettre qu'elle n'est pas toute-puissante, et qu'elle est soumise à des « puissances trompeuses » qui la font chuter : l'amour-propre, l'imagination, en particulier. Estimant que l'homme et sa raison sont corrompus par le péché originel, dans une perspective augustinienne, Pascal livre une image paradoxale de l'homme, faible et fort : c'est un « roseau pensant ».

La conception pascalienne du sujet est parfaitement exprimée dans la pensée suivante, présente dans la section « Contrariétés » :
« S'il se vante, je l'abaisse,
S'il s'abaisse, je le vante,
Et le contredis toujours
Jusqu'à ce qu'il comprenne
Qu'il est un monstre incompréhensible. »
Équilibre classique, vertige baroque…

b. Kant, ou le sujet transcendantal

Que pouvons-nous savoir ? L'approche transcendantale consiste à s'interroger sur les conditions de possibilité de la connaissance. Opérant une révolution copernicienne, Emmanuel Kant (1724-1804) invite, dans *La Critique de la raison pure* (1781), à considérer le sujet dans sa quête de connaissance et non simplement l'objet de la connaissance, afin de dépasser le rationalisme dogmatique (incarné à ses yeux par Leibniz) et le scepticisme (qu'il associe à l'empirisme). La sensibilité (grâce à laquelle nous percevons les objets, au moyen d'impressions), l'entendement (qui permet d'ordonner les sensations) et la raison sont les trois facultés qui permettent à l'être humain de savoir. Grâce à l'espace et au temps, nous percevons les objets. Posant les limites d'une pensée théorique, Kant s'intéresse à la raison pratique, qui permet la formation des idées morales : ces dernières supposent liberté et responsabilité. Défenseur d'une morale universelle, Kant assigne à l'individu un impératif catégorique, dans *Fondements de la métaphysique des mœurs* (1785) : « Agis comme si la maxime de ton action devait être érigée par ta volonté en loi universelle ». Le projet de Kant est d'élaborer une morale qui soit fondée uniquement sur la raison, et ne dépende d'aucune autorité, quelle qu'elle soit.

5. L'attention portée au vécu

a. Stendhal, de la cristallisation à l'égotisme

Stendhal (1783-1842), dans *De l'Amour* (1822), considère le processus par lequel un être amoureux est amené à idéaliser l'objet aimé : il établit une analogie entre ce processus, qu'il nomme cristallisation, et le dépôt de cristaux sur un rameau déposé dans une mine de sel. En ce sens, tout amoureux est porté par un certain romantisme (c'est-à-dire une tendance naturelle à idéaliser). Est-ce à dire pour autant que l'amour rende aveugle ? Certes, l'être qui aime a une propension à voir celle qu'il aime scintiller de toutes ses qualités, mais on peut dire justement que qui aime sait voir l'éclat des qualités de l'être aimé.

La valorisation de l'être aimé par Stendhal l'incite-t-elle à nier la valeur de sa propre personne et à ne s'intéresser qu'à cet autre que mon cœur a tendance à imaginer ? Il n'en est rien. Stendhal prône au contraire l'égotisme, à ne pas confondre avec l'égoïsme. Il y a un devoir de cultiver son bonheur, estime l'auteur de *La Chartreuse de Parme*.

b. La mémoire proustienne, voie d'accès à l'unité du sujet

Au XXe siècle, Bergson (1859-1951) s'intéresse dans son œuvre au rapport au temps de l'être humain, et montre que le temps n'est pas seulement celui que les physiciens peuvent calculer et quantifier. Le temps subjectif, c'est celui de la durée, marquée, entre autres, par le changement : avec le temps vécu, il est fondamental de prendre en compte la perception du temps par la conscience, comme le fait Virginia Woolf avec son roman *Mrs Dalloway* (1925), récit d'une journée d'une femme, et accès à son intériorité.

C'est Marcel Proust (1871-1922) qui a mis en évidence dans les romans d'*À la recherche du temps perdu* le rôle joué par la mémoire dans la quête d'unité du sujet, après les récits nervaliens des *Filles du feu*. Proust évoque ainsi dans le premier récit, *Combray*, le rôle joué par la sensation dans le souvenir, alors que la tentative consciente d'accéder au passé s'avère souvent vaine. Le souvenir de la fameuse madeleine que sa tante Léonie donne au narrateur pour qu'il la trempe dans son infusion est suscité par le goût de la madeleine que sa mère lui fait donner bien des années après, alors qu'il a froid. Une véritable résurrection du passé s'opère de la sorte par le jeu des sensations. Le narrateur compare alors la mémoire à « ce jeu où les Japonais s'amusent à tremper dans un bol de porcelaine rempli d'eau, de petits morceaux de papier jusque-là indistincts qui, à peine y sont-ils plongés, s'étirent, se contournent, se colorent, se différencient, deviennent des fleurs, des maisons, des personnages consistants et reconnaissables ».

Par le jeu de la mémoire, et de la recréation du passé à laquelle elle se livre, nous est donnée l'unité d'un moi, dans toute son immanence. Proust se révolte contre la condition humaine, marquée par le temps qui passe et la finitude, qu'il transcende de sa création. Grâce à l'alchimie de l'écriture, le romancier est celui qui permet d'accéder à ce que l'être a de plus vivant, par « le temps retrouvé » (métaphore qui donne son titre au septième et dernier volume d'*À la recherche du temps perdu*), qui est tout sauf un souvenir nostalgique d'un passé révolu. Affranchi du temps destructeur, le moi peut avoir un rapport riche au temps : « Une heure n'est pas qu'une heure, c'est un vase rempli de parfums, de sons, de projets et de climats ». L'artiste est ainsi celui qui livre l'essence des choses, en les libérant des contingences du temps.

c. L'existentialisme : « l'existence précède l'essence »

Sören Kierkegaard (1813-1855), philosophe danois chrétien, distingue trois stades dans l'existence humaine : le stade esthétique, qui est celui de don Juan, lors duquel l'être, sollicité par les tentations du monde et la diversité de ses désirs, s'éparpille ; le stade éthique, lors duquel l'être trouve une unité, grâce au devoir ; enfin, le stade religieux, celui qu'incarne Abraham et qui conjugue unité du sujet et accès à la vérité. L'angoisse joue pour Kierkegaard un rôle majeur dans le cheminement de l'individu vers Dieu. Cette insistance sur la liberté humaine et sur la responsabilité de l'individu dans ses choix a influencé l'existentialisme, philosophie qui s'oppose à l'approche métaphysique traditionnelle du sujet, qui considère son essence sans se préoccuper de son existence. Jean-Paul Sartre (1905-1980) affirme ainsi, d'une formule devenue célèbre, que « l'existence précède l'essence » (*L'Existentialisme est un humanisme*, 1946), invitation à considérer l'expérience vécue du sujet, jeté au monde (*L'Être et le Néant*, 1942) et libre de s'engager : c'est par les actes et les paroles que se révèle la valeur morale.

II. Écrire sur soi

Les divergences et les ruptures dans l'approche du sujet sont à l'origine de formes d'écriture différentes : dans ce domaine, la forme fait sens. Avec le développement progressif de l'intimité, au cours du XVIIIe siècle, les progrès de l'alphabétisation ainsi que l'essor urbain, qui favorise un certain anonymat et la prise de conscience de son identité propre, écrire sur soi devient en effet peu à peu une évidence.

1. Montaigne

a. L'essai, nouvelle forme : « je suis moi-même la matière de mon livre »

Montaigne compose des *Essais* dont il puise la matière en lui : « je suis moi-même la matière de mon livre ». Le voyage de l'écriture est voyage au cœur du sujet. Ce faisant, il est possible de rattacher l'écriture subjective, en mouvement, de Montaigne au courant du maniérisme, qui consiste en une représentation picturale personnelle, à sa propre manière, après le sac de Rome en 1527. L'auteur des *Essais* fait lui-même le rapprochement entre son livre et les fresques maniéristes qui ornent les palais italiens : « Que sont-ce ici aussi, à la vérité, sinon des « grotesques » et des corps italiens ? » (*Essais*, I, 28). La subjectivité revendiquée de Montaigne est celle d'un auteur qui se présente comme le reflet de l'humaine condition : dans les *Essais*, je n'est pas un autre, en quelque sorte. Pour pouvoir peindre l'homme à travers lui, Montaigne laisse libre cours au hasard de l'écriture afin de livrer son expérience du monde : les essais, ce sont des tentatives, des coups d'essai en quelque sorte : l'œuvre a valeur d'expérimentation. Lecteur de sa propre vie, Montaigne est aussi lecteur de son œuvre. À travers d'abondantes citations, il fait part de ses lectures, dialogue avec elles et reprend son texte pour commenter ses premiers jets, au risque de laisser des contradictions : l'œuvre de Montaigne est aussi l'essai d'un jugement, et l'auteur invite par cette démarche active son lecteur à faire preuve de jugement. Le dynamisme et l'inachèvement volontaire d'une telle forme ont partie liée avec l'instabilité baroque : le monde n'est qu'une « branloire pérenne », affirme Montaigne.

b. Contre Montaigne : critique augustinienne de l'amour-propre

Lecteur assidu des *Essais*, Pascal, pour qui, selon sa vision classique, « Le moi est haïssable », déplore « le sot projet que Montaigne a eu de se peindre ». Proche des jansénistes, chrétiens ascétiques qui ont une conception du sujet empreinte de la vision augustinienne de l'homme pécheur (comme l'atteste l'*Augustinus* de Jansenius, publié en 1640), Pascal dénonce l'excès d'orgueil dont Montaigne, héritier des traditions épicurienne et sceptique, ferait preuve en se prenant pour sujet de son œuvre et en accordant si peu de place à Dieu dans ses *Essais*. Pascal se montre sévère à l'égard d'une œuvre qui atteste le désenchantement d'une période troublée, lors des Guerres de Religion entre catholiques et protestants : la tentation du scepticisme qui affleure dans les *Essais* contraste avec le projet de Pascal d'apologie de la religion chrétienne, dont les fragments qui nous sont parvenus constituent ce que nous appelons les *Pensées,* qui sont les papiers d'un mort plutôt qu'une œuvre posthume, selon la formule de Michel Le Guern. Comme l'atteste l'*Entretien avec M. de Sacy* (1655), Pascal reproche de ce fait à Montaigne d'avoir montré la misère de l'homme sans considérer sa grandeur possible lorsqu'il cherche à s'élever vers Dieu. Si Pascal affirme que « Qui veut faire l'ange fait la bête », il refuse que l'on voie en l'être humain seulement un animal ou un ange.

Pascal reprend, dans une perspective religieuse, les constats anthropologiques de Montaigne, mais « faire diversion » devient le « divertissement », du latin *divertere*, « détourner » : le divertissement pascalien consiste en tout de qui nous détourne de l'essentiel, à savoir notre condition mortelle et notre rapport à Dieu, car notre mort pose la question de notre salut. Se convertir, au sens étymologique de se tourner vers Dieu, est la seule voie possible pour ne pas se perdre, d'après Pascal. Les critiques adressées à Montaigne par Pascal concernent bien l'être humain en tant que sujet : étant lui-même la matière de son livre, Montaigne invite le sujet à mener une quête de soi dans laquelle le relatif et le plaisir jouent un rôle majeur, alors que Pascal considère que seule la quête de Dieu fait sens, et que tout le reste n'est que vanité, au sens étymologique : l'adjectif *vanus* désigne en latin ce qui est creux. « Que le cœur de l'homme est creux et plein d'ordure ! » déplore Pascal. Ce dernier estime qu'il faut chercher les signes d'un Dieu caché (*Deus absconditus*), et non exhiber son moi.

2. L'invention de l'autobiographie : de saint Augustin à Rousseau

a. La tradition d'écrire sur soi

L'idée d'écrire sur soi est très ancienne, si l'on songe aux *Confessions* de saint Augustin ou, plus loin encore, aux *Commentaires sur la guerre des Gaules* de Jules César. Toutefois, l'œuvre de l'*imperator* (général en chef) présente un intérêt historique, même si César, témoin et acteur des événements relatés, a le souci de soigner son image auprès de ses lecteurs afin de favoriser le rôle politique auquel il aspire : en ce sens, l'écriture de soi est une arme dans la conquête du pouvoir. En ce qui concerne saint Augustin, il écrit une œuvre qui comporte des aspects autobiographiques, livrant au lecteur des détails et des expériences intimes, mais l'enjeu n'est pas de se peindre dans toute sa vérité : les *Confessions* de saint Augustin ont pour visée de donner à voir l'itinéraire humain et spirituel d'un pécheur, fût-il un évêque majeur de l'Église, afin d'inviter le lecteur à se tourner vers Dieu. Les nombreuses citations extraites de la Bible constituent de la sorte autant d'invitations à dialoguer avec la parole de Dieu. « *Tolle, lege* » (« Prends, lis ») : le passage célèbre où saint Augustin dit entendre une voix enfantine lui recommander d'ouvrir la Bible pour trouver la solution à son existence et la vérité joue avec le procédé de la double énonciation au théâtre, qui permet à l'auteur de s'adresser à ses lecteurs par la voix de ses personnages. Cette finalité religieuse des *Confessions* de saint Augustin explique que Pascal ne les désapprouve pas, contrairement aux *Essais* de Montaigne.

b. Rousseau, inventeur d'un genre nouveau

Tout un pan de l'œuvre de Rousseau a une portée autobiographique (du grec *auto*, « soi-même », et *graphein*, « écrire »). Dans *Rousseau juge de Jean-Jacques* (1772-1776), Rousseau tente à travers des dialogues de répondre à la question « Qui suis-je ? ». Les différents chapitres des *Rêveries du promeneur solitaire* (1776-1778), qu'il intitule promenades, livrent sa quête d'un paysage intérieur, avec la marche comme métaphore de l'écriture et de la liberté. Toutefois, l'œuvre décisive dans le domaine de l'écriture sur soi, ce sont les douze livres des *Confessions* (1765-1770), que Rousseau compose afin de répondre aux nombreuses attaques dont il fait l'objet, en particulier avec la publication à Genève, sa ville natale, du libelle *Le Sentiment des citoyens* (écrit anonyme dû en fait à la plume de Voltaire), qui lui reproche d'avoir abandonné ses cinq enfants alors qu'il se permet de donner des conseils de pédagogie dans *Émile*. Si le titre est emprunté à saint Augustin, le projet rousseauiste est présenté avec un orgueil tout romantique dès les premières lignes comme une entreprise singulière, et destinée à le rester. La référence religieuse a pour fonction de servir de garant de l'authenticité et de la véracité du projet laïc de Rousseau : se donner à voir dans toute sa transparence. *Les Confessions* de Rousseau sont ainsi présentées comme l'équivalent du *liber vitae*, le « livre de la vie » que le chrétien présente à Dieu au moment du Jugement dernier, afin que Dieu y lise le bien et le mal commis par le pécheur au cours de sa vie.

Spécialiste du genre de l'autobiographie, Philippe Lejeune (né en 1938) voit dans l'écriture des *Confessions* un acte fondateur : Rousseau fonde un genre destiné à faire florès, car il est destiné à montrer la genèse d'une personnalité en remontant à l'enfance. Par l'attention qu'il accorde à celle-ci et à la sexualité, Rousseau peut apparaître comme un lointain précurseur de la psychanalyse. En outre, il trace la voie de l'écriture sur soi, suivie depuis par de nombreux auteurs. C'est que le genre de l'autobiographie ambitionne de livrer la vérité d'une âme, sans exclure une représentation mythique du moi. Force est de constater avec Pierre Mertens (né en 1939) qu'il « n'est pas une autobiographie qui ne doive tout à la façon dont un auteur s'est rêvé ». Lorsque Rousseau établit avec son lecteur un pacte autobiographique, pacte tacite qui suppose que tous les propos de l'autobiographe sont vrais, un déséquilibre apparaît ainsi : « je me suis montré tel que je fus : méprisable et vil lorsque je l'ai été ; bon, généreux, sublime, quand je l'ai été ». Deux défauts, trois qualités… Toute autobiographie, comme tout portrait, écrit ou pictural, est une mise en scène de soi.

Le genre de l'autobiographie révèle au XXe siècle une plasticité qui permet à Michel Leiris dans *L'Âge d'homme* (1939) de pratiquer une écriture du fragment, où se mêlent souvenirs et fantasmes, sous l'influence conjointe de la psychanalyse et du surréalisme, et à Jean-Paul Sartre d'emprunter les voies de la parodie avec *Les Mots* (1964). Toutefois, l'écriture d'une autobiographie n'est pas la seule modalité autobiographique possible.

3. Mémoires et journaux

a. Les mémoires

Très pratiqué au XVIe siècle au temps des guerres de Religion et au XVIIe siècle sous le règne de Louis XIV, le genre des mémoires permet de dresser le tableau d'une époque à travers la vie de l'auteur : publication posthume (1829), les mémoires de Saint-Simon (1675-1755) l'attestent. Génie romantique, Chateaubriand (1768-1848) entreprend de composer des *Mémoires d'outre-tombe*, œuvre lyrique où l'auteur est témoin et acteur de son temps, alors que René, personnage éponyme, est déjà un double de l'auteur dans le récit publié au sein du *Génie du christianisme* (1802).

Grand lecteur de Chateaubriand, en qui il admire celui qui a su se faire écrivain et homme politique, le général de Gaulle (1890-1970) compose des *Mémoires de guerre*, qui ont pour originalité de dresser le tableau d'événements d'ampleur internationale dont il a été le témoin et l'acteur. André Malraux (1901-1976) livre pour sa part des *Antimémoires* (1967), où il ne se préoccupe pas de chronologie dans la restitution des souvenirs de ses rencontres avec des artistes et des personnages historiques.

Notons que Las Cases propose une écriture mémorielle et mémoriale originale, avec le *Mémorial de Sainte-Hélène*, dans lequel il retrace la vie, les pensées et les lectures de Napoléon lors de son exil à Sainte-Hélène, où il l'a suivi. Publiée en 1823, cette œuvre contribue à la légende napoléonienne, et participe au culte de l'Empereur, par la vision romantique du héros solitaire en butte à l'adversité des hommes et des éléments, dans une représentation qui tourne au martyrologe. Dans sa préface, Las Cases souligne le caractère exceptionnel de son œuvre : « Les circonstances les plus extraordinaires m'ont tenu longtemps auprès de l'homme le plus extraordinaire que présentent les siècles ». Le garant de la véracité des propos de l'œuvre, ce n'est pas Dieu comme pour *Les Confessions* de Rousseau, mais l'existence de témoins des faits racontés et l'abondante publication d'ouvrages de témoignage. L'enjeu est la connaissance de Napoléon dans toute sa transparence, comme si le comte de Las Cases n'avait été qu'une plume agissant sous la dictée de l'Empereur et de la véracité. L'originalité du *Mémorial* est de tenir à la fois du journal, de la biographie, des mémoires, mais avec le concours exceptionnel du personnage hors-norme représenté lui-même.

b. Les journaux

En dehors du cas extraordinaire du *Mémorial de Sainte-Hélène*, le journal relève de l'intime. Comme son nom l'indique, il est écrit au jour le jour, avec une périodicité qui n'est pas fixe. Son contenu varie considérablement d'une œuvre à l'autre : le *Journal* des frères Goncourt a pour objet la vie littéraire, alors que d'autres journaux livrent la vie intime, parfois même sexuelle, de leur auteur. Le journal est la forme qu'adopte André Breton dans la seconde partie de *Nadja* (1928), qui n'est pas une autobiographie, car l'auteur ne remonte pas à son enfance dans ce récit autobiographique. Le journal permet de mettre l'accent sur certaines dates qui font sens dans la vie de l'auteur, telle la rencontre de Nadja le 4 octobre 1926.

4. La révolution surréaliste, ou la quête du moi véritable : *Nadja*, ou l'écriture sans effort

Dans l'incipit de *Nadja*, Breton s'interroge : « Qui suis-je ? ». Comme la psychanalyse a discrédité l'idée cartésienne d'une unité du sujet, Breton pointe l'illusion qu'il y a à se croire « seul à la barre du navire ». Il récuse de ce fait l'écriture autobiographique traditionnelle, « laissant surnager ce qui surnage selon le caprice de l'heure » afin de court-circuiter les forces de censure inhérentes au surmoi et de tenter de livrer ce qui a été rejeté dans l'inconscient. Aussi Breton écrit-il au fil de la plume, dans une errance volontaire qui mime l'errance au prix de laquelle se conquiert le sens de la vie, alors que selon lui le travail ne révèle rien. Cette pratique, nourrie de l'expérience de l'écriture automatique, donne un récit dont la cohérence est à chercher dans l'expression d'un rapport au monde, qui se révèle au fil d'un récit discontinu à travers l'évocation des êtres et des objets rencontrés.

Le moi véritable se donne à voir à travers l'amour fou, qui permet d'ouvrir les yeux sur ce que le monde réel peut avoir d'enchanteur. Ainsi s'explique la présence, dans la troisième partie consacrée à l'éloge de la femme aimée, de la photographie du panneau « Les Aubes », alors que Nadja est internée, en raison du naufrage de son esprit dans les eaux de la folie. Si Nadja, dont le prénom est le début du mot « espérance » en russe, incarne pour Breton le goût du surréalisme pour la poésie et la liberté, il n'en demeure pas moins que le poète ne se reconnaît pas pleinement en elle, car l'instinct de conservation fait défaut à Nadja.

III. Crise du sujet classique : le moi qui nous échappe

Les révolutions industrielles et démocratiques ont consacré l'individu. Les sciences humaines et les arts attestent une crise du sujet classique, résistant par sa raison aux passions.

1. Perte d'unité du sujet : le moi romantique

Rejetant la conception classique d'un moi cohérent et idéal, le romantisme donne à voir les incohérences d'un sujet dont l'unité est menacée. Lui-même en proie à des accès de folie, Nerval (1808-1855) livre avec « Aurélia », nouvelle des *Filles du feu* (1854), une plongée dans l'univers de la folie, avec un moi, en proie à « l'épanchement du songe dans la vie réelle », victime d'hallucinations, qui annoncent celles des nouvelles fantastiques de Maupassant (1850-1893). Ces hallucinations sont autant de descentes aux enfers d'un moi que la dilatation des repères spatiaux et temporels fait tournoyer dans un univers où la mythologie et la réalité se côtoient. Cette menace sur la santé mentale du poète est traduite par des angoisses et des interrogations, comme dans « El Desdichado » (dans *Les Chimères*, 1854), où le poète, tourmenté, se met en scène comme nouvel Orphée : « Ma seule Étoile est morte et mon luth constellé / Porte le soleil noir de la Mélancolie ». Le titre du sonnet, que l'on peut traduire par « le déshérité », suggère une dépossession de soi.

2. Je est un autre : la crise du sujet

a. Visions poétiques du sujet

Le dernier tiers du XIXe siècle est marqué par une crise du sujet, qui s'exprime aussi bien chez des poètes que chez des philosophes.

Dans ses lettres du voyant, Arthur Rimbaud (1854-1891) a recours en mai 1871 à la formule « Je est un autre » pour traduire le conformisme du moi social et suggérer que l'individu doit conquérir son identité véritable : « C'est faux de dire je pense. On devrait dire : on me pense ». En perpétuelle révolte, Rimbaud a une conception prométhéenne du poète, qui doit se faire « voleur de feu ». La quête de soi suppose une transgression des normes, un « dérèglement de tous les sens », c'est-à-dire une exploration des sensations et des significations hors des sentiers battus, de « la bonne ornière » (lettre à Georges Izambard). Le poète ne doit pas hésiter à emprunter les vies de la monstruosité, dans sa quête.

De manière moins spectaculaire, cette crise du sujet est au cœur du recueil *Fêtes galantes* (1869) de Paul Verlaine (1844-1896). Au fil des 22 poèmes, du premier poème, « Clair de lune », au dernier, « Colloque sentimental », sont mises en scène la perte des illusions et la dissolution progressive de l'être, lorsque l'amour est déliquescent. Le lyrisme est impersonnel, comme l'annonce le vers initial : « Votre âme est un paysage choisi ». Le mal-être du poète, touché par la mort de sa cousine pour laquelle il éprouvait un amour impossible, s'exprime à travers la marche inexorable vers le silence et la mort : « Tels ils marchaient dans les avoines folles / Et la nuit seule entendit leurs paroles ». Tout élan, dans la poésie de Verlaine, est contredit par un élément déceptif : le critique Jean-Pierre Richard (1922-2019) parle à ce propos du côté « fade » et « fané » de l'être verlainien.

b. Sujet contraint, sujet affranchi : Nietzsche et la conquête de soi

Dans *Ainsi parlait Zarathoustra*, Friedrich Nietzsche (1844-1900) évoque le « dernier homme », celui qui est encore capable d'actes héroïques, rendus impossibles par la modernité. À un monde rendu malade par la moraline, cette maladie inoculée par Socrate, Nietzsche oppose dans *Le Gai Savoir* l'« *amor fati* », qui est acceptation de la vie et qui suppose une conquête de soi : « Deviens ce que tu es ». Cela suppose, pour Nietzsche, de ne pas se laisser atteindre par le « castratisme », dont il rend le christianisme et le socratisme responsables, avec les notions de péché et de faute : « Dionysos contre le Crucifié », proclame Nietzsche. Le surhomme est ainsi celui qui échappe à cette approche morale, et vit « par-delà le bien et le mal », qui sont des catégories dues au ressentiment des faibles envers les forts (*La Généalogie de la morale*). *Les Nourritures terrestres* (1897) d'André Gide (1859-1951) invitent ainsi à cette attitude conquérante du monde, dans un esprit nietzschéen.

Nietzsche peut aussi être considéré comme précurseur de la psychanalyse par la mise en évidence des illusions qui enchaînent l'esprit de l'homme, et dont ce dernier n'a pas conscience.

c. Ténèbres de l'âme humaine

Une des illusions à laquelle l'être humain est confronté est celle de sa rationalité et de la cohérence de son être. Dans *L'Étrange Cas* [ou *Affaire*] *de Docteur Jekyll et Mister Hyde* (1886), Robert Louis Stevenson (1850-1894) relate l'histoire d'un savant vertueux qui se métamorphose en monstre lorsqu'il absorbe un breuvage, image inquiétante d'une duplicité de l'être humain, qui n'est pas sans annoncer l'approche freudienne d'un moi tiraillé entre les pulsions du ça et le principe de censure du surmoi. Père de la psychanalyse, Sigmund Freud (1856-1939) montre en effet dans *Malaise dans la civilisation* (1930) que la société demande à l'individu un effort énorme : brimer les pulsions qui agitent son être. En mettant en évidence le fait que l'être humain est soumis à des pulsions qui n'ont rien de respectueux envers autrui ou de raisonnable, Freud inflige ainsi à l'humanité une troisième blessure narcissique, reconnaît-il, après celles dues à la révolution copernicienne qui a contraint à renoncer au géocentrisme et à la théorie de Darwin sur l'évolution des espèces qui fait de l'homme un parent du singe.

La sociologue Éva Illouz (née en 1961), prolongeant la sociologie critique de Marcuse, s'intéresse pour sa part, dans *La Fin de l'amour. Enquête sur un désarroi contemporain* (2020), à la similarité des histoires du capitalisme et de l'amour, qui ont évolué tous deux dans le sens d'un refus de l'engagement : nous vivons à l'ère du choix négatif, qui se traduit par la pratique du non-amour (*unloving*). L'individu répond de la sorte à l'injonction de la société d'être libre.

Auteur de langue anglaise d'origine polonaise, Joseph Conrad (1857-1924) plonge quant à lui son lecteur au cœur de l'âme humaine et de sa noirceur dans son récit *Au cœur des ténèbres* (*Heart of Darkness*), en retranscrivant l'horreur à laquelle il a été confronté en remontant le fleuve Congo. Cette traversée prend des airs de catabase originale, comme s'il s'agissait d'une remontée aux origines, remontée infernale au cœur de la sauvagerie humaine, dont le colonisateur est l'illustration, mais n'a pas l'exclusivité. Le nom du personnage, Marlow, suggère ce que cette expérience a de faustien, le rival de Shakespeare, Marlowe (1564-1593), étant l'auteur d'une tragédie sur Faust. La tragédie que met en scène Conrad est la sienne : celle d'un jeune homme qui est parti avec enthousiasme apporter les lumières de la civilisation aux autochtones, et qui est revenu écœuré de ce qu'il a vu. Ce récit donne à voir le comportement des hommes lorsque, livrés à eux-mêmes, ils ont toute possibilité de commettre des exactions, sans contrôle immédiat, jusqu'au fameux « Exterminez toutes ces brutes ». De la sorte, cette fable rejoint celle de l'anneau de Gygès chez Platon.

3. Effacement du je : une humanité amoindrie ?

Avec des auteurs comme Samuel Beckett (1906-1989), nous sommes confrontés à une humanité amoindrie, symbolisée par l'accident de tandem qui a fait perdre leurs jambes aux parents de Hamm dans *Fin de partie* (1957), alors que lui-même est aveugle et cloué à son fauteuil.

L'humanité du XXᵉ siècle est menacée par la réduction qui affecte son langage, suggère George Orwell (1903-1950) dans l'appendice de *1984* (1949), consacré au novlangue, qui favorise l'aliénation des esprits, par un appauvrissement systématique de la langue, qui la rend inapte à permettre une pensée libre, autonome. Sans être pour autant sous le joug d'un régime totalitaire, telle la bureaucratie qui opprime l'individu dans le film *Brazil* (1985) de Terry Gilliam (né en 1940), le sujet contemporain peut se sentir perdu dans le monde contemporain, tels les deux protagonistes principaux de *Lost in translation* (2003), réalisé par Sofia Coppola (née en 1971).

En outre, le repli sur soi du communautarisme peut être perçu comme une menace pour le sujet, réduit à son origine ethnique ou religieuse, et non considéré comme un sujet pensant autonome, au mépris de l'universalisme des Lumières. (voir chapitre sur les idéologies contemporaines)

Le transhumanisme propose pour sa part une approche du sujet dans la perspective d'une transformation de l'humain en vue de prolonger la vie de l'individu ou d'améliorer l'espèce humaine ? Cela pose des questions éthiques, mais invite aussi à s'interroger sur la question de l'identité : que resterait-t-il de l'identité d'un être dont on pourrait remplacer peu ou prou éternellement des parties du corps usagées ou défectueuses ? (voir chapitre sur le progrès).

4. Le décentrement du je : la transcendance d'autrui

Inspiré par la tradition hébraïque, et la phénoménologie (dont il contribue à diffuser la pensée en France, par son intérêt pour Husserl), auxquelles il a consacré ses premiers travaux, Emmanuel Levinas (1906-1995) développe dans sa philosophie l'idée qu'autrui m'apparaît comme un visage, que l'on ne va pas restreindre à sa seule face, et qui comprend tous les signes que me transmettent sa présence et son apparence. Ce visage m'enjoint de le respecter : « Tu ne me tueras point » est le premier commandement que m'ordonne le visage de l'autre. La philosophie de Levinas livre ainsi une approche éthique d'autrui (*Éthique et infini*, 1982), qui renouvelle la conception de l'humanisme en ne la faisant pas reposer sur une essence immuable. Le socle de ce nouvel humanisme n'est pas la raison, mais la question de la responsabilité. En outre, comme l'idée que je me fais de lui est forcément en-deçà de sa réalité ontologique, l'expérience de l'autre est expérience de la transcendance. L'Autre, au sens absolu, c'est Dieu.

De la Renaissance à nos jours, le concept de sujet a donc émergé puis évolué. Écrire sur soi est une tentation moderne qui se traduit par diverses pratiques, avec de nos jours la floraison des autofictions et autres récits à portée autobiographique. Toutefois, l'approche formelle de l'écriture de soi semble accessoire : comme le montre Georges Gusdorf (1912-2000) dans *Lignes de vie*, l'écriture autobiographique renvoie essentiellement à un mystère, celui que constitue l'individu pour lui-même.

→ Bibliographie sur le sujet et le moi

- Alain de Libera, *L'Invention du sujet moderne*, Vrin, 2015.
- Paul Bénichou, *Morales du grand siècle*, Gallimard, 1948.
- Paul Bénichou, *Romantismes français*, Gallimard, 2003-2004.
- Olivier Boulnois, *Généalogies du sujet : de saint Anselme à Malebranche*, Vrin, 2007.
- Ernest Cassirer, *Individu et cosmos dans la philosophie de la Renaissance*, trad. Pierre Quillet, Minuit, 1983.
- Michel Foucault, *Le Souci de soi*, Gallimard, 1984.
- Sigmund Freud, *Malaise dans la civilisation*, 1930.
- Georges Gusdorf, *Les écritures du moi. Lignes de vie 1*, Odile Jacob, 1991.
- Christopher Lasch, *La Culture du narcissisme. La vie américaine à un âge de déclin des espérances*, Climats, 2000 [éd. or. 1979].

- Philippe Lejeune, *L'Autobiographie en France*, Armand Colin, 2003.
- Emmanuel Levinas, *Altérité et transcendance*, Montpellier, Fata Morgana, 1995.
- Claude Romano, *Être soi-même. Une autre histoire de la philosophie*, Gallimard, 2019.
- Jean Starobinski, *Jean-Jacques Rousseau. La Transparence et l'Obstacle*, Plon, 1957.
- Arnaud Tomes, *Le Sujet*, Ellipses, 2005.
- Tzvetan Todorov, *Nous et les autres*, Le Seuil, 1989.

Chronologie des chapitres 7 et 8 :
les mouvements artistiques et esthétiques (et les Lumières)

Société et institutions	Littérature, théâtre et musique	Arts plastiques
▪ **VIIe et VIIIe siècles** Querelle des images dans l'Empire byzantin		▪ Jan Van Eyck, *Portrait des époux Arnolfini* (1434)
▪ Renaissance (XVIe siècle, premières lueurs au XIVe siècle en Italie) ▪ Humanisme néoplatonicien	▪ Érasme (1466 ?-1536), Thomas More (1478-1535), Rabelais (1483 ou 1494-1553) ▪ Montaigne (1533-1592)	▪ Léonard de Vinci (1452-1519), Raphaël (1483-1520), Michel-Ange (1475-1564) ▪ Chambord (1519)
	▪ Art baroque ▪ Cervantès (1547-1616), Shakespeare (1564-1616)	▪ Maniérisme
▪ **1635** Création officielle de l'Académie française (Richelieu)	▪ Corneille (1606-1684) ▪ Vivaldi (1678-1741), Bach (1685-1750)	▪ Le Caravage (1571-1610) ▪ Rubens (1577-1640), Velásquez (1599-1660), El Greco (1541-1614)
	▪ Préciosité	▪ Poussin (1594-1665)
▪ Le « Grand siècle » : règne de Louis XIV (1643-1715) ▪ Jansénisme ▪ **1648** Fondation de l'Académie royale de peinture et de sculpture	▪ Art classique : La Fontaine (1621-1695), Boileau (1636-1711), Pascal (1623-1662), Corneille, Racine (1639-1699), Molière (1622-1673)	▪ Château de Versailles
▪ Siècle des Lumières (XVIIIe s.) ▪ Sociétés savantes	▪ Querelle des Anciens et des Modernes	

Société et institutions	**Littérature, théâtre et musique**	**Arts plastiques**
▪ **1793** Ouverture du Musée du Louvre	▪ Montesquieu (1689-1755), Voltaire (1694-1778), Rousseau (1712-1778), Diderot (1713-1784), Kant (1724-1804) ▪ Théâtre : Marivaux (1688-1763), Beaumarchais (1732-1799)	▪ Watteau (1684-1721), Fragonard (1732-1806), Greuze (1725-1805) ▪ Déclin du mécénat ▪ Essor du marché de l'art pour la bourgeoisie des villes
▪ **XIXᵉ siècle** siècle des révolutions ▪ **1816** Fondation de l'Académie des Beaux-Arts ▪ Souci du patrimoine (Mérimée)	▪ Romantismes : Chateaubriand (1768-1848), Hugo (1802-1885), Dumas (1802-1870), Vigny (1797-1863), Musset (1810-1857), Sand (1804-1876) ▪ Wagner (1813-1883)	▪ David (1748-1825), Delacroix (1798-1863) ▪ Apparition de la photographie ▪ Courbet (1819-1877)
	▪ Réalisme, naturalisme ▪ Parnasse, symbolisme	▪ Impressionnisme : Monet (1840-1926), Manet (1832-1883), Van Gogh (1853-1890) ▪ Gauguin (1848-1903) ▪ Rodin (1840-1917) ▪ Apparition du cinématographe ▪ Matisse (1869-1954)
▪ Totalitarismes ▪ Art engagé	▪ Dadaïsme, surréalisme ▪ Négritude ▪ Existentialisme ▪ Mouvement de l'absurde	▪ Avant-gardes ▪ Cubisme : Cézanne (1839-1906), Braque (1882-1963), Picasso (1881-1973) ▪ Expressionisme ▪ Dalí (1904-1989)
▪ Malraux, ministre de la Culture (1959-1969)		▪ Soulages (né en 1919) ▪ *Banksy*, street art

7

Quelques grands courants artistiques et esthétiques depuis la Renaissance

Stéphane Arthur

L'esthétique désigne à l'origine la faculté de sentir (du grec *aisthesis*, « sensation ») : en ce sens, l'art relève de ce qui nous touche, nous émeut, mais il peut susciter en nous un sentiment, qui ne soit pas de l'ordre de la sensation. L'esthétique concerne de ce fait notre sensibilité au beau. Baumgarten (1714-1762) donne en 1750 au terme « esthétique » le sens de « science du beau » dans son ouvrage *Aesthetica* : l'esthétique n'est pas seulement une théorie de l'art, et de la réception des œuvres, mais s'attache aussi à l'étude de la formation du goût. Dans la *Critique de la faculté de juger* (1790), Kant montre que le propre du jugement esthétique est cependant la prétention à l'universalité : le jugement esthétique porte sur le beau, et non sur l'agréable, subjectif. Le plaisir esthétique, celui que procure une œuvre d'art, peut donner lieu à des débats et de ce fait être partagé, alors qu'il n'y a pas grand sens à discuter du plaisir portant sur l'agréable, car il relève d'un goût physique. L'expérience esthétique est ainsi marquée par l'intersubjectivité, et le goût unit : l'œuvre d'art contribue de la sorte à la socialisation. Avec l'*Esthétique* (1835) de Hegel, l'esthétique montre comment l'idée trouve sa forme : Hegel préconise d'ancrer la science du beau dans l'étude des œuvres particulières. Contrairement à Baumgarten et à Kant, Hegel distingue le beau naturel et le beau artistique. Ce dernier est le produit de l'esprit humain, qui a pour formes des œuvres d'art.

Ces œuvres ne naissent pas ex nihilo. Elles sont souvent l'expression du goût d'une époque, ou une réaction à ce dernier. De l'humanisme de la Renaissance au mouvement de l'absurde, de grands courants artistiques et esthétiques ont marqué l'histoire de l'art. Ils sont à distinguer des écoles, comme la Pléiade, qui ne concernent souvent qu'un domaine artistique, et ont exercé une influence plus restreinte.

À travers les différents mouvements qui ont marqué l'histoire de l'esthétique se posent les questions des enjeux de la création artistique, toute œuvre étant avant tout une création. Comment passe-t-on du support sensible de l'objet esthétique à l'accès à un monde qui est celui de l'intelligible ? Quels modèles l'artiste doit-il retenir ? Quels rôles les codes jouent-ils dans la création artistique ? Ce sont autant de questions qu'un panorama des mouvements littéraires et culturels nous invite à nous poser.

I. De l'humanisme au baroque

1. L'humanisme de la Renaissance : érudition et foi en l'homme

a. Une curiosité universelle

L'humanisme de la Renaissance a pour ressort une curiosité universelle : en Italie, où les premières lueurs de la Renaissance apparaissent dès le XIVe siècle, Dante (1265-1321), Pétrarque (1304-1374) et Boccace (1313-1375), qui font du toscan une langue littéraire (même s'ils composent aussi en latin), incarnent cette appétence culturelle, qui nourrit en particulier leurs œuvres respectives *La Divine Comédie*, les sonnets du *Canzoniere* et le *Décaméron*. Les humanistes – de l'italien *umanista*, « érudit », qui enseigne les « humanités », en particulier la grammaire et la rhétorique, au sens originel – sont en effet des savants : ainsi, Rabelais est prêtre et médecin, et parle plus d'une dizaine de langues. Quant à Pic de la Mirandole (1463-1494), il se distingue par son savoir universel et est réputé pour pouvoir débattre sur n'importe quel sujet. De ce fait, dissocier art et science n'a pas grand sens au XVIe siècle, puisque les progrès techniques permettent à l'art d'évoluer. Léonard de Vinci a ainsi recours au *sfumato*, de l'italien *fuma*, « fumée ». Cette technique donne un effet vaporeux et favorise l'effet de perspective. *La Joconde* (*gioconda* veut dire « souriante » en italien) associe de la sorte le traitement minutieux du détail et la présence en arrière-fond d'un paysage dont les contours flous créent une atmosphère onirique. Le sourire de la Joconde et son regard qui semble suivre le spectateur invitent à ne pas avoir peur de l'art et du savoir, cependant que le voile transparent que porte Mona Lisa peut symboliser ce qu'est l'œuvre, création humaine qui donne à voir. Pour ce faire, l'art et la science vont de pair : les grands peintres de la Renaissance écrivent des traités des proportions et de la perspective, ou s'intéressent à eux. « L'Homme de Vitruve », célèbre dessin de Léonard de

Vinci inspiré vers 1490 par son étude du traité *De architectura* composé par Vitruve en 15 avant notre ère, l'illustre. De ce fait, la peinture est un support privilégié pour donner à voir la nature.

b. La Renaissance, retour à la nature

La curiosité des humanistes est éclairée par les conditions d'apparition de cette nouvelle période culturelle, que l'historien romantique Michelet, qui a créé le concept, définit ainsi : « Le XVIe siècle, dans sa grande et légitime extension, va de Colomb à Copernic et Galilée, de la découverte de la terre à la découverte du ciel » (*Histoire de France du XVIe siècle*, 1856).

La Renaissance, qui est caractérisée par un regain d'intérêt pour la culture gréco-latine, est retour à la nature, permis par des ruptures épistémologiques majeures, en opposition à l'enseignement scolastique, prodigué par l'université au Moyen Âge. C'est aussi une période artistique exceptionnelle, ce qui explique que l'approche de Jacob Burckhardt (1818-1897) soit avant tout esthétique lorsqu'il contribue à forger le concept de Renaissance, dans une perspective qui se distingue de celle de Michelet.

c. Le néoplatonisme

Le regain d'intérêt pour les œuvres antiques se traduit par un néoplatonisme qui tente de concilier le christianisme avec l'idéalisme platonicien, ce qui explique l'influence d'un pythagorisme mathématisant sur les arts plastiques. L'académie de Florence, fondée sur le modèle de l'académie de Platon et à laquelle appartient Pic de la Mirandole (auteur du traité *De la dignité de l'homme*), influence profondément les artistes de la Renaissance. Marsile Ficin (1433-1499) invite ainsi à identifier le Beau et le Bien. Il en résulte des œuvres qui célèbrent le Créateur à travers la beauté de la création, comme le tableau *La Naissance de Vénus* (1484-1485), de Botticelli, et la statue de David par Michel-Ange (1500), représentations respectives d'un nu féminin et d'un nu masculin, qui s'inscrivent dans le prolongement de la représentation antique de corps dénudés. Cette exaltation de la beauté peut aussi apparaître comme le lointain héritage, au sein du christianisme, de la victoire des iconodoules (adorateurs des images) sur les iconoclastes (briseurs d'images, dans lesquelles ils voient de l'idolâtrie), dans l'Orient médiéval (VIIIe et IXe siècles). Cette représentation de la beauté humaine, mais aussi de Dieu, sous des traits anthropomorphiques, distingue le christianisme du judaïsme et de l'islam.

d. Utopie et pédagogie

Les auteurs de la Renaissance ont eu le souci de concilier foi et raison, comme Thomas More. C'est pourquoi ils proposent des utopies, dans lesquelles l'être humain est éduqué en vue d'en faire un être raisonnable. Cela explique que dans l'abbaye de Thélème qu'imagine Rabelais, dans *Gargantua* (1534), les personnages vivant en ce lieu utopique aient pour unique règle « Fays ce que vouldras » et manifestent le même désir en même temps. Ce sont des personnages « bien nés », c'est-à-dire nobles : qui reçoit une éducation humaniste a une volonté noble, au sens moral. De ce fait, Thélème constitue une utopie par l'accord qu'elle met en scène entre la volonté et le désir.

Vouloir faire de l'individu un humaniste, l'élever, suppose de l'éduquer. Les œuvres des humanistes ont une vertu pédagogique et les humanistes ont eux-mêmes écrit sur la pédagogie, voire l'ont pratiquée : Érasme a été précepteur à Paris. Dans *Gargantua*, Rabelais oppose une pédagogie stérile, celle de la scolastique (enseignement médiéval) à la pratique du bon maître, qui permet à son élève de cultiver son esprit, par de vastes connaissances dans des domaines variés, et son corps, les humanistes renouant avec le souci antique du corps, illustré par la formule « *mens sana in corpore sano* » (ou « *anima sana in corpore sano* »). Montaigne incarne dans la seconde moitié du XVIe siècle la volonté de développer l'esprit critique plutôt que d'accumuler des connaissances sans distance lorsqu'il préconise dans ses *Essais* : « Mieux vaut une tête bien faite qu'une tête bien pleine ».

e. Une école poétique : la Pléiade

Si elle ne constitue pas un mouvement artistique à proprement parler, la Brigade, ou Pléiade, comme on la nomme désormais, mérite de retenir notre attention. C'est un groupe de sept poètes, qui ont, au tournant du XVIe siècle, pour chefs de file Pierre de Ronsard (1524-1585) et Joachim du Bellay (1522-1560). Prince des poètes, Ronsard s'illustre dans le genre alors nouveau en France du sonnet : sa poésie amoureuse n'hésite pas à emprunter aux traditions antiques, comme à l'épicurisme avec la variation autour du *Carpe diem* dans « Quand vous serez bien vieille » : « Cueillez dès aujourd'hui les roses de la vie ». Ronsard ambitionne également de créer une épopée à la française, avec la *Franciade*. Si Du Bellay, qui est lui-même l'auteur de sonnets illustres disant sa déception de ne pas trouver l'esprit de la Rome antique dans la Rome moderne (« Rome n'est plus dans Rome »), il encourage l'émergence d'une littérature nationale avec la publication de *Défense et illustration de la langue française* (1549). C'est pourquoi il prend ses distances avec l'influence de Pétrarque, dont les sonnets ont profondément influencé sa jeunesse : « j'ai oublié l'art de pétrarquiser », écrit-il avec malice (*Divers jeux rustiques*, « Contre les pétrarquistes »).

2. Le courant baroque : étrangeté et démesure

a. Le sens du terme « baroque » et principes : irrégularité, mouvement, illusion

Le mot « baroque » vient du terme portugais « *barroco* », qui signifie « perle irrégulière ». On qualifie de baroque l'art qui, entre 1580 et 1630, présente des œuvres marquées par l'absence de règles, et la présence d'éléments étranges. Le mouvement perpétuel caractérise ces œuvres, d'esprit héraclitéen : à cet égard, par le perpétuel cycle des saisons qu'il célèbre, Antonio Vivaldi (1678-1741) est bien un artiste baroque avec *Les Quatre Saisons*. Il en résulte des métamorphoses, des transformations.

b. Les causes : guerres de Religion et enseignement des jésuites

D'où vient cette conception tourmentée ? Il est possible de voir dans l'existence du mouvement baroque le corollaire de la crise engendrée par les guerres de Religion dans la seconde moitié du XVIe siècle. Les luttes intestines au christianisme, avec en particulier huit guerres de Religion en France entre catholiques et réformés (protestants), engendrent un chaos dont les œuvres baroques se font le reflet. *Les Tragiques*, long poème d'Agrippa d'Aubigné (1552-1630), compagnon de guerre du futur Henri IV, se font l'écho de ce désordre. En outre, l'enseignement des jésuites, dans le mouvement de Contre-Réforme catholique en réaction à la Réforme protestante, insiste sur le fait qu'il faille se méfier des apparences. Au cœur du mouvement baroque s'inscrit le thème de l'illusion.

c. Illusions baroques : Cervantès et Shakespeare

L'œuvre emblématique du baroque est *Don Quichotte* de Cervantès (1547-1616). Que penser d'un homme, le personnage éponyme, dont l'esprit est hanté par les lectures de romans de chevalerie et qui combat des moulins à vent (dans lesquels on peut voir un symbole des grands d'Espagne) ? Dans *Mensonge romantique et vérité romanesque*, René Girard (1923-2015) prend appui sur le récit de Cervantès pour présenter la notion de « désir mimétique » : je désire ce qu'autrui désire, ce tiers étant nommé « médiateur » par René Girard. Dans le cas de don Quichotte, le choix du médiateur est conscient :

don Quichotte a élu Amadis de Gaule exemple à imiter, dans son combat en faveur de la veuve et de l'orphelin. La vie même de don Quichotte, qui vécut en fou et mourut en sage, invite à penser l'illusion à l'échelle d'une vie. Telle est la leçon humaniste de l'œuvre, qui ne déploie pas explicitement son sens, mais use de détours. Confronté à la censure inquisitoriale, Cervantès joue et déjoue de la sorte les pièges.

William Shakespeare (1564-1616) met lui aussi en scène le thème de l'illusion dans son théâtre : trompé par les propos insidieux de Iago, le jaloux Othello, le Maure de Venise, tue celle qu'il aime, Desdémone. Dans *Hamlet*, Shakespeare montre que l'illusion théâtrale est paradoxalement porteuse de vérité, lorsque l'émotion de la mère d'Hamlet et de son amant lors de la représentation du régicide trahit leur culpabilité.

Le thème de l'illusion, qui donne son titre à la pièce de Pierre Corneille (1606-1684) *L'Illusion comique* (écrite en 1635), où il mêle genres et registres, est présent dans tous les arts, en particulier en peinture et en architecture à travers le motif du trompe-l'œil.

d. Vanités et excès, ombres et lumière

L'art baroque est celui des contrastes et des excès, ce qu'illustre la peinture de Rubens (1577-1640) et de Rembrandt (1606 ou 1607-1669). Les chairs débordantes des personnages de Rubens et le jeu entre le clair et l'obscur reflètent l'esprit baroque. Tourmentés, les artistes baroques mettent volontiers en scène la mort, et les références religieuses affleurent, comme dans le tableau de Lubin Baugin (1610-1663) *Nature morte aux gaufrettes*, qui semble évoquer les plaisirs terrestres (le vin et les gaufrettes), mais donne à voir en fait la communion sous les deux espèces.

L'esprit baroque, qui s'exprime dans l'art du détour, est tout entier dans le genre des vanités, ces tableaux qui représentent le temps qui passe et constituent autant de variations autour du *memento mori* (« souviens-toi que tu es mortel »), injonction à se comporter en cette vie de manière à ne pas entraver le salut de son âme. La présence du crâne sur ces tableaux n'a pas pour simple fonction d'évoquer la fuite du temps : n'y voir que la déploration de la brièveté de la vie humaine serait être victime d'une illusion. Le crâne est aussi une référence religieuse, Jésus ayant été crucifié sur une colline de Jérusalem nommée Golgotha (aussi nommé mont du Calvaire), « crâne » en araméen. D'une formule baroque, nous pouvons dire que le crâne, c'est la vie !

e. Le goût du spectaculaire

Adepte des échos et des analogies, l'art baroque aime jouer avec les images. L'artiste n'hésite pas à se mettre en scène, tel Vélasquez (1599-1660) dans *Les Ménines*, exemple canonique de mise en abyme que commente Michel Foucault (1926-1984) dans *Les Mots et les Choses* (1966). Dans sa volonté de reconquérir les esprits, tentés par la Réforme, l'Église catholique met en scène en grande pompe sa puissance. Œuvre du Bernin (1598-1680), la place Saint-Pierre de Rome, par sa forme elliptique, représente deux mains ouvertes. La musique baroque n'hésite pas, pour sa part, à célébrer de manière grandiose la puissance de Dieu : l'œuvre de Jean-Sébastien Bach l'atteste.

II. Du courant classique aux Lumières : raison et tradition

1. L'art classique : ordre et raison

a. Qu'est-ce qu'un classique ?

L'adjectif « classique » est issu du latin *classicus*, qui veut dire « brillant » et qui a d'abord désigné les illustres auteurs grecs et latins étudiés en classe sous Louis XIV. Le terme « classique », par glissement sémantique, a désigné ensuite les auteurs qui ont créé, en particulier de 1660 à 1680, à partir de ces modèles prestigieux : Homère pour l'épopée, Cicéron pour l'art oratoire… L'art classique s'assume comme art de l'imitation. Les sculptures classiques ont ainsi pour modèles masculins Apollon, pour sa beauté, et Hercule, pour sa force. Le peintre Nicolas Poussin (1594-1665) loue pour sa part « nos braves Grecs, inventeurs de toutes belles choses ».

b. Le contexte classique

Le jeune Louis XIV a été traumatisé dans sa minorité par la Fronde, révolte des puissants qui l'a contraint de quitter Paris la nuit. Cette humiliation et la hantise qui en a résulté expliquent la volonté de Louis XIV de soumettre les puissants du royaume à son autorité, à la suite de son père, Louis XIII, soucieux d'établir un pouvoir absolu : la construction du château de Versailles et la stricte étiquette qui y règne traduisent cette intention de mettre les puissants du royaume au pas, puisque désormais chacun est incité à rivaliser de soumission envers le roi, afin de lui plaire et d'obtenir la place la plus prisée à la cour. La servilité des courtisans est tournée en dérision par La Fontaine (1621-1695) dans ses fables, comme « Les Obsèques de la Lionne ». Les éloges de Louis XIV par les artistes thuriféraires contribuent à la sacralisation du Roi Soleil, nouvel Apollon, dont la beauté et les dispositions artistiques – Louis XIV est un brillant danseur dans sa jeunesse – lui confèrent une aura exceptionnelle : entouré de femmes qui tournent autour de son auguste personne, Louis XIV est le « roi des abeilles ». L'urbanisme de la ville de Versailles atteste cette sacralisation du Roi Soleil, puisque les princes résident dans des palais sis le long des avenues qui rayonnent autour du château royal : le plan de la ville traduit le fait que les nobles sont les satellites du roi. Avec les jardins à la française de Le Nôtre (1613-1700), dans le paysage est inscrite une domestication de la nature.

En outre, afin de maîtriser l'énergie guerrière bouillonnante de sa noblesse et d'apparaître comme le Mars des temps modernes, Louis XIV se livre, au prix de batailles, à une politique de conquêtes qui permet à la France de s'agrandir (Artois, Roussillon, les trois évêchés, Franche-Comté) et dessine en partie les contours de la France actuelle. Ainsi, la noblesse, qui paie l'impôt du sang, au sens où elle doit combattre en faveur du roi lorsqu'il la sollicite, lutte pour le roi au lieu de lutter contre lui, comme cela a été le cas pour certains lors de la Fronde.

Le contexte incite, après les temps troublés des guerres de Religion, puis de la Fronde, au respect de l'ordre et à la maîtrise de soi.

c. L'esprit classique

L'esprit classique correspond à celui d'un monde aristocratique régi par une hiérarchie. Celle-ci se retrouve dans le domaine artistique. Ainsi, au théâtre, la tragédie (avec Racine et Corneille) représente des personnages nobles (dieux, rois ou reines antiques), qui s'expriment en alexandrins, le vers noble, et ont des sentiments élevés, alors que la comédie met en scène dans un cadre contemporain des personnages bourgeois, dont les préoccupations sont moins admirables. Quant au peuple, il se distrait grâce aux farces, au comique vulgaire. De même, en peinture, on valorise les tableaux religieux, mythologiques voire historiques, au détriment des autres genres.

Les artistes classiques valorisent l'ordre et les règles (que Boileau théorise après coup dans son *Art poétique*), comme l'atteste au théâtre la fameuse règle des trois unités (temps, lieu, action) et le respect des bienséances. Leurs œuvres s'adressent à l'esprit du récepteur (lecteur ou spectateur), alors que l'art baroque cherche à toucher la sensibilité. L'héroïne éponyme de *La Princesse de Clèves* (1678) de Madame de La Fayette se distingue par sa lucidité et sa décision de ne pas céder à la passion qu'elle éprouve à l'égard du duc de Nemours, au profit de son devoir d'épouse. L'idéal classique de maîtrise de soi est au cœur des tragédies de Racine (1639-1699), qui invente avec *Bérénice* (1670) une tragédie sans mort, mais d'une « tristesse majestueuse » : Titus et Bérénice, reine de Judée, s'aiment, mais l'accession de Titus à la tête de l'Empire romain le contraint à renoncer à cet amour, le Sénat romain lui interdisant d'épouser une étrangère. Titus est marié avec Rome, en quelque sorte. Quant à Phèdre, dont la pièce éponyme est créée en 1677, même si c'est un personnage païen, elle incarne la faiblesse de l'être humain abandonné par Dieu : sachant que Racine est proche des jansénistes, beaucoup ont vu en elle une chrétienne à qui la grâce aurait été refusée.

La puissance de l'esprit humain est mise en évidence par Pascal, dans ses *Pensées*, où il affirme la supériorité de l'esprit sur la matière, dépourvue de conscience. La formule « Roseau pensant » traduit la force et la fragilité de l'homme au sein de la nature, métaphore reprise par La Fontaine dans « Le Chêne et le Roseau ». Fins analystes, La Bruyère (1645-1696), dans *Les Caractères* (1688), et La Rochefoucauld (1613-1680), dans ses maximes, dressent une peinture morale de l'être humain.

L'esprit classique se traduit par l'idéal de l'honnête homme, qui est sociable, cultivé sans être pédant. Né en Italie au XVIe siècle (Castiglione, *Le Courtisan*), cet art de la conversation, brillant, qui a fait la réputation de l'esprit français, est admiré de l'Europe entière au XVIIIe siècle. La modération est de mise : *in medio stat virtus* (« c'est au milieu que réside la vertu »). Ce rejet de tout extrême apparaît bien dans les comédies de Molière (1622-1673), en particulier dans *Le Misanthrope* (1666), où Alceste est un fanatique de la vérité, alors que Philinte (du grec *philein*, « aimer ») apparaît, par son caractère raisonnable et bienveillant, comme un double de l'auteur. Fustigeant les excès des personnages ridicules, Molière reprend l'esprit de la comédie latine, dont la devise est « *castigare ridendo mores* » (« châtier les mœurs par le rire »).

d. La querelle des Anciens et des Modernes

Les artistes classiques revendiquent un art de l'imitation, mais à la fin du XVIIe siècle un débat agite les esprits, à propos des mérites respectifs des Anciens (artistes antiques) et des Modernes (artistes contemporains). Croyant qu'un progrès est possible dans le domaine des arts, Perrault fait l'éloge de ces derniers dans son *Parallèle des Anciens et des Modernes* (1688-1697). Il est soutenu par Fontenelle et le journal *Le Mercure galant*. Dans ses *Réflexions sur Longin* (1694), Boileau défend au contraire l'idée que les Anciens ont atteint une perfection qu'il n'est pas possible de dépasser : Boileau, La Fontaine ou Bossuet partagent cette perspective.

2. Les Lumières : raison et contestation

Voir chapitre sur « Les Lumières et leur destin ».

IV. Esthétiques du XIXe siècle

1. Le mouvement romantique

a. Premiers élans romantiques

L'adjectif « romantique » désigne à l'origine ce qui est romanesque, puis un paysage. Les artistes romantiques sont sensibles à la poétique des ruines. En Angleterre et en Allemagne, une sensibilité romantique émerge dès le XVIIIe siècle. Le roman de Goethe *Les Souffrances du jeune Werther* (1774) provoque même une vague de suicides... En France, les œuvres de Rousseau (*La Nouvelle Héloïse*) et de Bernardin de Saint-Pierre (*Paul et Virginie*, 1788), comportent des éléments romantiques : goût de la nature... On peut y voir une réaction à l'esprit des salons et à la vogue du libertinage, et le signe de l'émergence d'une sensibilité sentimentale de la bourgeoise montante, avec l'aspiration à un mariage d'amour et l'amour de ses enfants.

b. La révolution romantique

Dans *La Confession d'un enfant du siècle* (1836), Musset (1810-1857) présente sa génération comme une génération désenchantée, atteinte par le mal du siècle, car elle vit à une époque où l'héroïsme est devenu anachronique, avec la chute de Napoléon. Les jeunes romantiques se trouvent de ce fait projetés dans une période de crise, entre « semences » et « débris », entre création et destruction : le poète romantique est implicitement comparé à Christophe Colomb, sur l'océan, entre l'ancien monde et le nouveau. Le romantisme apparaît ainsi comme le fruit des circonstances historiques : c'est l'enfant du siècle, entre survivances de l'Ancien Régime et démocratisation.

Insatisfaits par leur époque, les romantiques ressentent le « tourment du passé et de l'ailleurs », selon la belle expression d'Henri Peyre (1901-1988) dans *Qu'est-ce que le romantisme ?* (1971). Mona Ozouf (née en 1931) relève ainsi dans *Les Aveux du roman. Le XIXe siècle entre Ancien Régime et Révolution* (2001) que le romantisme est nourri d'un sentiment de rupture avec le passé, qui engendre un sens historique alors nouveau, et attribue, comme Benjamin Constant (1767-1830), le rôle de précurseur à Madame de Staël (1766-1817) et à Chateaubriand (1768-1848). Nombre d'œuvres romantiques ont en effet pour cadre le passé, qu'il s'agisse de drames (*Henri III et sa cour* de Dumas en 1829 et *Hernani* de Hugo en 1830 se déroulent au XVIe siècle) ou de romans (*Notre-Dame de Paris* de Hugo ; *Les Trois Mousquetaires, La Reine Margot* de Dumas père). Quant au tourment de l'ailleurs, il s'exprime par l'attention portée au rêve (Nerval), à la folie, mais aussi par l'orientalisme, qui a été encouragé par la campagne d'Égypte de Bonaparte et qui donne à voir un Orient en partie fantasmé (Ingres, Delacroix), qu'a étudié Edward Saïd (*L'Orientalisme, L'Orient créé par l'Occident*, 2015).

Les romantiques ambitionnent de ce fait de mener une révolution esthétique, après la révolution politique et sociale provoquée par la Révolution française. Il s'agit de lutter contre l'absolutisme culturel classique, qui impose un corset de règles. Libérer l'art, telle est la grande ambition romantique. Le propre de l'art classique est d'idéaliser. C'est pourquoi, dans la préface de *Cromwell* (1827), Hugo reproche aux classiques de livrer dans leurs œuvres une « nature mutilée ». Les artistes romantiques, pour leur part, aspirent à représenter l'être humain dans sa totalité, aussi bien le grotesque (bas, monstrueux) que le sublime (noble, idéal). Aussi Hugo préconise-t-il de « fondre la comédie dans la tragédie ». Cela passe par la libération de l'alexandrin, que l'auteur d'*Hernani* veut « déniaiser ».

L'irruption du grotesque renouvelle les arts, en ouvrant un potentiel illimité de personnages. En 1831, Hugo publie *Notre-Dame de Paris*, qui narre les mésaventures d'une gitane, Esmeralda, dont la beauté brune contraste avec les canons classiques (incarnés par Fleur-de-Lys, blonde à la peau blanche), et d'un sonneur de cloches difforme, Quasimodo. Avec Hugo, « le sublime est en bas », selon sa formule : Quasimodo se révèle sublime dans son amour fraternel envers Esméralda. Ouvrir les arts au grotesque, c'est aussi s'intéresser à des créatures jusqu'alors absentes de la littérature : alors que Melville (1819-1891) fait d'une baleine blanche (en fait, un cachalot) le personnage principal de *Moby Dick*, en 1851, Victor Hugo fait de la pieuvre un personnage essentiel des *Travailleurs de la mer* quinze ans plus tard.

C'est que tout dans la nature mérite notre attention, proclame Hugo dans *Les Contemplations* (1843), sa « grande pyramide » comme il nomme ce recueil de plus de 10 000 vers hanté, entre autres, par le souvenir de sa fille Léopoldine, noyée en 1843. La contemplation (du latin *templum*, « temple ») suppose un respect de la valeur sacrée de tout être sur terre, qu'il soit humain, animal, végétal ou même minéral. Rejetant les limites, l'œuvre romantique est volontiers empreinte d'une esthétique de la provocation, qui incite à remettre en question l'ordre et les normes. Le tableau de Caspar David Friedrich *Voyageur contemplant une mer de nuages* représente ainsi un personnage qui tourne le dos au spectateur, à rebours des portraits traditionnels. De nombreuses œuvres romantiques font scandale, volontairement ou involontairement.

c. Romantismes : diversité politique et esthétique

Comme le romantisme revendique un principe de liberté, il n'est pas étonnant qu'il existe des romantismes. La pièce *Lorenzaccio* (1834), que Musset (1810-1857) publie dans *Spectacle dans un fauteuil*, s'ouvre sur une scène d'exposition dans laquelle flotte un air de débauche, expression d'un désenchantement qui refuse toute idéalisation et contraste avec la passion sublime dans les drames hugoliens comme *Hernani*. En outre, la présence d'anachronismes volontaires, comme la référence aux roués dans la bouche d'un personnage du XVIe siècle, invite à établir des analogies entre des périodes historiques différentes, et à interpréter la réalité historique contemporaine à Musset à la lumière du XVIe siècle florentin présenté comme décadent.

Le désenchantement politique de Musset à la suite de la révolution de juillet 1830 contraste avec l'engagement de Hugo. Ce dernier se traduit par la participation à la vie politique, mais aussi par la représentation mythique dans *Les Misérables* (1862) de personnages qui appartiennent aux classes dites « dangereuses » (le bagnard, la prostituée, l'enfant des rues) selon les préjugés du temps et que le lecteur est invité à admirer.

Certains critiques ont opposé un romantisme de droite (Chateaubriand, Hugo dans sa jeunesse) à un romantisme de gauche (Madame de Staël, George Sand, Hugo dans sa vieillesse) orienté vers une certaine vision du progrès. L'opposition entre l'attachement aux traditions et le souci d'innover, entre l'audace et le goût de la modération se retrouve dans le domaine esthétique. Si certains auteurs relèvent d'un romantisme frénétique fortement influencé par le roman noir d'esprit « gothique » (Lewis, *Le Moine*) et le mélodrame (pièces de Pixerécourt), d'autres comme le poète et dramaturge Casimir Delavigne incarnent un courant juste milieu dans lequel se reconnaît la bourgeoisie de la Monarchie de Juillet.

Considérer l'œuvre d'Alfred de Vigny permet d'apprécier l'esprit du génie romantique, dont les modes d'expression et les influences s'avèrent souvent variés. En effet, cet auteur s'est illustré dans différents domaines : romanesque, poétique et théâtral, en particulier. Son drame *Chatterton* (1835) lui a valu d'être qualifié de « Racine du romantisme », du fait de la simplicité de l'intrigue. Toutefois, *Chatterton* n'est pas une tragédie néoclassique, car l'auteur joue avec les codes du drame bourgeois et du mélodrame.

Dans son article « Dialogues avec tableaux à ressort ou *Dago* et *Hernani* » (publié en 1985 par la revue *Europe*), Jean-Marie Thomasseau montre ainsi, à propos d'*Hernani* de Hugo dont la bataille est restée fameuse, que le drame romantique offre sur scène une voie originale, qui reprend à la fois l'esthétique textuelle de la tragédie classique (où tout l'intérêt est dans le texte, que l'on peut apprendre comme un poème) et l'esthétique visuelle du mélodrame (où l'intérêt réside dans ce que l'on voit). Homme d'un drame qui se veut total, Hugo veut donner l'image de la totalité de l'individu, en recourant à l'ensemble des moyens à sa disposition.

Le romantisme se prolonge au-delà de 1850. On peut associer à ce mouvement Wagner (1813-1883), et son ambition d'un art musical total, avec le *Gesamtkunstwerk*. L'œuvre de Wagner, dont le lyrisme est puissant, confirme la fécondité et l'absence d'uniformité du romantisme. Alors que Hugo incarne au fil du temps un romantisme humanitaire, à vocation universelle, Wagner représente le romantisme national (ce qui prolonge le jeune Hugo, celui des *Odes et Ballades*), en particulier avec *Le Cycle des Nibelungen*, qui puise dans la mythologie germanique, tout en renouant avec l'esprit antique à Bayreuth, où l'orchestre joue peu ou prou par rapport à l'action le rôle du chœur dans la tragédie grecque.

2. Réalisme et naturalisme

Romantiques, Balzac et Stendhal sont aussi les créateurs emblématiques du réalisme.

a. *La Comédie humaine* de Balzac : la volonté de « concurrencer l'état-civil »

Honoré de Balzac (1799-1850) rassemble sous le titre de *Comédie humaine* les 2500 personnages de ses récits (*Illusions perdues*…). Le titre est inspiré par *La Divine Comédie* de Dante, qui livre dans cette œuvre la vision chrétienne du Moyen Âge. Ayant l'ambition de « concurrencer l'état civil », Balzac s'intéresse pour sa part aux affaires humaines, et livre un tableau de son époque, et des diverses strates de la société de son temps. Il démasque les personnages du théâtre du monde. Dans *Illusions perdues* (1837-1843), Lucien de Rubempré et Madame de Bargeton prennent un hôtel rue de l'Échelle, à Paris, lorsqu'ils fuient Angoulême : Paris est le lieu où s'évanouissent les illusions des provinciaux. C'est aussi le lieu des tentations : les références à la boue dans *Le Père Goriot* suggèrent que c'est la Babylone moderne.

b. Stendhal : « un miroir le long d'un chemin »

Dans la préface de son roman *Le Rouge et le Noir* (1830), que son sous-titre « Chronique de 1830 » inscrit dans le contexte historique contemporain, Stendhal affirme que « le roman est un miroir que l'on promène le long d'un chemin ». De ce fait, le roman apparaît à Stendhal comme un instrument de réflexion (c'est-à-dire de représentation et de pensée) de la réalité. À travers la trajectoire de Julien Sorel, inspirée d'un fait divers, Stendhal donne à voir la difficile ascension sociale d'un homme du peuple dans la société de la Restauration, empreinte de blocages.

c. Flaubert, ou l'ironie au service du réalisme

Auteur d'un *Dictionnaire des idées reçues* qui pointe les formules toutes faites et les stéréotypes de son temps, Gustave Flaubert (1821-1880) dénonce avec ironie la bêtise et la médiocrité de ses contemporains. Son roman *Madame Bovary* (1857), dans lequel le personnage éponyme rêve d'amour absolu à cause de ses lectures romantiques, est l'objet d'un procès pour immoralité, la même année que *Les Fleurs du Mal* de Baudelaire. Pessimiste, Flaubert est un observateur impitoyable des travers de ses contemporains. Dans *L'Éducation sentimentale* (1869), Frédéric Moreau est un antihéros, dont l'échec fait écho à celui de la Révolution de 1848, qui trahit les espoirs idéalistes au profit du matérialisme bourgeois.

d. Le naturalisme

L'œuvre des frères Edmond et Jules Goncourt (1822-1896 et 1830-1870) assure la transition du réalisme au naturalisme. Avec Émile Zola (1840-1902), le réalisme revendique un substrat scientifique. Dans les vingt romans de sa fresque des *Rougon-Maquart, histoire politique et sociale d'une famille sous le Second Empire*, où il reprend le procédé balzacien du retour des personnages, Zola entend montrer que l'homme est soumis à un double déterminisme : l'influence de l'hérédité, l'individu étant censé hériter de tares de ses parents, comme dans *La Bête humaine* (1890), et l'influence du milieu, comme celui de la mine dans *Germinal* (1885).

Guy de Maupassant (1850-1893) constitue pour sa part un électron libre du naturalisme. Lui-même en proie à des crises de folie, il montre dans ses nouvelles fantastiques la nature de l'angoisse et de la folie. Maupassant est aussi l'auteur de récits qui pointent les mesquineries des milieux paysan ou bourgeois.

e. La peinture réaliste

Se détachant de l'académisme hérité du classicisme et de l'idéalisation romantique, la peinture réaliste s'attache à la représentation de la réalité en essayant de restituer de la manière la plus simple possible le modèle. Les peintres réalistes représentent volontiers des paysages et le monde du travail. Le réalisme a de ce fait une dimension démocratique : tout comme la peinture hollandaise du XVIIe siècle consacre la vie quotidienne, par la représentation d'objets, le réalisme perturbe les anciennes hiérarchies de la tradition en matière de genres artistiques. Gustave Courbet (1819-1877) est emblématique de ce courant, avec ses toiles *Un enterrement à Ornans* ou *L'Origine du monde*.

3. Parnasse et symbolisme

a. Le Parnasse et l'art pour l'art

Au milieu du XIXe siècle, des poètes comme Leconte de Lisle (1818-1894) se dressent contre le lyrisme romantique, auquel ils reprochent son enflure. De surcroît, la déception engendrée par les suites malheureuses de la révolution de 1848 incite certains auteurs à se détourner du présent, et à se réfugier dans l'art, comme dans une tour d'ivoire. Dès 1835, Théophile Gautier (1811-1872) théorise « l'art pour l'art » dans la préface de *Mademoiselle de Maupin* : il y oppose le beau à l'utile. Les poètes du Parnasse sont ainsi des artistes qui communient dans le culte de la beauté et dont les œuvres sont empreintes d'éléments antiques dans leur quête de perfection formelle, ce qu'atteste la référence allégorique au Parnasse, montagne où séjourne le dieu Apollon dans la mythologie grecque. En 1866, la revue *Le Parnasse contemporain* réunit autour de Leconte de Lisle les poètes Théodore de Banville (1823-1891), François Coppée (1842-1908), Sully Prudhomme (1839-1907), José-Maria de Hérédia (1842-1905).

b. Le symbolisme

Lui-même romantique, Charles Baudelaire est un des précurseurs du symbolisme, avec Arthur Rimbaud et Paul Verlaine. Dans *Les Fleurs du mal* (1857), Baudelaire, influencé par l'illuminisme, présente la nature régie par deux types de « correspondances » : les correspondances horizontales, ce sont les sensations qui s'associent sur le mode des synesthésies, lorsque « Les parfums, les couleurs et les sons se répondent » (« Correspondances »), cependant que les correspondances verticales consistent en élévation de l'esprit grâce à des analogies entre le monde sensible et le monde intelligible. La fonction du poète est de déchiffrer, d'interpréter. Le poète joue le rôle d'herméneute, au profit des hommes, dont il est le phare. Hugo, pour sa part, présente les artistes comme les « mages » de l'humanité dans *Les Contemplations* (1856).

Dans deux lettres célèbres écrites en mai 1871, alors qu'il n'a que dix-sept ans, Rimbaud proclame quant à lui que le poète doit se faire « voyant » par un « long, immense et raisonné dérèglement de tous les sens » afin de parvenir à l'inconnu. Il s'agit de s'écarter de l'ornière, dans une démarche prométhéenne. Voulant libérer les potentialités poétiques de la langue, Rimbaud attribue des couleurs aux voyelles dans un sonnet célèbre : « Je dirai quelque jour vos naissances latentes » (« Voyelles »).

4. Audaces plastiques

Pratiquée avec talent par Diderot et par Baudelaire, la critique d'art joue un rôle de plus en plus grand dans la réception des œuvres. Cette critique est un genre à part entière, qui salue les audaces artistiques ou s'en inquiète : l'art novateur fait souvent scandale. Il ne faut pas oublier le climat d'hostilité dans lequel ont été créées des œuvres désormais consacrées par la postérité. Dans le cas des cinéastes de la Nouvelle Vague, ils ont pour la plupart été critiques, dans *Les Cahiers du cinéma*, avant de réaliser leurs premiers films.

a. Photographie et impressionnisme

L'apparition, grâce à Nicéphore Niépce (1765-1833), d'un nouvel art, la photographie, capable de donner une représentation « réaliste » du sensible, a pour corollaire une évolution de la peinture, qui ne saurait se contenter de « copier » le réel. Nadar (1820-1910) propose des portraits photographiques d'artistes. Il prête en 1874 son atelier aux peintres Claude Monet (1840-1926), Alfred Sisley (1839-1899), Auguste Renoir (1841-1919), pour qu'ils exposent leurs œuvres refusées au Salon. Ces derniers créent un nouveau style pictural, révolutionnaire, que l'on qualifie d'« impressionniste », d'après le titre du tableau de Monet *Impression soleil levant*. Édouard Manet (1832-1883), dont l'*Olympia* a fait scandale en 1865 au Salon, par la présence d'une courtisane, et Degas, dont les représentations de danseuses sont influencées par les estampes du Japonais Hokusaï (1760-1849) contribuent aussi à l'essor du mouvement impressionniste.

b. Rodin et la sculpture

Auguste Rodin (1840-1917) est considéré comme le précurseur de la sculpture moderne, avec son réalisme qui indispose alors de nombreux critiques, mais aussi son génie créateur qui le porte à exprimer de manière symbolique l'esprit de l'objet représenté : son Balzac, « enceint » si l'on peut dire, avec son ventre énorme, est célèbre. Rodin livre ainsi le spectacle d'un génie qui a créé 2 500 personnages, d'où ce ventre énorme... Rodin est lui-même l'auteur d'une *Porte de l'enfer* (comportant deux cents personnages !), inspirée par la *Divine Comédie* de Dante et que l'on peut voir à Paris au Musée Rodin, comme nombre de ses œuvres. Quant à Camille Claudel (1864-1943), qui a été l'élève et la maîtresse de Rodin, elle livre une œuvre qu'inspirent aussi ses tourments intérieurs, si l'on considère *La Vague*. L'œuvre d'Antoine Bourdelle (1861-1929), collaborateur de Rodin, atteste, quant à lui, un goût du monumental.

c. Naissance du septième art

Apparu en 1895, grâce aux frères Lumière, le cinématographe relève tout d'abord du documentaire, comme le film sur la *Sortie de l'usine Lumière à Lyon* (1895) Les premières créations sont imprégnées d'une esthétique théâtrale et s'inscrivent dans la lignée de la prestidigitation avec Georges Méliès (1861-1938), adepte des effets spéciaux. Les grands artistes, comme le monstre sacré Sarah Bernhardt, qui a créé au théâtre le rôle de Lorenzaccio, s'essaient à ce nouvel art. Au XXe siècle, le néoréalisme italien au lendemain de la Seconde Guerre mondiale (avec des réalisateurs comme Roberto Rosselini ou Vittorio de Sica) ou dans les années 60 la Nouvelle Vague en France (avec des réalisateurs comme Jean-Luc Godard, François Truffaut, Éric Rohmer...) ont produit des chefs-d'œuvre.

V. Courants du XXe siècle : surréalisme, négritude, mouvement de l'absurde

1. Le surréalisme : l'insurrection de l'imagination

Alors que le mouvement Dada (aussi nommé dadaïsme), né en réaction à la Première Guerre mondiale, se caractérise par son esprit de révolte et son nihilisme (c'est-à-dire son rejet de toute valeur), le surréalisme se veut lui aussi anticonformiste, mais célèbre l'art et l'amour. Influencé par la psychanalyse, le surréalisme ambitionne de révéler le véritable sens de l'existence humaine, en explorant l'imaginaire. Rejetant le rationalisme cartésien et la conception cohérente du moi, les artistes surréalistes s'attachent à faire voir les tensions qui agitent le moi. Pour accéder à l'inconscient, André Breton et Philippe Soupault pratiquent l'écriture automatique. Dans *Nadja*, Breton fait référence au personnage inventé par Marcel Duchamp afin de traduire l'ambition surréaliste : Rrose Sélavy. « Erre, ose, c'est la vie », mais aussi « Éros, c'est la vie » : le surréalisme valorise l'errance et l'érotisme comme voies d'accès au sens.

2. La négritude : « il est beau-et-bon-et-légitime d'être nègre »

Avec Léopold Sédar Senghor (1906-2001) et Gontran Damas (1912-1978), Aimé Césaire (1913-2008) fonde le mouvement de la négritude, en vue d'exalter la valeur de la culture noire. En 1939 paraît *Cahier d'un retour au pays natal*, dans lequel le poète martiniquais rejette avec véhémence le modèle rationnel occidental, et lui oppose le retour à ses racines africaines et l'exploration de la richesse de sa culture. Le lyrisme polémique de ce poème engagé est teinté de surréalisme. Provocateur, Césaire revendique sa sauvagerie : « Qui ne me comprendrait pas ne comprendrait pas davantage le rugissement du tigre ». La violence du texte fait toutefois place à la fin à une soif de concorde universelle, que traduit la formule « mon île non-clôture ». Au sentiment de supériorité des Occidentaux, Césaire oppose la grandeur de la culture africaine : « il-est-beau-et-bon-et-légitime d'être nègre ». Césaire a recours à la langue du colonisateur, signe que son œuvre se veut libératrice d'une parole, contestatrice, iconoclaste, mais refuse le repli sur soi.

3. Le mouvement de l'absurde

Absurde a pour étymon le latin *absurdus*, de *surdus*, qui veut dire « sourd » : la littérature de l'absurde met en scène un monde sourd aux aspirations de l'être humain. Il en résulte des œuvres sans Dieu : « le salaud, il n'existe pas » déplore avec amertume un personnage de Becket dans *Fin de partie*. Il faut dire que la philosophie de l'absurde a pour source Schopenhauer (1788-1860), qui considère que la vie n'a pas de sens et consiste avant tout en un « vouloir-vivre » sans autre finalité que la perpétuation de l'espèce, et influence les philosophes existentialistes, pour qui l'existence précède l'essence, selon la conception sartrienne présente dans *L'Être et le Néant*, car la vie n'a pas de sens préétabli. Il en résulte pour l'individu un sentiment d'angoisse, et la conscience de sa responsabilité.

L'existentialisme influence profondément la littérature de l'absurde, à l'aube de la seconde guerre mondiale et après-guerre. Pour Meursault, personnage éponyme de *L'Étranger* (1942) de Camus (1913-1960), les actes et les conventions sociaux n'ont pas de sens. Le salut est dans la révolte :

« Je me révolte, donc nous sommes » affirme Camus dans *L'Homme révolté* (1951). Se révolter contre l'absurdité de la condition humaine peut mener à la pratique d'une action solidaire en faveur de l'humanité.

La littérature de l'absurde est souvent associée au théâtre dit de l'absurde, avec des auteurs comme Camus, Ionesco, Becket. Leurs œuvres sont hantées par le traumatisme de la seconde guerre mondiale, qui a engendré une crise du monde, des objets, du moi, du langage. Becket donne ainsi à voir une humanité amoindrie, dans *En attendant Godot* et *Fin de partie*. Si Martin Esslin a popularisé l'expression « théâtre de l'absurde », du nom de l'essai qu'il publie en 1961, Emmanuel Jacquart propose une autre terminologie en 1998 avec son ouvrage *Le Théâtre de dérision*, consacré aux dramaturgies de Becket, Ionesco, Arthur Adamov (1908-1970).

De la Renaissance à nos jours, l'esthétique livre diverses conceptions de l'artiste et de l'art. Toutefois, chaque œuvre pose à sa manière la question de la représentation : quelle est la *mimesis* idoine pour livrer son rapport au monde ? Proust évoque ainsi dans *Contre Sainte-Beuve* (recueil de critique, dont la publication est posthume, en 1954) la « planète Baudelaire », tout grand artiste créant un univers dans lequel le monde est recréé par son moi. Les grands mouvements artistiques et esthétiques nous rappellent que cette représentation du réel est aussi colorée par le contexte dans lequel évolue l'artiste. Cela invite à s'interroger sur l'irreprésentable, qui évolue selon les contextes culturels.

Se pose alors la question du rôle du critique d'art : Jean Starobinski (1920-2019) propose de voir dans la critique d'art une table d'orientation qui n'emprisonne pas le récepteur de l'œuvre (lecteur, spectateur) dans une interprétation qui se veut absolue, mais le guide, l'oriente dans son approche de l'œuvre, en lui donnant les repères nécessaires à son appréciation (*Table d'orientation*, 1989). Cela peut passer par l'étude d'une « page paysage » selon l'expression de Jean-Pierre Richard (1922-2019), ou par le goût du détail qui éclaire le sens d'une œuvre, comme le montre Daniel Arasse (1944-2003) dans *On n'y voit rien. Descriptions* (2000).

L'artiste lui-même est pris dans une série d'enjeux qui ne concernent pas seulement son rapport au monde, dans un contexte où le succès est souvent le critère d'appréciation retenu, avec l'existence d'un marché de l'art, comme l'illustre le cas de Banksy. Les trois pôles que sont l'académisme (avec les écoles d'art), l'art commercial (théâtre de boulevard, Hollywood...) et l'art « autonome » (avec les avant-gardes et les artistes aux créations audacieuses) se livrent une bataille qui se révèle féconde lorsque l'artiste livre des pépites, donnant matière à l'histoire de l'art, que fonde Winckelmann (1717-1768), avec ses *Réflexions sur l'imitation des œuvres grecques dans la sculpture et la peinture* (1755).

→ Bibliographie sur les mouvements esthétiques

- Daniel Arasse, *On n'y voit rien. Descriptions*, Denoël (rééd. Folio-Poche 2002), 2000.
- Aristote, *Poétique*, trad. Michel Magnien, Le Livre de Poche, 1990.
- Baumgarten, *Aesthetica* (*Esthétique*, trad. Jean-Yves Pranchère, L'Herne, 1988).
- Roland Barthes, *La Chambre claire*, Gallimard, 1980.
- Charles Baudelaire, *Le Peintre de la vie moderne*, 1863.
- Pierre Bourdieu, *Les Règles de l'art: genèse et structure du champ littéraire*, Seuil, Points Essais, 1998.
- Véronique Bouruet-Aubertot, *L'Art contemporain*, CNDP, 2005.
- André Breton, *Manifeste du surréalisme*, 1924.
- Claude Frontisi (dir.), *Histoire visuelle de l'art*, Larousse, 2006.
- Marc Fumaroli, *L'État culturel: une religion moderne*, Livre de Poche, Biblio Essais, 1999.
- Ernest Gombrich, *Histoire de l'art*, Phaidon, 2001.
- Hegel, *Esthétique*, Le Livre de Poche, 1997.
- Victor Hugo, préface de *Cromwell*, 1827.
- Emmanuel Kant, *Critique de la faculté de juger*, Gallimard, 1989[éd. or. 1790].
- André Malraux, *Le Musée imaginaire*, 1996 [première éd. 1965].
- Yves Michaud, *La Crise de l'art contemporain*, PUF, 1997.
- Merleau-Ponty, *L'Œil et l'Esprit*, Gallimard, 1985.
- Claude Millet, *Le Romantisme. Du bouleversement des lettres à la France révolutionnaire*, Le Livre de Poche, 2007.
- Jean-Pierre Richard, *Poésie et Profondeur*, Seuil, 1955.
- Jean Rousset, *La Littérature de l'âge baroque en France*, José Corti, 1989.
- Edward Saïd, *L'Orientalisme. L'Orient créé par l'Occident*, Seuil, 2015.
- Starobinski, *Table d'orientation*, Lausanne, L'Âge d'homme, 1989.

8

L'esprit des Lumières et leur destin

Stéphane Arthur

Le mouvement des Lumières s'épanouit dans un contexte de croissance économique (qui profite surtout à la France et à l'Angleterre) et démographique, mis en évidence par Pierre Chaunu (1923-2009) dans *La Civilisation de l'Europe des Lumières* (1971). Du règne de Louis XIV à 1789, la population européenne double, pour dépasser les 200 millions d'âmes, dont 28 millions en France, pays le plus peuplé. L'essor du commerce international favorise une certaine prospérité, dont bénéficient les ports français et anglais, avec la pratique du commerce triangulaire. Si l'alimentation s'améliore et si l'on est un peu mieux soigné, l'alphabétisation progresse aussi : cela favorise les débats publics, tout comme la création de sociétés savantes. On observe aussi, au cours du XVIIIe siècle, une certaine laïcisation des esprits : constatant que leurs fidèles ont de plus en plus recours à des moyens de contraception plus ou moins efficaces, des prêtres déplorent qu'on « trompe la nature jusque dans les campagnes ». Le discours religieux a moins d'emprise sur les esprits.

Au XVIIIe siècle s'épanouit ainsi en Europe la philosophie des Lumières (*enlightment* en anglais, *Aufklärung* en allemand), dont le grammairien Dumarsais met en évidence l'esprit rationaliste dans l'article « Philosophe » de l'*Encyclopédie* : « La raison est au philosophe ce que la grâce est au chrétien ». Les Lumières, comme on a coutume de nommer ces auteurs qui suivent la raison, sont inspirés en cela par Descartes qui relève au siècle précédent dans le *Discours de la méthode* que « le bon sens est la chose du monde la mieux partagée », même si force est de constater que les auteurs des Lumières sont plus sensibles à la philosophie empiriste et libérale de Locke qu'à celle de Descartes. La raison universelle s'impose ainsi comme critère qui doit éclairer les hommes. Alors qu'au XVIe siècle les humanistes (comme Thomas More) n'opposent pas la foi et la raison, les auteurs des Lumières prônent l'émancipation de l'individu par rapport à l'emprise religieuse, dans un contexte de progrès de la laïcisation. En outre, la révolution anglaise, au XVIIe siècle, invite à penser autrement le rapport à la tradition, qui n'est pas inscrite dans le marbre, et à la liberté.

C'est pourquoi nous nous demanderons ce que sont les Lumières, et dans quel contexte apparaît ce mouvement (I). Nous montrerons ensuite comment les principes des Lumières s'incarnent dans des combats : la philosophie des Lumières n'est pas une métaphysique, mais une philosophie engagée, au nom de l'universalisme des valeurs défendues (II). Cela se traduit par la présence de figures de proue (III). Toutefois, la philosophie des Lumières s'avère contestée au fil de l'histoire (IV).

I. Qu'est-ce que les Lumières ?

1. Aux sources des Lumières : rationalisme et empirisme

a. La métaphore de la lumière : quête de vérité

Dans la Bible, la métaphore de la lumière est présente dès le livre de la *Genèse*, dans lequel Dieu sépare la lumière des ténèbres. Les auteurs dits des Lumières vont laïciser l'image de la lumière, en en faisant le symbole de la vérité, opposée aux divers obscurantismes, nourris d'ignorance et de bêtise.

La métaphore de la lumière pour désigner la vérité est déjà présente chez les Grecs, avec l'allégorie de la caverne, dans la *République* de Platon, qui est elle-même une variation autour de la lutte des hommes contre le monstre : Ulysse et ses compagnons essaient de sortir de l'antre de Polyphème, dans l'*Odyssée* d'Homère, au chant VIII.

b. Essor du rationalisme, vertu de l'empirisme : la science contre l'obscurantisme

Au XVIIe siècle, siècle de Descartes, l'esprit classique valorise la raison, car l'individu doit maîtriser ses passions, comme l'illustrent en particulier les tragédies de Racine et de Corneille. Toutefois, la tradition échappe en grande partie à la critique, surtout lorsqu'il s'agit de politique ou de religion. Certains esprits apparaissent néanmoins comme des précurseurs des Lumières, par leur rationalisme. C'est ainsi que dans son *Histoire des oracles* (1686) Fontenelle tourne en dérision la crédulité humaine en imaginant l'histoire d'une dent en or qui aurait poussé à un enfant et suscité bien des interprétations savantes, avant qu'un orfèvre ne vérifie que la dent n'est pas l'œuvre d'un faussaire et ne révèle la supercherie. L'anecdote invite à l'esprit critique et valorise la science expérimentale, au détriment de la croyance dans le surnaturel. L'esprit expérimental de la science sert de base à la critique de la superstition.

c. Influence de Newton : lumières de la science

Dans *La Crise de la conscience européenne* (1935), Paul Hazard (1878-1944) relève que les Lumières, inspirés par Newton, privilégient l'esprit critique à la notion de Providence et contestent l'autorité savante et morale de la tradition. Représentatif en cela de son temps, Voltaire, qui vulgarise les théories de Newton et les connaissances que sa lecture apporte, voit dans la physique une arme nécessaire dans son combat contre le fanatisme et l'ignorance, qu'encouragent selon lui la métaphysique et la théologie : dans *Candide* (1759), le précepteur Pangloss (« tout en langue » en grec, c'est-à-dire qui parle tout le temps et dont les paroles ne sont que des mots en décalage avec la réalité), caricature de Leibniz, est ainsi professeur de « métaphysico-théologo-cosmolonigologie ». Le *Dictionnaire historique et critique* (1697) de Pierre Bayle privilégie déjà la « lumière » apportée par les connaissances, fruits de la raison humaine, aux dogmes. Philosophe empiriste écossais, David Hume (1711-1776) assigne pour origine à nos connaissances l'expérience : dans *Traité de la nature humaine* (1739-1740), puis dans *Enquête sur l'entendement humain* (1748), il attribue pour sources à nos idées les impressions, que ces dernières soient dues à nos sensations ou à nos sentiments.

2. La sociabilité des Lumières

« Tout prouve à l'homme que la vie sociale lui est avantageuse », écrit D'Holbach dans *De la politique naturelle*. Les auteurs des Lumières sont en effet attachés à la sociabilité : dans *Idée d'une histoire universelle d'un point de vue cosmopolite*, Kant analyse l'« insociable sociabilité de l'être humain ». Les cafés, les clubs sont autant de lieux de rencontres et d'échanges, en particulier à Paris, qui est alors la capitale culturelle de l'Europe, et en Angleterre. La sociabilité en question a à l'origine un caractère aristocratique, fondé sur la politesse et l'art de la conversation. Tenus par des femmes nobles ou bourgeoises, les salons jouent un rôle majeur dans la création d'un espace public, où l'on débat.

Voltaire s'affirme citoyen du monde, ce qui donne tout son sens à la formule qui clôt son conte *Candide* (1759) : « Il faut cultiver notre jardin ». Le possessif indique le refus de l'individualisme. « Notre jardin », c'est évidemment la Terre, que les auteurs des Lumières veulent ensemencer par le travail et par la propagation des connaissances. Il est à noter que dans la Bible le paradis est perdu, alors que dans *Candide*, qui s'achève de manière symbolique en Orient, le paradis est à conquérir. Il en résulte une morale de l'engagement.

3. L'opuscule de Kant *Qu'est-ce que les Lumières ?* : préconisation de l'esprit critique

En 1784, Emmanuel Kant publie *Qu'est-ce que les Lumières ?* Cet opuscule résume les effets du processus de discussion au cœur de la sociabilité des Lumières. En réaction à toute une tradition suspicieuse à l'égard du savoir, dont le livre de la *Genèse* ou le mythe de Pandore sont imprégnés, Kant invite à s'aventurer sur les voies de la connaissance, afin de s'affranchir. Aussi reprend-il la formule du poète latin Horace « *sapere aude* » (« ose savoir »). Par le savoir, l'individu peut développer une autonomie de pensée, que Kant invite vigoureusement à cultiver : « aie le courage de te servir de ton propre entendement ! Telle est la devise des Lumières ». Par cette formule, Kant pointe l'enjeu majeur de la philosophie des Lumières : émanciper l'individu, par un usage actif de la raison. C'est ainsi que l'on devient un majeur, c'est-à-dire une personne qui se fixe elle-même sa propre règle, et que l'on cesse d'être un mineur, dont la pensée et la conduite sont dictées par autrui : « Les Lumières, c'est la sortie de l'homme hors de l'état de tutelle dont il est lui-même responsable ».

4. Modèle scientifique et esprit satirique

a. La science comme modèle : expériences

Prégnant à travers l'influence de Newton, le modèle scientifique apparaît aux auteurs des Lumières comme le garant d'une bonne démarche pour accéder à la vérité. Cette prégnance du modèle scientifique ne concerne pas que la philosophie, et apparaît aussi dans les arts. Elle est manifeste dans le théâtre de Marivaux (1688-1763), où chaque pièce peut être vue comme une expérience livrée aux spectateurs, invité, tel un savant, à l'interpréter. Dans *Le Jeu de l'amour et du hasard* (1730), Marivaux imagine ainsi un double échange des rôles : entre Silvia, la maîtresse, et Lisette, sa suivante, mais aussi entre Dorante et son valet Arlequin. De la sorte, ces comédies sont destinées à susciter chez le spectateur puis le lecteur une réflexion d'ordre philosophique, anthropologique, social (*L'Ile des esclaves*) voire politique

(*La Dispute*). Théâtre expérimental, le théâtre de Marivaux s'inscrit de ce fait parfaitement dans l'entreprise d'exploration et de critique menée par les auteurs des Lumières.

b. L'esprit satirique : critiques

L'esprit critique des auteurs du siècle des Lumières se traduit par les satires dont leurs œuvres sont porteuses. Chez Beaumarchais (1732-1799), la satire tourne à l'insolence, dans les deux premières pièces de sa trilogie consacrée à Figaro. Le personnage éponyme met ainsi en accusation une société bloquée, dans laquelle un fils du peuple doté de tous les talents ne parviendrait pas à trouver une place digne de lui. Dans *Le Mariage de Figaro* (pièce représentée pour la première fois en 1784, après six ans d'interdiction par la censure), le valet, qui croit que sa femme Suzanne a cédé au comte qui veut lui imposer le droit de cuissage, s'indigne : « Noblesse, fortune, un rang, des places, tout cela rend si fier ! Qu'avez-vous fait pour tant de biens ? Vous vous êtes donné la peine de naître, et rien de plus » (V, 3). Par la vertu de la double énonciation, qui permet au théâtre à l'auteur de s'adresser à son public, à travers le discours des personnages, la société d'Ancien Régime se trouve mise en accusation. Rien n'est épargné dans ce fameux monologue : inégalité sociale, abus des privilèges, censure, intolérance religieuse…

II. Combats et principes des Lumières

1. L'optimisme des Lumières : la foi dans la connaissance et dans le progrès

L'esprit des Lumières est marqué par une foi dans le progrès et dans l'amélioration du sort des humains grâce à la diffusion de la connaissance et au rayonnement de la raison humaine. Cet optimisme empreint *l'Esquisse d'un tableau des progrès de l'esprit humain* (1794) du mathématicien et philosophe Condorcet, qui ne doute pas que l'avenir verra l'émancipation des individus et des peuples, grâce, en particulier, à l'influence de l'Europe et des États-Unis. Condorcet ne doute pas que des trois forces qui animent l'histoire – la superstition, le despotisme et la civilisation – cette dernière va l'emporter. Les auteurs des Lumières sont convaincus d'avoir raison, et que la postérité leur donnera raison.

Par le savoir s'acquiert la liberté, estiment les auteurs des Lumières : ainsi s'explique la pugnacité des Lumières lorsqu'il s'agit de répandre la connaissance, par la publication des volumes de l'*Encyclopédie*, malgré l'hostilité de la censure (nommée alors Librairie). Qu'il s'agisse des articles de l'*Encyclopédie* ou du *Dictionnaire philosophique* de Voltaire, la liberté du lecteur est d'autant plus l'enjeu que ce sont des textes polémiques.

Le principe des Lumières selon lequel le savoir est émancipateur est revendiqué sous la IIIe République par la gauche qu'incarne Jules Ferry (1832-1893), dans la promotion d'une école gratuite, laïque et obligatoire, mais aussi dans la pratique de la colonisation au nom des « lumières » de la civilisation à apporter aux autochtones : l'indépendance des peuples est sacrifiée sur l'autel de l'émancipation de l'individu.

Héritiers de l'humanisme de la Renaissance, mais qu'ils teintent d'un fort anticléricalisme, les auteurs des Lumières invitent l'homme à prendre son destin en main, en usant de sa liberté.

2. La volonté de s'émanciper et d'émanciper

La lettre XXIV des *Lettres persanes* de Montesquieu comporte une satire du roi de France et du pape, présentés ironiquement comme des « magiciens » qui font croire à leurs sujets, le premier qu'un égale deux (allusion aux nombreuses dévaluations auxquelles a procédé Louis XIV, selon l'état de ses dettes), et le second qu'un égale trois, « et mille autres choses de cette espèce » (allusion à la Trinité et à la communion sous les deux espèces, le pain et le vin). Ce passage illustre la volonté des auteurs des Lumières de procéder à une émancipation politique et morale des individus.

a. L'émancipation politique

Le grand combat des Lumières concerne l'émancipation de l'homme. Cette émancipation est d'ordre politique. Cela ne veut pas dire pour autant que les auteurs des Lumières renoncent pour autant à l'idéal monarchique. Montesquieu prône une monarchie constitutionnelle, tempérée par des institutions intermédiaires. Quant à Voltaire et à Diderot, ils tentent l'expérience du despotisme éclairé auprès, respectivement, de Frédéric II de Prusse et de Catherine II de Russie.

En revanche, Rousseau, dans *Du Contrat social*, exalte le modèle antique de la citoyenneté et préconise un contrat social qui garantisse le respect de la souveraineté populaire, par la sortie du droit du plus fort, car « force ne fait pas droit ». Renonçant à ses droits naturels, le citoyen obtient en contrepartie la garantie de ses droits civils.

b. L'émancipation morale et la question religieuse

Attaché à la raison pratique, Kant insiste sur l'importance de l'impératif catégorique : « agis toujours de telle sorte que tu puisses ériger la maxime de ton action en loi universelle » (*Fondements de la métaphysique des mœurs*, 1785). Produit de la christianisation du droit naturel grec, la morale kantienne du respect dû à la personne humaine accomplit la philosophie morale des Lumières.

Est-ce à dire pour autant que les auteurs des Lumières renoncent à l'idée de Dieu ? Parmi les plus importants, seuls D'Holbach et Sade franchissent le pas. Quant à Voltaire, s'il aime à tenir des propos satiriques à l'égard des religions, il rejette vigoureusement l'athéisme. Sa vibrante Prière à Dieu (*Traité sur la tolérance*, 1763) invite à l'esprit de tolérance, qui transcende les divisions entre les différentes religions. Comme la plupart des auteurs des Lumières, Voltaire est déiste, c'est-à-dire qu'il croit en Dieu, mais en dehors de toute appartenance à une Église. Les adversaires des Lumières ont beau jeu de tourner en dérision le « Dieu des philosophes », qui n'intervient pas dans les affaires humaines, à la différence de la Providence. Le déisme des Lumières se présente comme le fruit d'un raisonnement, et ne suppose aucune révélation par le Livre, contrairement aux trois grands monothéismes.

Dans la *Profession de foi du vicaire savoyard*, qui est publiée dans le livre IV d'*Émile ou de l'Éducation*, Rousseau invite à travers les paroles du vicaire à fonder une religion naturelle, qui s'affranchisse des dogmes, catholiques en particulier. L'originalité de Rousseau à l'égard des autres auteurs des Lumières est de conjuguer anticléricalisme et méfiance à l'égard de la raison : Rousseau préconise une morale qui puise sa source dans le cœur. En effet, selon Rousseau, il faut chercher l'axe de la religion et de la morale dans le sentiment. À l'origine de cette conception apparaît une réflexion sur le mal, dont l'homme est responsable, par un mauvais usage de sa liberté : « Homme, ne cherche plus l'auteur du mal ; cet auteur, c'est toi-même » (*Émile*), Le culte de l'Être suprême encouragé par Robespierre sous la Révolution française est inspiré par Rousseau.

3. La quête du bonheur

Indissociable de la quête d'émancipation politique et morale, telle apparaît la recherche du bonheur. Robert Mauzi (1927-2006) consacre un ouvrage à *L'idée du bonheur dans la littérature et la pensée françaises au* XVIII*e siècle* (1965). Dans son poème « Le Mondain » (1736), Voltaire procède à un éloge malicieux du luxe, en louant « le superflu, chose si nécessaire ».

Affranchi de la notion de péché, l'homme des Lumières peut s'adonner en toute quiétude à la quête du bonheur. Cet hédonisme, teinté d'anticléricalisme, se traduit chez Chamfort (1740-1794) par la maxime suivante : « Jouis et fais jouir, sans faire de mal ni à toi ni à personne : voilà je crois toute la morale » (*Maximes et anecdotes*). Auteur de *L'Homme machine* (1748), qui étend à l'être humain la théorie (ou plus exactement l'hypothèse probable) de Descartes de l'animal-machine, mais aussi d'un *Discours sur le bonheur* (1748), La Mettrie (1709-1751), médecin et libertin, publie pour sa part en 1751 *L'Art de jouir*.

Aimer est une vertu, dans cette perspective. Dans son roman *La Lenteur* (1995), où il fait référence à l'écrivain libertin Vivant Denon (1747-1825), Milan Kundera (né en 1929) présente de ce fait le XVIIIe siècle comme le temps où l'on sait aimer, sans se précipiter, contrairement au XXe siècle, temps de la vitesse. Cette quête du bonheur, à laquelle invitent les auteurs des Lumières, se heurte toutefois à la mesquinerie des humains, qui devraient consacrer leur temps à « aimer et penser » (Voltaire, *Micromégas*).

Les combats menés par les auteurs des Lumières font ressortir des figures de proue.

III. Les grandes figures des Lumières

Parmi les auteurs majeurs des Lumières, certains s'avèrent décisifs. Déjà évoqué abondamment dans ce chapitre et d'autres, Kant, qui, outre Hume, a joué un rôle majeur dans l'entreprise de diffusion des Lumières et dans leur influence pour la postérité, ne fera pas de ce fait l'objet d'un développement dans cette partie.

1. Montesquieu (1689-1755) : satire et réflexion politique

a. Le précurseur de la sociologie

Magistrat bordelais, issu de la noblesse, Montesquieu rencontre le succès en 1721 avec la publication des *Lettres persanes*, roman épistolaire qui offre un regard étranger sur les mœurs européennes, mais aussi critique sur les mœurs orientales. Montesquieu consacre trois années à voyager à l'étranger, à partir de 1728, afin d'en avoir une expérience vivante, et s'interroge sur le sens de l'Histoire dans ses *Considérations sur les causes de la grandeur des Romains et de leur décadence* (1734). Il publie en 1748 sa grande œuvre, *De l'Esprit des lois*, fruit de vingt années de labeur. Dans ce traité, Montesquieu cherche à faire sortir un ordre intelligible de la diversité des mœurs et des coutumes : ce livre, où il apparaît comme le précurseur de la sociologie, « a pour objet les lois, les coutumes et les divers usages de tous les peuples de la terre ». Pour ce faire, Montesquieu prend appui sur la notion de loi, en son double sens, physique et positif : « Les lois, dans leur signification la plus étendue, sont les rapports nécessaires qui dérivent de la nature des choses » (I, 1). Il s'attache à mettre en évidence l'esprit qui préside aux lois mises en évidence, c'est-à-dire leur logique. C'est ainsi que Montesquieu développe la théorie des climats, selon laquelle le climat influence les mœurs des peuples.

b. Les trois types de gouvernement

Dès l'ouverture de *De l'Esprit des lois*, en réaction à la tripartition grecque des régimes politiques (monarchie, aristocratie, démocratie), Montesquieu distingue trois types de gouvernement : républicain, monarchique et despotique. À chacun de ces types correspond un principe particulier, qui l'anime : la république repose sur la vertu, la monarchie sur l'honneur, le despotisme sur la crainte. Montesquieu, qui associe la république surtout au passé gréco-romain et le despotisme à l'Asie, estime que la monarchie est la forme politique qui convient le mieux à son époque.

c. La nécessaire séparation des pouvoirs

Pour éviter toute tentation du despotisme, Montesquieu préconise d'équilibrer les pouvoirs en les séparant, dans le sillage de Locke : les pouvoirs législatif, exécutif et judiciaire ne doivent pas appartenir au même homme. Partisan d'une monarchie modérée dans laquelle le roi ne détiendrait pas le pouvoir judiciaire, Montesquieu est attaché à l'existence de pouvoirs intermédiaires entre le souverain et le peuple, sur le modèle de la monarchie anglaise.

2. Rousseau (1712-1778) : modernité et singularité

Homme du peuple, Rousseau est un philosophe autodidacte, qui se distingue des autres auteurs des Lumières par une réelle singularité, n'hésitant pas à critiquer ce dont ses confrères ont le goût (le théâtre, la sociabilité d'esprit aristocratique).

a. Écrits philosophiques : œuvres politiques et pédagogiques

Né à Genève, dans une république calviniste, Jean-Jacques Rousseau affirme, dans son *Discours sur l'origine et les fondements de l'inégalité parmi les hommes* (1755), que vivre en société n'est pas naturel à l'homme. La société corrompt d'autant plus l'homme qu'elle est inégalitaire. L'être humain n'est pas mauvais par nature.

Rousseau, qui a rédigé une constitution pour la Pologne et une autre pour la Corse, publie en 1762 *Du Contrat social*, œuvre dans laquelle il préconise de renoncer à une part de sa liberté naturelle au profit de sa liberté civile, dans le cadre de la loi, grâce à un pacte social. *Émile ou de l'Éducation, autre* volet essentiel de l'œuvre de Rousseau, propose une pédagogie dont l'enjeu est de cultiver les vertus et l'authenticité contre le modèle de l'éducation par le savoir et les bonnes manières.

b. Écrits autobiographiques : la création d'un genre

Dans *Les Confessions* (publiées de manière posthume en 1782), dont le titre est repris à saint Augustin, Rousseau se présente comme l'auteur d'une entreprise inédite et destinée à demeurer singulière : « je veux montrer à mes semblables un homme dans toute la vérité de la nature ; et cet homme, ce sera moi » (début du livre I). Ce faisant, il invente un genre que l'on nommera plus tard l'autobiographie. L'œuvre autobiographique de Rousseau comporte aussi les *Rêveries du promeneur solitaire* (écrites en 1776-1778, mais publiées en 1782), œuvre structurée en promenades, qui consistent en autant de chapitres, destinés à livrer la quête d'un paysage intérieur.

c. Écrits romanesques

Rousseau est également l'auteur du roman épistolaire *Julie, ou la Nouvelle Héloïse* (1781). Cette œuvre invite à s'interroger sur les grandes questions philosophiques et sociales (le mariage…). Prolongement romanesque de l'histoire médiévale d'Abélard et d'Héloïse, elle met en scène un amour impossible : y est posée, en particulier, la question du mariage d'amour. L'œuvre de Rousseau comporte déjà les thèmes romantiques qui vont faire florès au siècle suivant.

3. Voltaire (1694-1778) : le citoyen du monde engagé

François-Marie Arouet le Jeune adopte comme nom d'écrivain l'anagramme Voltaire. Il est une figure emblématique du siècle des Lumières, que certains sont allés jusqu'à nommer le « siècle de Voltaire ».

a. Le poète et l'homme de théâtre : l'auteur à succès

Voltaire se fait connaître par ses poèmes, où il se montre spirituel. Il n'hésite pas à emprunter la prestigieuse voie de l'épopée, avec *La Henriade* (1728), centré autour de l'éloge d'Henri IV, premier des Bourbons sur le trône de France.

Voltaire est surtout célébré de son temps comme auteurs de pièces de théâtre : il connaît le succès dès 1718 avec sa tragédie *Œdipe*. Ses tragédies s'inscrivent dans la tradition classique, mais il participe au renouvellement du genre dramatique, en composant des tragédies qui ont un sujet médiéval national. Voltaire fait passer dans ses œuvres dramatiques les principes des auteurs des Lumières, en particulier dans *Mahomet ou le Fanatisme* (pièce écrite en 1739, et jouée en 1741).

b. Le philosophe et l'historien : sérieux et engagement

Une part abondante de l'œuvre de Voltaire est explicitement philosophique (*Lettres philosophiques*, 1734 ; *Dictionnaire philosophique portatif*, 1764), mais son œuvre, contrairement à celle de Rousseau, ne comporte pas de théorie politique novatrice. Dans *Le siècle de Louis XIV* (1738) et dans son *Essai sur les mœurs* (1756), Voltaire fait, en outre, œuvre d'historien.

L'attention portée à son temps et le souci de défendre les valeurs philosophiques présentes dans ses œuvres se traduisent par l'engagement de Voltaire, à propos des affaires Sirven, Calas ou du chevalier de La Barre (dont il dénonce la torture et la mise à mort dans la seconde édition du *Dictionnaire philosophique portatif*, en 1769).

c. Le conteur : la frivolité profonde

La partie de l'œuvre de Voltaire qui demeure la plus lue de nos jours, ce sont paradoxalement ses contes philosophiques, comme *Micromégas*, *Candide* ou *Zadig ou la Destinée*, alors que Voltaire les considérait comme des divertissements littéraires de moindre importance que ses tragédies ou son œuvre historique. Il y fait preuve, à l'égard de ses cibles, d'une ironie féroce, à l'efficacité redoutable.

4. Diderot (1713-1784) : le goût du savoir et de la liberté

a. Le philosophe

Philosophe épris de matérialisme, auteur de *Lettres sur les aveugles à l'usage de ceux qui voient* (1749), Diderot évolue vers une philosophie athée, où l'expérience joue un rôle central. Il reprend la forme philosophique du dialogue, dont Platon s'est montré virtuose. C'est ainsi que le *Supplément au Voyage de Bougainville* a pour sous-titre *Dialogue entre A et B sur l'inconvénient d'attacher des idées morales à des actions physiques qui n'en comportent pas* (1772). De même, dans *Le Neveu de Rameau* (publié en 1891), Diderot livre un dialogue corrosif entre « Lui » et « Moi », le premier incarnant la part anarchiste de sa pensée et le second une part plus raisonnable.

b. Le projet encyclopédique

Chargé par le libraire Le Breton de traduire le *Dictionnaire encyclopédique* de Chambers, Diderot entreprend, avec le mathématicien d'Alembert, la publication du *Dictionnaire raisonné des sciences, des arts et des métiers*, plus communément appelé *Encyclopédie*. Le prospectus est lancé en 1750. De 1751 à 1772 paraissent dix-sept volumes de texte et onze volumes de planches. Outre d'Alembert, de nombreux collaborateurs participent au projet : Montesquieu, Voltaire, Rousseau…

c. La réforme du théâtre

Attaché à la forme du dialogue, Diderot a le goût du théâtre. Il encourage la création d'un nouveau genre, le drame bourgeois, destiné à faire l'éloge du travail et de la famille, et à promouvoir la vertu, en prenant pour modèle la peinture pathétique de Greuze. Pour ce faire, l'œuvre s'ouvre sur un « tableau-stase », théâtre d'avant la parole qui donne à voir une atmosphère à travers un cadre, et se clôt sur un « tableau-comble », qui consiste, en la présence des personnages principaux rassemblés sur scène, en un comble du pathétique ou sublime, selon la terminologie de Pierre Frantz dans *L'Esthétique du tableau dans le théâtre français du XVIIIe siècle*. Ce théâtre, sérieux, repose sur l'esthétique dite du « quatrième mur », qui ambitionne de copier le réel sur scène.

d. Le romancier

Avec *La Religieuse* (1760, publié en 1796) ou *Jacques le fataliste et son maître* (1778), Diderot atteste une maîtrise de l'art du roman. Il aime à jouer avec les codes, dans un esprit de liberté qui s'exprime en particulier dans l'incipit de *Jacques le fataliste*, qui parodie les incipits romanesques traditionnels. Ces provocations ne sont pas gratuites et ne constituent pas simplement des audaces techniques : à travers elle, c'est toute une réflexion sur la liberté et le déterminisme que Diderot suscite chez son lecteur.

e. Le critique d'art

Diderot s'est intéressé à l'esthétique, à travers ses écrit critiques sur le théâtre (*Entretiens sur le fils naturel*, *Discours sur la poésie dramatique*), mais aussi ses réflexions sur l'art pictural. Il est en effet un des premiers critiques d'art, alors qu'émerge au XVIIIe siècle un marché de l'art. Ses *Salons* analysent en particulier les œuvres de Greuze, Vernet, Chardin et La Tour. Le génie est ainsi pour Diderot l'artiste qui sait imiter la nature, non en la copiant, mais en mettant en évidence sa vérité.

Enfin, dans le *Paradoxe sur le comédien* (1773), Diderot développe la fameuse thèse paradoxale selon laquelle pour être un bon comédien, il ne faut pas ressentir les passions que l'on joue, afin de garder la maîtrise de son jeu.

IV. Les Lumières en question

1. Le libertinage, prolongement ou perversion des Lumières ?

Lointains héritiers de Spinoza, les libertins envisagent l'utopie d'une liberté absolue, qui fasse fi de toute norme : Michel Delon évoque à ce sujet, dans un ouvrage éponyme, « le savoir-vivre libertin », célébrant les plaisirs des sens et inventant la lenteur. Rappelons qu'il existe deux formes de libertinage : le libertinage de la pensée, qui conteste les dogmes religieux, tel Cyrano de Bergerac au XVIIe siècle, et le libertinage des mœurs, qui consiste à avoir une conduite contraire aux règles préconisées par l'Église et la morale traditionnelle. Le libertinage est à la mode au temps des Lumières : « mes pensées, ce sont mes catins » écrit Diderot dans *Le Neveu de Rameau*.

a. L'ambiguïté des *Liaisons dangereuses*

Laclos (1741-1803) cite Rousseau en épigraphe de son roman épistolaire *Les Liaisons dangereuses* (1782) : « J'ai vu les mœurs de mon temps et j'ai publié ces lettres » (préface de *La Nouvelle Héloïse*). Toutefois, les personnages mis en scène par Laclos sont des êtres candides, comme Cécile Volanges, ou cyniques, comme la marquise de Merteuil ou le vicomte de Valmont. En outre, le lecteur des *Liaisons dangereuses* lit des lettres qui ne lui sont pas destinées, tel un libertin : il se retrouve dans la position libertine du voyeur. En ce qui concerne l'esprit de l'œuvre, il demeure lui aussi ambigu jusqu'à la dernière lettre incluse : « Nous ne pouvons, dans ce moment, ni donner au lecteur la suite des aventures de mademoiselle de Volanges, ni lui faire connaître les sinistres événements qui ont comblé les malheurs ou achevé la punition de madame de Merteuil » (note de l'Éditeur).

b. Sade : esprit des Lumières ou pervers ?

Les libertins sont à l'origine des aristocrates, comme le personnage de Don Juan. Lui-même aristocrate, Sade (1740-1814) revendique aussi l'inscription de son œuvre dans le sillage de celle des Lumières. Il considère ses romans comme des œuvres destinées à libérer et à faire voir la véritable nature humaine, et la cruauté qui lui est consubstantielle. Les écrits de Sade et autres ouvrages libertins se présentent comme des prolongements des Lumières : « libertin » a pour étymon le latin *libertinus*, qui désigne dans l'Antiquité un esclave affranchi. Le libertin estime qu'en homme éclairé il s'est délivré des superstitions. Toutefois, malgré l'humour dont elle est porteuse, l'œuvre de Sade présente chez ses personnages une volonté de dominer autrui, de le faire souffrir voire de l'éliminer : cette négation de la valeur sacrée de la vie d'autrui et l'absence de respect de son humanité s'avèrent contraires aux valeurs des Lumières.

2. Madame de Staël ou l'éloge de l'émancipation : des Lumières au romantisme

Le courant libéral qui se réunit à Coppet, lieu d'exil en Suisse pour les opposants à Napoléon, autour de Madame de Staël (1766-1817) et de son ami Benjamin Constant (1767-1830) est profondément influencé par les idées des auteurs des Lumières, que Madame de Staël a pu fréquenter dans le salon maternel dans sa jeunesse. Dans *De la littérature*, thuriféraire de la liberté, Madame de Staël se réclame des Lumières pour imaginer l'état à venir des sociétés, en reprenant la théorie du climat de Montesquieu, selon laquelle les peuples sont influencés par le climat qui est le leur : Madame de Staël prend en compte la relativité du goût et considère que c'est la liberté qui permet à la littérature, dont elle croit à la perfectibilité, d'évoluer. Précurseur de la littérature comparée par l'attention qu'elle accorde aux littératures nationales, avec *De l'Allemagne* (1813), et ses romans (*Delphine* en 1802 et *Corinne* en 1807), Madame de Staël produit une œuvre à la croisée des Lumières et du romantisme.

3. Le courant anti-Lumières

a. L'hostilité de Herder et de Vico au XVIIIe siècle

Il ne faut pas croire que les auteurs des Lumières aient fait l'unanimité au XVIIIe siècle. Pour les désigner, leurs adversaires ont recours au terme, fort péjoratif sous leur plume, de « philosophes ».

À l'origine du mouvement *Sturm und Drang*, alors qu'il est proche de Goethe, Herder (1744-1803) apparaît comme une figure majeure du combat contre les Lumières. Il s'oppose au modèle « français » des Lumières, qui prétend imposer son universalisme, et préconise au contraire des littératures nationales. Le romantisme du compositeur Wagner, au siècle suivant, est d'esprit herderien.

Revendiquant l'influence de Bacon et mettant en évidence le rôle de l'imagination dans l'activité de l'esprit humain, mais également le lien étroit entre philosophie et histoire, le Napolitain GiambattistaVico (1668-1744) se montre lui aussi critique à l'égard des Lumières, dont le rationalisme n'est pas le sien : aussi Sternhell le classe-t-il parmi les anti-Lumières. Toutefois, n'est-il pas possible de considérer l'œuvre de Vico comme une voie originale des Lumières, distincte de la voie française ?

b. Les contre-révolutionnaires

L'Irlandais Edmund Burke (1729-1797) exprime dès 1790 une vive hostilité à la Révolution française en publiant *Réflexions sur la Révolution de France*, dont la traduction française paraît la même année. Burke est beaucoup lu par les contempteurs anti-Lumières de la Révolution française au siècle suivant, mais, si ces derniers reprennent ses arguments, ils ne partagent pas son esprit libéral.

Au XIXe siècle, un fort courant anti-Lumières existe en effet, avec des auteurs réactionnaires comme le contre-révolutionnaire Louis de Bonald (1754-1840). Précurseur de la sociologie, Bonald rejette les idées des Lumières : sa cible privilégiée est Rousseau, à qui il reproche de négliger dans *Le Contrat social* le fait que la société prime sur l'individu, à qui s'impose toujours une autorité (Dieu, le roi, le père). C'est pourquoi il s'oppose au divorce, qui marque la déliquescence de la société, minée par les revendications de liberté et d'égalité. Attaché à l'ordre, Bonald exerce une influence profonde sur les ultras sous la Restauration, qu'il séduit par son approche morale : il voit dans la morale, qu'il associe à l'ordre, la manifestation de la volonté divine.

Joseph de Maistre (1753-1821), catholique ultramontain, mène avec Bonald la lutte contre les Lumières. Maistre reproche à la pensée des Lumières son aveuglement, car elle nie le rôle nécessaire de la Providence. Pour Maistre, c'est Dieu qui est source d'autorité, et non le peuple. Ce courant anti-Lumières influence des auteurs comme Maurice Barrès (1862-1923), homme politique nationaliste et romancier qui prône le culte du moi et l'attachement à la terre, et Charles Maurras (1868-1962), figure de proue du royalisme, tous deux antidreyfusards.

c. La remise en question des Lumières au xxe et au xxie siècle

Certains, comme Isaiah Berlin, cherchent dans l'hostilité aux Lumières une source aux totalitarismes du xxe siècle. Dans *Les anti-Lumières : du xviiie siècle à la guerre froide* (2006), Zeev Sternhell remonte aux sources de l'opposition aux Lumières et estime que le clivage idéologique se fait entre les héritiers des Lumières, attachés à l'universalisme et à la démocratie, et les « anti-Lumières », conservateurs et nationalistes.

La foi des auteurs des Lumières semble mise à mal par les horreurs du xxe siècle. Une autre source de contestation se fait au nom du rejet de leur universalisme, dans lequel leurs contempteurs voient un occidentalo-centrisme masqué.

Les auteurs des Lumières partagent un esprit d'émancipation, mais il convient de ne pas négliger la diversité de leurs approches philosophiques et artistiques. La contestation ne doit pas non plus être négligée : d'aucuns opposent le goût de la tradition et les vertus des particularismes à l'éloge de l'universalisme et de la foi dans le progrès ; pour d'autres, la laïcisation des esprits que prônent les Lumières entre en conflit avec leur attachement au religieux. Il n'en demeure pas moins que la notion de droits de l'homme est un héritage des Lumières.

Peut-on pour autant parler d'un « destin » des Lumières, au sens d'une victoire programmée de leurs principes ? La fragilité du respect des êtres humains dans le monde permet d'en douter : c'est pourquoi des auteurs comme Taslima Nasreen (née en 1962), avec son recueil de poèmes *Femmes : poèmes d'amour et de combat* (dont la traduction française est publiée en 2002), reprennent le flambeau. Ce qui est certain, c'est que les auteurs des Lumières invitent les générations qui leur ont succédé à inventer les formes de leur liberté.

→ Bibliographie sur Les Lumières

- Michel Baridon, « L'Héritage de Condorcet : perfectibilité et internationalisme », dans *Les Lumières et la solidarité internationale*, actes du colloque de Dijon (1995), Éditions universitaires de Dijon, 1997.
- Jean-Yves Beaurepaire, *L'Europe des Lumières*, « Que sais-je ? », PUF, 2004.
- Ernest Cassirer, *La Philosophie des Lumières*, Fayard, 1970.
- Pierre Chaunu, *La Civilisation de l'Europe des Lumières*, Arthaud, 1971.
- Robert Darnton, *Pour les Lumières : défense, illustration, méthode*, Presses universitaires de Bordeaux, 2006.
- Michel Delon, *Dictionnaire européen des Lumières*, PUF, 1997.
- Michel Delon, *Le Savoir-vivre libertin*, Hachette, 2000.
- Alphonse Dupront, *Qu'est-ce que les Lumières ?*, Gallimard, 1996.
- Paul Hazard, *La Crise de la conscience européenne : 1680-1715*, Boivin et Cie, 1935.
- Antoine Lilti, *L'Héritage des Lumières. Ambivalences de la modernité*, Seuil, 2019.
- Robert Mauzi, *L'Idée de bonheur dans la littérature et la poésie française au XVIIIe siècle*, Armand Colin, 1960 (réédité par Albin Michel, 1994).
- Jean Starobinski, *L'Invention de la liberté*, Skira, 1964.
- Zeev Sternhell, *Les Anti-Lumières*, Gallimard, 2010.
- Tzvetan Todorov, *L'Esprit des Lumières*, Robert Laffont, 2006.

→ Filmographie

- Patrice Leconte, *Ridicule*, 1996.
- Stephen Frears, *Les Liaisons dangereuses*, 1988.

9

Les principaux courants idéologiques contemporains

Jean-Marc Durand-Gasselin

Rares sont les catégories aussi fondamentales et aussi piégeuses que celle d'idéologie. Née, au début du XIXe siècle, de manière confidentielle, sous la plume « d'idéologues », tels que Cabanis (1757-1808) et Destutt de Tracy (1754-1836), comme le projet d'une psychologie scientifique qui prolonge l'empirisme dominant au XVIIIe siècle, elle est utilisée par Marx, dans *L'Idéologie allemande* (1845) dans une optique différente et de deux manières complémentaires, aux postérités divergentes.

D'une part, elle sert à railler les abstractions verbales, nébuleuses et paresseuses des Jeunes-hégéliens dont Marx s'est détaché. Il s'agissait de penseurs libéraux, qui, dans les années 1830-1840, utilisaient le système de Hegel pour critiquer la monarchie autoritaire en Allemagne. « Idéologie » a alors une dimension polémique et politique pour pointer la faible consistance intellectuelle de certains discours, qui, à la différence de la science ou de la philosophie, manquent de sérieux et de rigueur. Dans le contexte de la démocratie et du pluralisme politique et de la presse d'opinion, il y a une prolifération « d'idéologies » : tous les journalistes, publicistes, hommes politiques ou personnes ordinaires qui véhiculent des idées qui n'ont pas la qualité de la science et qui ont une dimension politique plus ou moins explicite font de l'idéologie. Aussi parle-t-on même d'idéologie dans un sens seulement négatif et polémique, comme une catégorie disqualifiante.

D'autre part, dans sa construction d'une théorie matérialiste de la société, Marx l'utilise comme concept scientifique pour désigner de manière très enveloppante la superstructure des sociétés (religion, droit, art, philosophie) comme complément nécessaire à la base économique (ou infrastructure) de la société. Ce concept est devenu une catégorie d'analyse sociologique très large pour désigner les dispositifs idéologiques de toutes les sociétés, dans leur dimension fonctionnelle de complément d'une certaine organisation sociale avec sa division du travail.

Le libéralisme, le conservatisme et la pensée ouvrière plus moins radicale, sont les trois grands courants d'idées sociologiques et politiques structurantes du XIXe siècle lorsque le mot « idéologie » commence à prendre les connotations que nous lui connaissons dans le contexte de l'institutionnalisation du pluralisme politique. Il est possible de les étudier comme des constructions culturelles, liées à des repères culturels profonds et nécessaires ou à des transformations sociales au long cours, comme des systèmes philosophiques et scientifiques situés sur le plan de l'argumentation, comme des familles d'idées ou comme des doctrines dont on peut tracer la constitution, et enfin comme des variantes d'opinion plus ou moins militantes de ces réalités.

Le plus simple pour rendre compte des grands courants idéologiques contemporains est de commencer par évoquer l'émergence sociale et culturelle, mais aussi théorique et philosophique de leurs idées structurantes (I). Pour voir comment, ensuite, ils s'installent comme des idéologies politiques concurrentes à partir du XIXe siècle (II). Enfin ils se diffractent et prennent des tournures plus ou moins consistante sur un plan intellectuel, en lien avec l'extension et les transformations continues de l'appareil médiatique et politique, l'expérience totalitaire et les transformations sociales et politiques (III).

I. Genèse et signification des trois grandes familles d'idées politiques

Il faut voir comment elles se sont constituées dans la longue dynamique de sortie de la féodalité qui s'étire de la révolution papale jusqu'au trois révolutions anglaise, américaine et française.

1. Les débuts du libéralisme politique et économique, du républicanisme et des idées démocratiques

a. L'idée républicaine contre les formes d'abus du pouvoir

L'idée républicaine d'un gouvernement par la loi (*nomos*), pour des citoyens et en vue de l'intérêt général, se trouve en Grèce et à Rome dès le VIe siècle, au cœur de *L'Invention de la politique* (1983), pour reprendre le titre de l'ouvrage classique de Moses Finnley. Elle est systématisée par Aristote dans *les Politiques*, contre les dérives tyranniques oligarchiques ou démagogiques. Ces idées d'Aristote sont utilisées politiquement face à l'absolutisme montant du pape puis des rois. Cela permet de justifier l'idée d'une raison politique supérieure à la souveraineté du pouvoir exécutif et, le cas échéant, le tyrannicide. Cette idée républicaine va se retrouver dans les républiques de Venise et Florence, opposées aux monarchies absolutistes, chez Machiavel, puis chez Rousseau.

b. Aristote contre Platon : genèse du libéralisme politique

Aristote a défendu contre Platon, et sa défense d'une organisation totale et enveloppante de la cité, trois idées « libérales » avant la lettre : l'idée d'un certain libéralisme culturel contre l'idée d'un art d'État ; l'idée d'une certaine autonomie des relations économiques par rapport à la politique contre l'idée de leur gestion politique ; et, enfin, l'idée d'une limitation de l'extension du pouvoir politique distingué du pouvoir domestique et économique et du pouvoir familial, les relations politiques, les relations familiales et les relations économiques désignant trois types de relations sociales spécifiques avec leurs finalités propres, et cela contre l'idée d'une politisation de ces types de relations.

Ces trois idées vont aussi revenir en Europe et être défendues par la scolastique aristotélicienne qui se développe en Italie au XIIIe siècle et jusqu'en Espagne aux XVIe et XVIIe siècles dans la seconde scolastique de l'École de Salamanque, en grande partie contre l'absolutisme. La troisième idée va notamment se combiner avec l'idée chrétienne d'égale dignité de toutes les âmes et avec l'idée juridique romaine de sujet de droit chez Francisco de Vitoria (1492-1546) : les Indiens sont considérés comme munis d'une raison et d'un droit naturel.

c. Libéralisme et propriétarisme lockéen

Locke intervient, par son *Second traité du Gouvernement civil* (1689), dans cette opposition à l'absolutisme, à la fin de la longue séquence révolutionnaire. S'appuyant non seulement sur ces deux segments christianisés de l'héritage aristotélicien, mais aussi sur la tradition juridique anglaise du droit coutumier, de la *Rule of Law*, il va donner une version propriétariste des idées centrales de la seconde scolastique. Les hommes sont, par droit naturel, propriétaires d'eux-mêmes et des fruits de leur travail. Le pouvoir politique ne peut être institué que pour garantir ces propriétés, et ne s'exercer que par la loi votée par un Parlement. Tout pouvoir excédant ces objectifs et ne privilégiant pas la loi est une usurpation. Les trois pouvoirs, législatif, exécutif et judiciaire sont ainsi séparés et placés dans un ordre hiérarchique. C'est dirigé contre la thèse absolutiste, issue des théories de la souveraineté, de primat du pouvoir exécutif et de ces décisions sur la loi et les autres pouvoirs (cf. chap 5). Il s'agit aussi de s'opposer à l'idée, elle aussi défendue par l'absolutiste Hobbes dans le *Léviathan* (1651), d'un primat du politique sur le religieux : Locke défend l'idée de tolérance, pour autant que les religions en question n'ont pas d'objectifs politiques et acceptent le principe du caractère privé des croyances religieuses et le primat de la loi civile (ce que refusait farouchement le catholicisme romain).

Ces idées constitutionnelles seront à la base de la révolution américaine – en tension avec l'héritage républicain, car l'intérêt commun peut justifier une limitation de la propriété privée.

d. Libéralisme et philosophie sociale : l'ordre social spontané

Mandeville (1670-1733), dans *la Fable des abeilles* (1714), Ferguson (1723-1816), dans son *Histoire de la société civile* (1767), et Smith (1723-1790) dans son *Richesse des nations* (1776), élaborent une philosophie sociale libérale de l'ordre spontané optimal, résultant de la combinaison de la règle de droit et des interactions libres entre agents sociaux, se référant à la longue tradition anglaise du primat du droit sur le pouvoir exécutif, dans les grands textes de la *Magna Carta* (1215) qui limitait le pouvoir exécutif et protégeait celui du Parlement, et de l'*Habeas corpus* (1678) qui protégeait le justiciable et le principe général de la *rule of law* (cf. chap. 5). Cet ordre spontané permet une hausse de la division du travail et une hausse de sa productivité par des mécanismes d'ajustements et de d'optimisation spontanés qu'un pouvoir trop fort ou un rigorisme moral entraveraient (cf. chap. 10). La conception libérale de l'ordre social repose ainsi largement sur le marché comme rencontre et ajustement des libertés individuelles garanties par le droit. C'était aussi une manière de s'opposer à un pouvoir politique trop fort et potentiellement arbitraire, le pouvoir politique des défenseurs de la souveraineté absolutiste, mais aussi à des formes de puritanisme moral opposées à l'extension des rapports marchands.

2. Le conservatisme contre la Révolution française et contre les Lumières

a. L'origine sociale et intellectuelle du conservatisme

Chez les Grecs, l'agitation du parti démocratique et la critique du mythe par les milésiens, dès le VIe siècle, suscitent déjà des formes intellectuelles de défense esthétique et religieuse de l'aristocratie, comme on le voit chez Pindare (518-438 av. J.-C.), qui exaltent l'aristocratie contre le petit peuple vulgaire et instable, la populace. Platon lui-même proposera au IVe siècle une sorte de révolution conservatrice inspirée des modèles de l'Égypte, de Sparte et de certaines monarchies pythagoriciennes comme celle d'Archytas de Tarente (428-347 av. J.-C.).

b. Burke contre l'hubris de la Révolution française : la sagesse de la tradition

Dans l'Europe moderne, ce réflexe de défense ou de conservation se réarme intellectuellement à la suite des bouleversements révolutionnaires, d'inspiration libérale et démocratique. Il va chez Burke (1729-1797), dans ses célèbres *Réflexions sur la Révolution de France* (1791), se lier à la tradition intellectuelle écossaise et anglaise de l'ordre spontané. Le cœur de la philosophie conservatrice de Burke consiste à critiquer le volontarisme et l'artificialisme des révolutionnaires français (surtout jacobins), tenaillés par l'*hubris* de la toute-puissance. La sagesse historique, incarnée dans la stabilité sociale multiséculaire d'un ordre lentement élaboré par une multiplicité de décisions individuelles inconsciemment coordonnées par cet équilibre au long cours, est donc sans auteur individuel ou sujet conscient et volontaire.

c. Les variantes du conservatisme : le romantisme, la réaction, la culture

Les Lumières sont, chez la plupart des autres conservateurs, tenus pour responsables de l'*hubris* révolutionnaire. On le voit en France dès les années 1790 dans une version catholique et nostalgique, finalement désabusée, chez Chateaubriand, dans son *Essai sur les révolutions* (1797) ou ses *Mémoires d'outre-tombe* (1841), mais aussi chez des contre-révolutionnaires pessimistes comme Louis de Bonald ou Joseph de Maistre. On le voit aussi en Allemagne dans une version plus culturaliste : c'est moins la religion et le roi qui sont menacés par les Lumières que l'identité culturelle particulière mise en péril par deux universalismes : celui de la pensée scientifique et celui du contractualisme libéral lockéen. Ce culturalisme, qui vient de Herder, s'est opposé à l'esprit français des Salons et de l'Encyclopédie. Il est promis à une postérité immense dans les nationalismes des XIXe et XXe siècles, comme le montre Zeev Sternhell dans *Les anti-Lumières* (2010).

3. Les origines de la pensée socialiste : hérésies chrétiennes et utopies égalitaires

Si le terme « socialisme » date des années 1830, il faut faire remonter certaines de ses idées centrales très en amont.

a. L'idée forte de communauté chez les Grecs et les chrétiens

Il faut d'abord penser aux réformes radicales de Lycurgue, le fondateur probablement mythique de Sparte, redistribuant la propriété du sol, supprimant le luxe et organisant des activités collectives, dont les repas en commun, pour une aristocratie égalitaire fermée d'une dizaine de milliers de Spartiates, inspirateur du projet radical de Platon dans la *République* et les *Lois*. Cette volonté de réduire les inégalités sociales par une redistribution massive va trouver une inspiration très forte dans le christianisme. En effet, l'Église romaine a toujours été tiraillée, depuis le IVe siècle, entre d'un côté son aspect institutionnel et hiérarchique et, de l'autre, son aspect de charité et d'égalité évangélique originelle. Ces tensions expliquent les cycles « d'hérésies » chrétiennes dirigées à la fois contre les inégalités du monde et de l'institution romaine avec sa théâtralité et sa richesse jugée indécente. Elles expliquent aussi le cycle des idées millénaristes d'un « messie des pauvres » ou le cycle d'une apologie de la vie mendiante comme chez les Franciscains, ou encore le cycle des jacqueries inspirées de l'esprit égalitaire, dont la guerre des paysans de Thomas Müntzer (1488-1525) sera un épisode typique, exaltée ensuite par Engels, puis en RDA. Mais on trouve aussi le relais de ces inspirations grecques et chrétiennes combinées chez le fondateur de la tradition utopiste Thomas More (1478-1535), dont l'*Utopie* défend un modèle fort d'égalité et de communauté inspiré par un Platon christianisé, et chez Rousseau, grand admirateur de Lycurgue.

b. Les percées politiques modernes du socialisme en amont du XIXe siècle

C'est pendant la Révolution anglaise et surtout pendant la Révolution française que ces idées trouvent une traduction politique. Les *diggers*, dans la décennie mouvementée de 1640, défendent la propriété commune. Pendant la Révolution française, les jacobins, les sans-culottes mais surtout les enragés d'Hébert (1757-1794), et les partisans de Babeuf, par emprunt à Gracchus Babeuf (1760-1797), de l'épisode romain des Gracques (cf. chap. 1), défendent, à des degrés divers, la centralisation, et une redistribution massive des biens.

c. Le socialisme et sa philosophie sociale et politique

Mais c'est avec la révolution industrielle et son nouveau mode de production que ces idées égalitaires vont trouver une formulation nouvelle. Une véritable philosophie sociale se met en place. Elle est articulée non seulement autour des idées de travail social et de division du travail, comme chez les philosophes anglo-saxons de l'ordre spontané, mais aussi autour des perspectives critiques de l'aliénation, et de l'exploitation ou de la lutte des classes, et donc d'un horizon d'émancipation plus ou moins utopique. À cela correspond une philosophie politique qui, dans la lignée des *diggers*, de More et de Rousseau, défend le primat de la justice, de l'égalité et de la participation politique la plus élargie, et s'oppose d'un côté au propriétarisme lockéen, au primat de la Loi et du Parlement et des libertés individuelles, dominant en Europe et aux États-Unis depuis la Révolution anglaise, et de l'autre, au conservatisme, qui parle autorité, tradition et identité sous des formes plus ou moins réactionnaires, ainsi qu'aux deux philosophies correspondantes de l'ordre social (le marché pour les libéraux, la tradition historique pour les conservateurs).

II. Idées, idéologies et doctrines politiques à l'âge de la compétition politique

Ces trois grandes familles d'idées, avec leurs héritages intellectuels et leurs penseurs de référence, vont désormais s'implanter dans le nouvel espace public né à la fin du XVIIe siècle. Elles auront leurs intellectuels organiques, leurs journalistes et leurs médias. Elles auront aussi bientôt, dans le jeu politique ouvert et explicite de la compétition démocratique qui s'institutionnalise, leur parti et leurs classes sociales de références qui constituent d'une certaine façon leur clientèle.

1. Les différentes formes de la pensée socialiste : socialisme, communisme, anarchisme

a. Marx et le socialisme matérialiste

Le socialisme comme phénomène politique et social est d'abord l'effet de la révolution industrielle, du bouleversement de l'ordre économique et de la naissance d'une nouvelle classe : la classe ouvrière. Les pensées et les idées socialistes, en prenant essentiellement pour objet la reproduction matérielle de la vie sociale et la question de la cohésion sociale sous cet angle, se distinguent de l'optique conservatrice qui part de la tradition culturelle et des compromis institutionnels, et du libéralisme, qui insiste sur le marché économique avec son droit, objet privilégié du libéralisme.

Cette dimension se réfléchit incontestablement dans la pensée de Marx et Engels et notamment dans *l'Idéologie allemande* (1845), où se mettent en place les catégories du matérialisme historique dont certaines, comme forces et rapports de production, et même infrastructure et superstructure, sont devenues des concepts classiques de l'analyse sociologique. La théorie de la valeur travail (venue de l'économie politique anglaise de Smith et Ricardo) et celle de l'exploitation, au centre du *Capital* (1867), seront plus controversées, ce qui est *a fortiori* le cas pour les prédictions théoriques de la baisse tendancielle du taux de profit, de la concentration économique inéluctable et du basculement révolutionnaire (cf. chap. 10). Le marxisme peut tout à fait, comme le remarquait Aron, être considéré comme un classique de la pensée philosophique, sociologique et économique, ou être réduit à un ensemble d'idées qui rassemblent les courants socialistes, ou encore avoir le statut d'une opinion plus ou moins informée et militante, s'appuyant surtout sur le programme politique du *Manifeste du parti communiste* (1849), le livre le plus lu de l'histoire du socialisme.

b. L'anarchisme et la critique de la centralisation politique

Le point fondamental qui sépare la tradition anarchiste de la tradition communiste est celui de la critique de l'organisation, l'anarchisme voyant dans le communisme le risque d'un découplement de l'autorité sous l'effet du cumul de la direction politique et d'une économie intégralement centralisée et étatisée. Marx et Engels défendent très tôt, dès 1845, l'idée d'une production centralisée. L'anarchisme de Joseph Proudhon (1809-1865), issu des ouvriers qualifiés français et défendant le mutualisme, des formes d'auto-organisation, ou celui de Bakounine (1814-1876), qui enveloppe l'État et la religion dans une même critique radicale, en sont les deux grandes variantes historiques.

c. L'opposition tardive puis centrale du communisme et du socialisme social-démocrate

Un très proche de Engels, Édouard Bernstein (1850-1932), conteste, dans les *Présupposés du socialisme* (1899), l'idée d'un basculement révolutionnaire issu d'une polarisation croissante de la société entre riches et pauvres. La combinaison d'un État social qui assure contre les risques de la maladie et du chômage, d'un syndicalisme capable de négocier des hausses de salaires, la multiplication des classes moyennes intermédiaires, la présence de salaires élevés dans certains secteurs infirment le diagnostic de la polarisation croissante et inéluctable de la société capitaliste. Cela rend d'autant plus inutile et dangereuse la rupture révolutionnaire. Ces critiques dressent en même temps un programme de rééquilibrage du matérialisme historique en le rendant compatible avec l'État de droit voire avec la vie démocratique du pluralisme. Elles permettent d'envisager une sorte de transition graduelle vers une société du partage sans recours à la violence révolutionnaire. C'est la voie intellectuelle et politique de la social-démocratie, qu'on retrouvera dans tous les futurs « partis socialistes » européens.

2. Le libéralisme, des conquêtes initiales à la tentation conservatrice

a. Le libéralisme, l'irruption des masses et la question sociale

En Europe, le libéralisme s'incarne dans les institutions politiques du Parlement qui n'ont cessé pendant les trois Révolutions de faire reculer le pouvoir exécutif et absolutiste, souvent chasse gardée de l'aristocratie. Mais, face à la poussée démocratique et à celle du mouvement ouvrier, l'alliance avec le conservatisme et ses différentes idées (la critique de la populace, la défense de la modération et des équilibres présents) marque le libéralisme du XIXe siècle.

On peut le voir à travers quatre noms de penseurs libéraux. Benjamin Constant (1767-1830), dans *De l'esprit de conquête et de l'usurpation* (1814), invente l'appellation de la différence entre la liberté des Modernes (celle de Locke, qui protège les individus propriétaires et les libertés civiles de commercer, circuler, avoir des opinions) et la liberté des Anciens (celle de Rousseau, qui stipule l'autonomie politique par la participation et la délibération des citoyens) et voit dans la seconde un danger illustré par les embardées révolutionnaires en France. Tocqueville (1805-1869), dans *L'Ancien Régime et la Révolution* (1856), pointe en libéral l'extension continue et dangereuse de l'État depuis l'absolutisme, tendance que la Révolution a, de fait, aggravée ;

cette nouvelle figure d'une administration paternelle, envahissante et dangereuse pour la liberté l'incite à refuser les premières formes de droit social, comme lorsqu'il critique les Ateliers nationaux en 1848 (censés assurer un droit au travail), voyant là typiquement une accélération de cette tendance dangereuse. Dans *De la Démocratie en Amérique* (1835-1840), il formule, en aristocrate nostalgique, un diagnostic sur l'égalité des conditions et ses effets sur les mœurs dont une conséquence est la médiocrité, la grandeur humaine des saints et des héros étant menacée. De même la défense de la liberté chez Mill (1806-1873) lui fait craindre, dans *De la liberté* (1859), l'irruption des masses et la tyrannie de la majorité (cf. chap. 5). La critique de la participation politique élargie et d'un pouvoir d'État tutélaire prend ainsi des tournures conservatrices face aux avancées du mouvement ouvrier.

b. Le libéralisme et la défense idéologique de la liberté et du marché

Plus tard dans le siècle, chez un Spencer (1820-1903), un libéralisme tenté par le conservatisme pour s'opposer à la puissance montant du mouvement ouvrier, se lie avec une appropriation idéologique du darwinisme (cf. chap. 3), pour lire et défendre une société très inégalitaire censée incarner les qualités et les mérites réels des plus avantagés. Ce darwinisme diffus est un des arrière-plans du biologisme eugéniste des jeunes conservatismes de la fin du siècle en Europe, et alimentera le nazisme. De manière plus diffuse il innervera aussi l'apologie systématique de la concurrence, dans le néolibéralisme, qui s'élabore comme doctrine dans les années 1930.

3. Les nationalismes et le jeune conservatisme

a. Royaumes, Nations, nationalismes

Nous avons vu plus haut comment se met en place en Europe l'idée de nation à partir de l'idée d'un territoire, d'un État, et d'éléments d'identité (langue commune, récit commun, emblème, etc.). Le passage des royaumes aux nations, et donc aussi des sujets aux citoyens est impulsé par la révolution démocratique. Alors que l'Europe du XIXe siècle, depuis les guerres napoléoniennes et le compromis de 1815, connaît des périodes de paix, malgré des conflits, la guerre et la défaite française à Sedan en 1870 ouvrent la période des nationalismes agressifs sur fond de rivalités coloniales.

b. Nationalisme et socialisme

Dans le mouvement ouvrier, le nationalisme va inspirer la division entre tendances nationalistes et tendances internationalistes, aggravée par la Grande Guerre. Les tendances nationalistes défendent l'État protecteur et l'idée que la solidarité doit d'abord concerner les citoyens et les ouvriers nationaux. La tendance internationaliste prolonge les idées de Marx sur l'unification des partis prolétaires de tous les pays contre les intérêts coalisés et eux-mêmes internationaux du capital. En se combinant avec les critiques de Bernstein, le nationalisme est à l'arrière de la scission allemande entre les partis communistes et sociaux-démocrates en Allemagne et en France au sortir de la Grande Guerre.

c. Le nationalisme et les transformations du conservatisme

Le libéralisme est progressivement pris dans une contradiction politique et idéologique : d'un côté la défense des idées du XVIIIe siècle, universalisme et rationalisme, hostiles au particularisme chauvin sous ses formes culturalistes ou ethnicistes voire racialistes ; de l'autre, la défense, contre le parti ouvrier, des « acquis de la liberté », par le jeu des alliances avec le conservatisme et ses figures réactionnaires et dorénavant de plus en plus culturalistes, élitistes et biologisantes.

En effet, le vieux conservatisme sous sa forme burkéenne, ou sous sa forme réactionnaire (de Bonald, de Maistre), a progressivement perdu du terrain, sous l'effet des succès des idées libérales et ouvriériste. Le conservatisme va donc se réarmer dans le dernier tiers du XIXe siècle et donner forme au jeune conservatisme. Il s'appuie soit sur des conceptions fortes de la culture et de l'identité, dans la lignée de la réaction romantique de Herder, soit sur un biologisme qui accompagne le développement de la science, de la médecine et de son pouvoir social mais aussi du darwinisme, comme on le voit avec les débuts de la théorie raciale chez Arthur de Gobineau (1816-1882), et son fameux *Essai sur l'inégalité des races humaines* (1853) et dans le darwinisme social de Spencer. Ces deux tendances, culturaliste et biologisante, doivent aussi être comprises à partir de l'arrière-plan colonial, avec ses phénomènes de domination, qui poussent à réifier traits culturels et traits ethniques et à partir de l'arrière-plan de l'antisémitisme. En France, des esprits comme Barrès (1862-1923) ou Maurras (1868-1952), représentent cette « droite révolutionnaire » (Sternhell) d'inspiration culturaliste et biologisante. C'est ce qui explique que l'affaire Dreyfus soit une sorte de catalyseur du jeune conservatisme, en France mais aussi en Europe. Ce sera le terreau des fascismes européens d'après la Grande Guerre.

III. Les transformations idéologiques et les transformations du monde depuis 1917

Plusieurs faits dominent les transformations idéologiques des trois courants d'idées au XXe et au XXIe siècle après la Grande Guerre : les deux guerres mondiales et le totalitarisme ; la Guerre froide ; les nouveaux mouvements sociaux des années 1950-1970 ; la question coloniale ; et la question verte.

1. Système des partis, pluralisme politique et clivage de la droite et de la gauche

a. Révolution démocratique et pluralisme politique

Le pluralisme politique s'est d'abord institué en Angleterre avec les *Whigs* et les *Tories* à l'issue de la seconde révolution anglaise, mais s'est surtout installé avec la naissance des partis de masse qui accompagne le développement du suffrage universel.

Les notions de droite et de gauche naissent fin août 1789, apparemment sous la plume de Camille Desmoulins (1760-1794), à propos de la question du véto royal dans l'écriture de la constitution : à la gauche de l'Assemblée ceux qui sont contre le véto royal, à droite ceux qui sont pour laisser au roi cette arme constitutionnelle lui permettant de bloquer tout projet politique. Ce repérage par la droite et la gauche de l'assemblée appartient d'abord à la cuisine parlementaire française, mais va avoir tendance à s'universaliser pour signifier le clivage politique central des sociétés modernes aux alentours de 1900. En fait, il s'agit d'une frontière symbolique renvoyant à la question des majorités parlementaires dans un contexte d'institutionnalisation du pluralisme politique, plus que d'une indication réelle des projets politiques « de droite » ou de « de gauche ». C'est aussi ce qui explique son succès international.

b. La dynamique socio-politique du clivage droite/gauche

En 1789 les libéraux sont à gauche, et tout au long du XIXe siècle ils sont poussés vers la droite par la gauche socialiste, et à l'arrière-plan par les transformations sociales de la révolution industrielle, comme on l'a vu. Ce mouvement de déplacement vers la droite des libéraux indique la poussée démocratique, et la montée continue en puissance des idées socialistes. Mais l'expérience totalitaire va peser dans l'inversion de cette tendance, à peu près à partir des années 1970, dans une conjoncture marquée par l'essoufflement soviétique, la stagflation, les succès des nouveaux mouvements sociaux et la réaction politique à ces trois éléments, comme on le voit plus bas avec le néolibéralisme et le néoconservatisme.

2. Les idéologies totalitaires et leur modernité apocalyptique

a. Léninisme et stalinisme : continuité et rupture

La Première guerre mondiale est le produit du nationalisme et des compétitions coloniales. En Russie, où n'a pas eu lieu la révolution démocratique, la guerre va précipiter l'effondrement d'un pouvoir tsariste historiquement décalé et incompétent, et l'avènement d'un régime nouveau : le régime soviétique.

À certains égards le léninisme est prolongation de certaines idées du mouvement ouvrier et de sa tradition (Lycurgue, Platon, hérésies chrétiennes, utopies, *diggers* et babouvistes) dans une variante moderniste : son mot d'ordre officiel est la collectivisation plus l'électricité. Cependant le léninisme hérite aussi de la culture politique brutale de la Russie impériale de Nicolas II. Cet héritage, combiné aux épreuves successives intérieures (Grande Guerre, opposition politique, difficultés de l'économie centralisée), va donner au nouveau régime une dimension non seulement centralisée mais autoritaire voire violente, comme le montre Dominique Colas dans *Le Léninisme* (1998).

Cette dimension autoritaire prend la tournure d'une véritable forme de gouvernement à partir de Staline (1878-1953) dans les années 1930 : la presse, l'école, la vie scientifique sont régimentées, l'opposition politique est rendue inexistante, la police politique démultipliée, la répression et l'intimidation s'avèrent permanentes. Le marxisme devient une sorte de doctrine officielle appauvrie et rigide jouant un rôle comparable à une religion dans une théocratie, avec ses dogmes, ses prêtres, son orthodoxie, son culte, sa censure implacable, aux antipodes de l'esprit des chercheurs Marx et Engels et même de leur humour légendaire de potache. C'est un véritable système totalitaire au sens où Arendt en fait l'analyse dans *Le Système totalitaire* (1951).

b. Des conservatismes aux fascismes

Il faut distinguer les régimes conservateurs et catholiques nationalistes, par exemple en Espagne et au Portugal dans la période années 1930-1970, qui s'inscrivent dans la pensée réactionnaire catholique de Maistre et Bonald, avec le fascisme italien, et aussi avec le nazisme. Le fascisme italien, le premier en Europe, est un jeune conservatisme musclé et théâtral qui veut restaurer l'ordre et l'identité contre la menace ouvriériste intérieure. Le nazisme repose sur un ressort politique comparable mais sur fond d'un antisémitisme beaucoup plus prégnant dans la société allemande et d'un biologisme doctrinal radical. Nous sommes alors au plus loin du vieux conservatisme ou même de la pensée réactionnaire ; il s'agit d'une véritable perspective de révolution politique et biologique, d'une radicalisation du jeune conservatisme dans sa variante darwinienne. La falsification scientifique de la biologie produit un corps doctrinal autour de la notion de race, comme le montre Johann Chapoutot dans *La Loi du sang. Penser et agir en nazi* (2014). Ce corpus a, là encore, la forme d'un dogme religieux avec ses prêtres et son orthodoxie, inscrit de manière comparable au stalinisme.

c. La pertinence de l'opposition de la démocratie et du totalitarisme

Couplé avec cette forme du gouvernement totalitaire, dans le stalinisme ou le nazisme, le mot « idéologie » prend alors une signification particulière de dangerosité voire de mal radical dans « le siècle des extrêmes » (Hobsbawm). Leur trait commun est leur opposition commune radicale aux idées libérales qui ont constitué le cœur des révolutions anglaise, française et américaine : la séparation de la société civile et de l'État, le pluralisme médiatique et politique au sein d'un espace public ouvert, l'État de droit et la hiérarchie des normes. Il faut dire que c'est, dans le cas du stalinisme, une sortie de route inavouable par rapport aux Lumières dont s'est souvent revendiqué Marx. Aussi, pendant la guerre froide ouverte par l'édification du Mur de Berlin, l'opposition de la démocratie et des régimes totalitaires est un lieu commun surtout défendu par la pensée libérale d'un Aron (1905-1983) par exemple en France. L'histoire lui aura donné en grande partie raison sur ce point, contre les dénégations des partis communistes européens.

d. Colonialisme, décolonisation et tentations jeunes conservatrices

Le vaste mouvement de la décolonisation, en Asie et en Afrique au XXe siècle, accéléré par les Guerres mondiales, est cohérent avec l'idée moderne d'un droit des peuples à disposer d'eux-mêmes et avec l'idée de droits de l'homme qui remonte à Vitoria : la résistance à la décolonisation ne peut être de ce point de vue qu'antimoderne. Cependant la combinaison des guerres de décolonisation et d'une critique de l'occidentalisation forcée va aussi porter les germes d'une pathologie spécifique, sous la forme d'une sorte de radicalisation religieuse des problèmes politiques et sociaux et d'une tentation totalitaire. Il s'agit d'une forme spécifique parce qu'elle se réclame d'une identité religieuse traditionnelle, et non d'une idéologie récente pseudo-scientifique comme le stalinisme ou le nazisme, et parce qu'elle ne peut pas toujours prendre la forme d'un contrôle total de la population et de ses activités par un appareil d'État développé et aux ordres, comme en Iran à partir de Khomeiny (1902-1989) en 1979. Il s'agit donc d'une sorte de jeune conservatisme offensif, motivé par la critique de l'Occident colonisateur. On en trouve des traces dans certaines formes de nationalisme hindou ou chez les Frères musulmans, qui, dès les années 1930, théorisent un retour massif à une tradition politique et littéraliste.

3. Le nouveau cycle idéologique : néolibéralisme et néoconservatisme, altermondialisme

a. Libéralisme classique et néolibéralisme

Le néolibéralisme naît dans les années 1930, notamment à l'occasion du *Colloque Walter Lippman* (1938), face aux pouvoirs totalitaires et aux solutions keynésiennes à la crise de 1929, qui se traduisent par une extension de l'intervention de l'État dans l'économie. Son cœur doctrinal est la défense du marché comme institution centrale, et la concurrence comme mode de gouvernement, bien davantage encore que les éléments classiques du libéralisme (le pouvoir du Parlement et de la loi, la limitation du pouvoir de l'État). Il va devenir un projet politique à succès dans les années 1970 en incarnant une réaction aux demandes sociales émanées des nouveaux mouvements sociaux, demandes qui menacent d'étendre toujours plus l'État-providence. L'échec des solutions keynésiennes pendant la stagflation des années 1970 lui ouvre la voie. Chez Friedrich Hayek (1889-1992), dans *Droit, Législation et liberté* (1976), on trouve ainsi une critique en règle de la notion d'égalité des chances et de justice sociale, portée par ces demandes sociales, rationalisées dans la grande synthèse philosophique de la *Théorie de la justice* (1971) de John Rawls (1921-2002), adversaire principal avec les keynésiens : Rawls avait fait une sorte de synthèse du libéralisme, du républicanisme et de la social-démocratie, à partir de Locke, Rousseau et Kant pour accompagner les nouveaux mouvements sociaux. Ce projet va devenir un nouveau corpus doctrinal qui veut basculer dans le marché ce qui était jusque-là fortement régulé ou directement administré par l'État. Enfin, cela explique, comme on le lit chez Hayek ou comme on le voit chez Friedmann (1912-2006) et ses épigones, la possibilité d'une mise en œuvre autoritaire d'un programme de libéralisation et de mise en concurrence.

b. Le néoconservatisme : ni vieux conservatisme ni jeune conservatisme

Le néoconservatisme naît de manière quasi concomitante dans les années 1930 aux États-Unis par réaction aux sympathies communisantes de la gauche américaine dans les années 1930 – comme on le voit chez Chaplin (1889-1977) par exemple. Il s'agit de défendre des traditions culturelles d'origine religieuse moins par conviction que pour stabiliser la société menacée par les critiques culturelles émanées des nouveaux mouvements sociaux (femmes, Noirs, homosexuels, écologistes). Il s'agit aussi d'accepter le marché, voire de le promouvoir, comme dans le néolibéralisme, allié d'occasion. Il en résulte chez Reagan (1911-2004) et Thatcher (1925-2013) la convergence du néolibéralisme et du néoconservatisme. Cette convergence ouvre un moment politique et économique qui se pense comme post-totalitaire et post-keynésien, très critique face aux mouvements sociaux anciens et nouveaux (syndicalisme ouvrier, femmes, homosexuel, etc.), et dans lequel nous sommes encore. Il est renforcé par la chute du mur, le décloisonnement des échanges commerciaux, et la révolution informatique sur fond d'essor économique du monde asiatique et sud-américain. C'est ce qui explique le mouvement de balancier politique de long terme commencé dans les années 1970 et accéléré dans les années 1990.

c. L'altermondialisme contre le néolibéralisme : un socialisme sans masse

La mouvance altermondialiste émerge dans les années 1990, en réaction à cette accélération, pour en domestiquer les effets politiques et sociaux (*hubris* des marchés financiers et des multinationales, explosion des inégalités). L'idée d'une taxe sur les transactions financières (la taxe Tobin) sert de revendication type. Toutefois ce chantier semble en grande partie au point mort depuis les années 2000, à cause de la montée en puissance d'acteurs économiques, notamment asiatiques, qui n'ont pas de raison de penser dans ces termes (néolibéralisme/altermondialisme). L'altermondialisme apparaît ainsi avant tout comme un phénomène intellectuel et militant, ses effets politiques et économiques étant très limités.

4. Nouveaux mouvements sociaux et transformations du socialisme

a. Une nouvelle gauche ?

La combinaison d'une croissance forte et du choc moral de la Seconde guerre mondiale stimule les nouveaux mouvements sociaux qui vont structurer une « deuxième gauche », distincte de l'ancienne et dont l'objet principal est désigné par la participation politique et la qualité de vie, plutôt que sur la répartition des fruits du travail et le droit social, comme dans le mouvement ouvrier.

b. La révolution du féminin

Le mouvement des femmes est centré sur les droits politiques depuis la Révolution française. Le mouvement des suffragettes s'est glissé dans la tradition du droit naturel moderne en le rendant plus cohérent par un découplage d'avec le genre masculin. Dans les années 1960, les revendications sociales et culturelles plus larges sont associées à une critique du patriarcat et de la domination masculine. Cette critique est intellectuellement soutenue par des classiques de l'anthropologie comme dans *Mœurs et sexualité en Océanie* (1935) de Margaret Mead (1901-1978), ou *La Production des grands hommes* (1983) de Maurice Godelier (né en 1934), ou de la philosophie, comme *Le Deuxième Sexe* (1949) de Simone de Beauvoir (1908-1986). Se dessine alors une révolution anthropologique inédite, accélérée par des causes occasionnelles comme le récent mouvement Metoo. Le mouvement gay et lesbien apparaît de ce point de vue comme une force d'appoint, dont l'enjeu est la critique de la domination d'un modèle hétérosexuel rigide, plus ou moins lié au patriarcat.

c. Droit civique, postcolonialisme, décolonialisme

De la même façon, le mouvement des Noirs américains pour les droits civiques des années 1950-1960 va croiser le cycle mondial de la décolonisation en Afrique et dans le monde asiatique, cycle accéléré par la crise européenne de la Seconde Guerre mondiale. À partir surtout des universités américaines, une audience inédite va être donnée à la critique des ravages culturels et psychologiques de la colonisation. Celle-ci en France, dans les années 1940-1950, est formulée par Césaire dans *Cahier d'un retour au pays natal* (1947), le psychiatre Fanon (1925-1961) dans *Peau noir et masque blanc* (1952), ou Lévi-Strauss dans *Tristes tropiques* (1955). Ils s'inscrivent dans la lignée d'une modernité occidentale auto-critique, initiée chez Montaigne et Rousseau pour la Renaissance et les Lumières. Ce mouvement intellectuel, est prolongé par le classique d'Edward Saïd (1963-2003), *L'Orientalisme* (1978), dans lequel sont déconstruits les clichés culturels sur le monde oriental (despotisme, sensualité, etc.) qui ont accompagné les conquêtes napoléoniennes et la colonisation du monde arabo-musulman. C'est le sens de l'entreprise intellectuelle du postcolonialisme. La mouvance décoloniale est une radicalisation récente de cette tendance. Intellectuellement justifiée comme outil critique, elle prend néanmoins le risque de retourner à des formes néoromantiques et herdériennes de défense des particularités culturelles et ethniques contre l'universalisme et le rationalisme. Ce phénomène mi-intellectuel mi-militant prend aussi le risque de se lier à des formes politiques identitaires, religieuses ou nationalistes jeunes conservatrices qui se sont nourries de la situation coloniale pour justifier des formes de domination politique anti-démocratique.

d. L'écologie politique et son avenir

On trouve des sources romantiques à la sensibilité écologique dès le XIXe siècle face à la révolution industrielle. Elle s'épanouit dans les années 1950-1960 dans la critique de la société de consommation, clivée entre l'impératif de rendement et l'hédonisme de commande, selon un diagnostic formulé de manière classique par le néomarxiste Herbert Marcuse (1898-1979) dans *Éros et civilisation* (1955) et *L'Homme unidimensionnel* (1964). Mais le mouvement de l'écologie politique se transforme surtout comme un contrepoint critique aux Trente Glorieuses, en attirant l'attention, de manière beaucoup plus argumentée et chiffrée, comme on le voit dans le fameux *Rapport sur les limites de la croissance* (1972) de Meadows sur les dangers que nos activités font courir à « notre mère patrie » (Morin), notre habitat qu'est la Terre et sa biosphère. La nature est alors un capital biologique que l'on peut consommer trop vite (énergie fossile, faune et flore), un système que l'on peut déséquilibrer (réchauffement climatique) ou abîmer (écocide ou pollution). Par-delà les formes de militantisme et d'opinions écologiques, d'alliance avec l'altermondialisme, ou avec les doctrines politiques présentes, géologues, climatologues, agronomes, historiens des sciences, etc., interrogent désormais, sous le vocable d'anthropocène, la séquence historique ouverte par la révolution industrielle et mettent en crise le modèle optimiste d'une société de croissance (cf. chap. 5 et 10).

Ainsi le champ contemporain des idéologies est-il doté d'une profondeur historique considérable puisque ses principales composantes sont visibles dès les Grecs et les Romains lorsque s'opposaient parti aristocratique et parti démocratique.

→ Bibliographie sur les idéologies contemporaines

- Jean-Loup Amselle, *L'Occident décroché. Enquête sur les post-colonialismes*, Stock, 2008.
- Hannah Arendt, *Le Système totalitaire*, Seuil, 2005.
- Jean Baudrillard, *La Société de consommation, ses structures, ses mythes*, Gallimard, 1996.
- Christophe Bonneuil et Jean-Baptiste Fressoz, *L'Événement Anthropocène*, Seuil, 2013.
- Christophe Boutin, Olivier Dard et Frédéric Rouvillois (dir.), *Dictionnaire du conservatisme*, Cerf, 2017.
- Jean-Pierre Faye, *Le Siècle des idéologies*, Armand Colin, 1996.
- Luc Ferry, *Le Nouvel Ordre écologique. L'arbre, l'animal, l'homme*, Livre de Poche, 2002.
- Gilles Kepel, *La Revanche de Dieu. Chrétiens, juifs et musulmans à la reconquête du monde*, Seuil, 1991.
- Achille Mpembe, *De la postcolonie. Essai sur l'imagination politique dans l'Afrique contemporaine*, La Découverte, 2020.
- Philippe Nemo, *Histoire des idées politiques dans l'Antiquité et au Moyen Âge*, PUF, 1998.
- Philippe Nemo, *Histoire des temps modernes et contemporains*, PUF, 2002.
- Philippe Nemo, *Qu'est-ce que l'Occident ?*, PUF, 2004.
- Gérard Noiriel, *Histoire populaire de la France*, La Découverte, 2018.
- Jean Petitot et Philippe Nemo, *Histoire du libéralisme en Europe*, PUF, 2006.
- Michel Pigenet et Danielle Tartakowsky (dir.), *Histoire des mouvements sociaux en France de 1814 à nos jours*, La Découverte, 2014.
- Zeev Sternhell, *La Droite révolutionnaire : 1885-1914. Les origines françaises du fascisme*, Gallimard, 1997.
- Edward Thompson, *La Formation de la classe ouvrière anglaise*, Seuil, 1998.

10

Deux siècles et demi de transformations de l'économie

Gérard Péhaut

Les économies aujourd'hui développées ont pris leur essor à la fin du XVIIIe et au début du XIXe siècle. Les transformations ont été d'une telle ampleur que le monde a plus changé durant cette période qu'il ne l'avait fait depuis le néolithique et l'invention de l'agriculture et, ensuite, les premières grandes civilisations antiques. Des années 1800 aux années 2000, la population mondiale a été multipliée par plus de 7 et le PIB mondial par plus de 35.

Le point de départ de ces bouleversements sans précédent se situe en Europe occidentale, plus particulièrement au Royaume-Uni dans les années 1760-1770. C'est là que naît la Révolution industrielle. Pour la première fois de son histoire l'homme commence à s'affranchir de la dépendance aux éléments naturels : l'utilisation de la vapeur et la mécanisation des activités productives changent pour toujours le visage des sociétés humaines. Quelles qu'en soient les origines, la Révolution industrielle a bâti les fondations du monde contemporain. Il est possible de la concevoir de plusieurs manières. La Révolution industrielle a fait l'objet de diverses définitions qui permettent d'en comprendre l'importance économique et historique. Dès 1908, le Français Paul Mantoux (1877-1956) écrivait : « Au point de vue technique, la révolution industrielle consiste dans l'usage et l'invention de procédés permettant d'accélérer et d'accroître constamment la production. [...] Au point de vue économique la révolution industrielle est caractérisée par la concentration des capitaux et la constitution de grandes entreprises dont le fonctionnement devient la forme normale de l'industrie. [...] Au point de vue social, la révolution industrielle a fait naître des classes sociales, dont le développement des antagonismes remplit l'histoire de notre temps ». L'historienne Phyllis Deane (1918-2012) retient dans *The First Industrial Revolution* (1965) que ce qui se produit en Angleterre à la fin du XVIIIe siècle est marqué par les innovations techniques et l'extension du marché, la mise en œuvre d'un processus de spécialisation productive aux échelles nationale et internationale, l'urbanisation et l'apparition des usines, l'accumulation d'un capital technique et, enfin, la naissance de classes sociales nouvelles liées au capital et non plus à la terre.

Ainsi est-on passé en deux siècles et demi d'une société agraire et rurale à une société industrielle et urbaine pour parvenir aujourd'hui, dans les pays développés à une société polarisée sur les grandes métropoles et de plus en plus digitalisée. Comment penser cette transformation ?

À l'origine la pensée économique reflétait la très faible autonomie des phénomènes économiques par rapport aux relations familiales, politiques et religieuses. Si Aristote défend la propriété privée, à l'inverse de Platon, il condamne la chrématistique, c'est-à-dire la recherche de la richesse pour elle-même. De même, il opère une très nette distinction entre la fonction politique et intrinsèquement noble du citoyen et le travail, qui doit être confié aux esclaves. Ces conceptions se retrouvent dans la plupart des textes anciens, aussi bien en Chine (Lao Tseu au VIe-Ve siècles av. J.-C.) qu'en Inde avec Kautilya (371-283 av. J.-C.). Au Moyen Âge, Saint Thomas d'Aquin (1225-1274) aborde les questions économiques et matérielles. Reprenant très largement Aristote, il ne condamne pas la propriété mais la recherche de la richesse et le prêt à intérêt : celui qui prête ne peut exiger plus qu'il n'a prêté. De même, on ne peut revendre plus cher une marchandise qu'on ne l'a acquise. Cela fixe la doctrine économique de l'Église catholique jusqu'au XVIIIe siècle. Ce n'est que très progressivement que l'économie s'affirme comme une discipline à part entière. C'est avec le développement des relations commerciales internationales et les Grandes découvertes que la réflexion franchit un palier déterminant avec l'affirmation du premier courant de pensée, le mercantilisme. À partir du XVIe siècle les analyses économiques se sophistiquent, embrassent des champs de plus en plus complexes : de réflexions sur les échanges, la monnaie, le change, le rôle du prince, on aboutit à une affirmation des principes du marché puis à leur contestation. Sans, pour autant, céder au déterminisme, on peut affirmer qu'avec la parution de l'ouvrage d'Adam Smith (1723-1790), *Recherches sur la nature et les causes de la richesse des nations* (1776) les évolutions de l'économie réelle et celles de l'économie politique puis des sciences économiques se feront en parallèle en se nourrissant réciproquement : les périodes de difficultés et de crise correspondent souvent aux phases de progrès ou de renouvellement de la pensée économique.

Aussi peut-on suivre la révolution industrielle à ses débuts, en même temps que l'essor du la pensée économique libérale, ainsi que les premières critiques qu'elle suscite (I), avant d'évoquer les transformations économiques du XXe siècle, avec les remaniements qu'elles entraînent, aussi bien pour cette pensée libérale que pour ses critiques (II), et cela jusqu'aux dernières tendances à la mondialisation et la digitalisation sur fond de crise environnementale (III).

I. Le XIXe siècle : aux origines du monde contemporain

Ce qui se produit en Angleterre à la fin du XVIIIe et au début du XIXe siècle est la matrice de notre monde. Pour la première fois depuis la révolution néolithique, l'homme parvient à s'affranchir des contraintes de la nature en mettant au point des techniques qui le libèrent de la force des éléments et de l'énergie musculaire, humaine ou animale. La machine à vapeur de James Watt, l'utilisation du charbon de terre et la mécanisation du textile changent progressivement le cours de l'histoire. Dans le même temps, de nouvelles doctrines économiques rompent avec les carcans intellectuels religieux et étatiques.

1. Le premier XIXe siècle : domination anglaise et affirmation du libéralisme

a. La révolution industrielle

La révolution industrielle apparaît en Grande-Bretagne et se diffuse progressivement au Nord-Ouest de l'Europe. C'est le résultat d'un processus assez lent de cristallisation qui installe pour plus de deux siècles la domination de l'Occident sur le reste du monde. La primauté anglaise ne cesse d'interroger : pourquoi ce petit pays, peu peuplé, insulaire, invente-t-il un nouveau mode de croissance ?

Plusieurs interprétations peuvent être avancées. Si l'on suit le modèle de Rostow (*Les Étapes de la croissance économique*, 1960), l'Angleterre est le premier pays à accomplir son *take-off.* Elle connaît une accélération de son taux de croissance. Cela aurait été permis par des conditions préalables, en particulier la révolution agricole, largement liée aux enclosures, et les transformations démographiques. Kenneth Pomeranz (*Une grande divergence.*

La Chine, l'Europe et la construction de l'économie mondiale, 2010) explique que c'est l'exploitation de leur vaste empire colonial et leurs réserves en charbon qui ont permis aux Britanniques de décoller avant les autres. Joël Mokyr, quant à lui, insiste sur l'apparition d'une culture européenne de la science et de la raison qui se développe à partir de la Renaissance et s'accélère au siècle des Lumières : découvertes en physique (Newton), multiplication des sociétés savantes, diffusion des idées concourent à la percée. Autre facteur déterminant, l'Angleterre selon les institutionnalistes (D. North, D. Acemoglu, J. Robinson…) est le premier pays à se doter d'institutions « inclusives », qui favorisent les libertés individuelles et l'esprit d'entreprise. De la *Magna Carta* de 1215 à l'*Habeas Corpus* (1679) et au *Bill of Rights* (1689), un long processus d'évolution met fin à l'absolutisme et à l'arbitraire et permet de substituer les contraintes formelles du droit aux contraintes informelles de la religion et de la coutume. C'est aussi en Angleterre que l'on assiste à la libéralisation économique : les contraintes pesant sur la création d'entreprises et les limites au commerce sautent les unes après les autres (abolition du *Bubble Act* en 1825, autorisation des *Joint Stock Companies* en 1844, abolition des *corn-laws* en 1846).

Dans la seconde moitié du XVIIIe siècle, les campagnes anglaises, dans le cadre de la proto-industrialisation, voient naître le premier secteur industriel moderne. Le « *King Cotton* » se nourrit des importations massives de coton brut venu d'Inde ou des 13 colonies d'Amérique et échappe aux contraintes des métiers urbains, ce qui permet l'introduction de techniques nouvelles. De la navette volante de John Kay (1733) au métier à tisser automatique de Richard Arkwright (1769), une série d'innovations autorise une augmentation sans précédent de la productivité. C'est le premier secteur moteur de la croissance économique. C'est aussi en Angleterre que se perfectionnent la métallurgie et qu'apparaît la machine à vapeur. Ces innovations donnent naissance au système technique de la première révolution industrielle et assurent la domination anglaise sur tout le XIXe siècle. L'augmentation des quantités produites et de la productivité conduit à la baisse des prix et à l'élargissement du marché. Dans les années 1830-40, le chemin de fer prend le relais et s'impose comme nouveau secteur moteur de la croissance. Pour Joseph Aloïs Schumpeter (1883-1950) et ses continuateurs, c'est l'explication déterminante du décollage britannique. Aujourd'hui, la dynamique de l'innovation est au cœur des modèles de croissance : le phénomène de « destruction créatrice » semble donner une robuste clé de lecture des transformations économiques passées et contemporaines. Celle-ci doit être entendue au sens large : il s'agit tant d'innovations de produits et de procédés que de l'élargissement des marchés, de la domestication de nouvelles matières premières que de changements organisationnels.

Les innovations se diffusent et dès le milieu du siècle des pôles puissants d'industries modernes émergent sur le continent européen.

b. La naissance du libéralisme économique

En même temps que l'économie se transforme, la pensée économique se modernise avec la naissance du courant classique. Jusqu'au milieu du XVIIIe siècle, le mercantilisme est le courant dominant. Il est protectionniste, industrialiste et considère que l'accumulation des métaux précieux est le principal facteur de l'enrichissement. L'État réglemente les métiers et les productions, soutient des compagnies de commerce à privilèges ou bien encore, surtout en France, encourage la création des manufactures royales. L'objectif est l'accumulation des excédents commerciaux. À la fin du XVIIIe siècle une première évolution se dessine avec l'apparition de l'école physiocratique. Emmenée par François Quesnay (1694-1774) et son *Tableau économique* (1758), elle veut l'abolition des douanes intérieures, la libération des entraves qui pèsent sur les producteurs agricoles, seuls créateurs de vraies richesses. Leur maxime, « Laissez faire les hommes, laissez passer les marchandises » en fait des précurseurs du libéralisme. C'est Quesnay qui initie Adam Smith à l'économie quand il séjourne en France dans les années 1760.

La rupture intellectuelle se produit avec la parution en 1776 de *Recherches sur la nature et les causes de la richesse des nations*. Dans son ouvrage, Smith (1723-1790) jette les bases du libéralisme. Dans une perspective fondamentalement macroéconomique, il considère que la prospérité collective est le fruit de la recherche de son intérêt personnel par chaque individu : l'égoïsme, vice privé, devient ainsi vertu collective et assure de la sorte l'harmonie grâce à la « main invisible ». Il propose une nouvelle conception de la valeur d'échange qui est réglée par le travail, est optimiste sur la croissance qu'il pense illimitée grâce aux possibilités offertes par la division du travail et est partisan du libre-échange : chaque pays doit se spécialiser dans le domaine dans lequel il est le meilleur. C'est la théorie de l'avantage absolu. Enfin, il cantonne l'État à ses seules fonctions régaliennes, s'écartant ainsi du mercantilisme.

Au début du XIXe siècle, le courant classique s'affirme comme courant dominant. Défenseurs de la valeur travail, du marché et du libre-échange, David Ricardo (1772-1823), Thomas Robert Malthus (1766-1834) ou John Stuart Mill (1806-1873) modernisent cependant l'approche de Smith. Ricardo impose une doctrine monétaire quantitativiste, insiste sur la nécessité de défendre les profits des détenteurs du capital, qui sont les seuls à pouvoir investir et donc entretenir la croissance. Il énonce la théorie de l'avantage comparatif, qui affirme que tous les pays ont intérêt à participer à l'échange.

Son influence pratique est considérable puisqu'il inspire, après sa mort, la politique monétaire anglaise *(Bank Charter Act* de 1844) et l'ouverture commerciale après l'abolition des *corn-laws* en 1846. Ricardo partage avec Malthus un grand pessimisme sur les possibilités de croissance à long terme : tous deux redoutent l'état stationnaire du fait de la loi des rendements décroissants de la production agricole, Malthus allant jusqu'à annoncer, dans son *Essai sur le principe de population* (1798) que l'humanité est à l'aube d'une grande catastrophe. Il part du principe que le pouvoir multiplicateur de la population est bien supérieur à celui des subsistances et préconise le contrôle des naissances et la fin de l'aide aux pauvres pour maintenir l'équilibre entre population et ressources.

Le courant classique se diffuse sur le continent. En France, Jean-Baptiste Say (1767-1832) énonce sa fameuse loi des débouchés qui stipule que toute production génère un revenu qui ensuite forme une demande qui absorbe intégralement l'offre. Le marché s'équilibre donc automatiquement, ce qui rend néfaste l'intervention de l'État. Frédéric Bastiat (1801-1850) se fait, quant à lui, le propagandiste le plus zélé du libre-échange.

Jusqu'aux années 1850-1860, l'économie classique domine l'enseignement de l'économie politique.

2. Le second XIXe siècle

a. La civilisation industrielle

Du milieu du XIXe siècle à la Première guerre mondiale, les transformations s'accélèrent. Sur le plan technique, la course à l'innovation provoque l'apparition des industries lourdes. Stimulée par la « railwaymania », la sidérurgie connaît des avancées sans précédent : le convertisseur Bessemer produit des quantités très importantes d'acier à faible coût. À partir des années 1870 s'enclenche la seconde révolution industrielle, qui s'appuie sur la science et la recherche. Les découvertes de nouvelles matières premières (pétrole), la production de l'électricité en grande quantité, l'invention des moteurs thermiques et électriques, la mise au point de produits chimiques de synthèse changent complètement le visage des grandes puissances. L'Angleterre et la France sont peu à peu rattrapées par les *late comers*, pour reprendre l'appellation de Gerschenkron (1904-1978). Ce sont les puissances émergentes de la période : l'Allemagne (unifiée en 1871), les États-Unis puis le Japon deviennent des géants industriels. Ils s'appuient sur de grandes entreprises, les Konzern, trusts ou zaibatsu, qui produisent en masse. C'est aux États-Unis que naissent de nouvelles formes d'organisation du travail :

Frédéric Taylor met au point l'OST (organisation scientifique du travail) et Ford inaugure sa première chaîne de montage à Detroit en 1913. Le progrès technique permet de s'affranchir des distances : les trains, les navires à vapeur gagnent en vitesse et en régularité, ce qui permet un développement rapide des échanges internationaux.

Dans le même temps, les sociétés développées sont bouleversées. L'exode rural s'accélère et dès 1853 l'Angleterre compte plus de citadins que de ruraux. Les structures sociales sont transformées. C'est la fin du monde traditionnel, où les positions sociales dépendaient du pouvoir sur la terre : l'aristocratie voit sa domination remise en cause par la bourgeoisie industrielle et financière, la paysannerie recule au profit de la classe ouvrière. De grandes régions industrielles, fondées sur les ressources naturelles et les débouchés portuaires, se forment : c'est le cas du Nord de l'Angleterre, du pays de Galles, du Nord et de l'Est de la France ou bien encore de la Ruhr et de la Silésie en Allemagne et du Nord-Est des États-Unis. C'est l'apogée de la civilisation industrielle occidentale. Les Européens achèvent leur entreprise de colonisation, règnent sur l'économie et les finances mondiales et imposent leurs valeurs civilisationnelles.

b. Les avancées de la science économique

- *Contre l'économie politique classique*

Au tournant du XIXe siècle, la pensée économique évolue. On assiste tout d'abord à une remise en cause de l'économie classique. Elle émane d'auteurs qui critiquent les conséquences sociales du développement de l'économie de marché. Les origines du socialisme peuvent être rattachées à la tradition révolutionnaire d'après 1793 qui recherche, après l'obtention de l'égalité juridique, l'égalité sociale, mais aussi au constat qui est fait lors du développement de la classe ouvrière : l'apparition de grandes concentrations de populations déracinées et pauvres dans les régions industrielles nourrit une critique virulente du libéralisme et du capitalisme.

Jean-Charles Léonard Simonde de Sismondi (1773-1842) s'oppose au concept de main invisible de Smith. Il condamne le machinisme. Il veut mettre en œuvre un garantisme social pour une plus juste répartition des richesses. Saint-Simon (1760-1829) fait confiance à la technique mais veut une chambre d'intervention composée d'experts et réfute le libéralisme : il faut lancer de grands travaux pour mettre fin au chômage et à la misère. Les socialistes utopistes, quant à eux, conçoivent des cités idéales, et prônent des systèmes coopératifs et décentralisés. C'est ainsi que Charles Fourier (1772-1837) imagine une société organisée autour de phalanstères, communautés où chacun travaillerait pour le bien de tous, Étienne Cabet (1788-1856) veut un communisme égalitaire inspiré de Gracchus Babeuf (1760-1797) et, enfin, Robert Owen (1771-1858) expérimente une organisation coopérative dans son usine de New Lanark en Ecosse. Les libertaires et les anarchistes condamnent le capitalisme et proposent des modèles fondés sur l'autogestion comme Pierre-Joseph Proudhon (1809-1865), ce qui permettrait aux ouvriers de percevoir bien plus que ce que les capitalistes leur octroient. Les Russes Bakounine (1814-1876) et Kropotkine (1842-1921) refusent le capitalisme dont ils prônent la destruction violente mais condamnent aussi le socialisme de Karl Marx qui, pourtant, devient peu à peu la critique la plus influente du capitalisme.

Karl Marx (1818-1883) est à la fois philosophe, sociologue, polémiste et économiste. Sa réflexion économique est au service de son engagement politique socialiste. Marx entreprend une critique poussée de l'économie politique classique dans son œuvre majeure *Le Capital* (Tome 1 en 1867). Partant de la valeur travail, il montre que les travailleurs ne perçoivent qu'une partie de la valeur qu'ils produisent. Ce surtravail est la plus-value que confisque le capitaliste qui est le propriétaire des moyens de production ; il construit ainsi une théorie de l'exploitation capitaliste. Marx pense néanmoins que la dynamique propre du capitalisme le conduit à sa disparition : la plus-value ne vient que du travail mais la concurrence pousse les capitalistes au machinisme. À l'issue d'une succession de crises, le capitalisme tombera ainsi comme un fruit mur du fait de ses contradictions internes : la baisse tendancielle du taux de profit le condamne à l'effondrement, au profit d'une société communiste, sans classe ni État.

- *La révolution marginaliste et le courant néoclassique*

À partir des années 1870, l'approche libérale connaît une double révolution. À la macroéconomie des classiques se substitue une approche résolument micro-économique, centrée sur le consommateur et le producteur avec la systématisation du raisonnement à la marge. Les néoclassiques rejettent la valeur travail pour adopter une vision subjective de la valeur fondée sur l'utilité. La valeur vient de la relation particulière qui existe entre un individu et la marchandise qu'il désire pour satisfaire un besoin. Placé sous contrainte budgétaire, l'individu doit faire des choix en fonction des prix et du caractère impérieux ou non de ses besoins. L'homo œconomicus est un être rationnel, qui arbitre entre coût et avantage pour répartir son revenu de la manière la plus satisfaisante possible. Les néoclassiques conçoivent donc une économie anhistorique, modélisée et mathématisée, où règnent des lois universelles et permanentes, où les producteurs sont soumis à la loi des rendements décroissants et les consommateurs à celle des utilités marginales décroissantes.

Cette révolution conceptuelle s'opère dans les années 1870. Elle est menée par trois auteurs très célèbres qui sont Léon Walras (1834-1910), William Stanley Jevons (1835-1882) et Carl Menger (1840-1921). On doit au premier le concept d'équilibre général qui est un système de prix qui réalise simultanément sur tous les marchés, l'équilibre entre les quantités offertes et demandées grâce à un système de prix flexibles dans un système de libre choix du consommateur et de libre concurrence entre les producteurs. Jevons conçoit une économie fondée sur les seules variables objectives que sont les prix et les quantités et Menger montre que l'individu est le seul à pouvoir dire ce que vaut un bien : la valeur dépend non de la quantité de travail mais de l'utilité.

Dans leurs sillages le courant néoclassique approfondit ses concepts et devient le courant dominant de la pensée économique jusqu'aux années 1930 et à la Grande dépression. Le cadre général de la réflexion est celui de la CPP (Concurrence Pure et Parfaite) dont les hypothèses ont été énoncées en 1921 par Frank Knight (1885-1972). Elles sont au nombre de cinq : atomicité, homogénéité des produits, libres entrée et sortie du marché, libre circulation des facteurs de production et transparence de l'information. Toute l'approche se fait donc en termes de marché. S'y confrontent l'offre et la demande, qui s'équilibrent grâce à la flexibilité des prix et s'y rencontrent des individus utilitaristes et rationnels qui cherchent à maximiser leurs satisfactions tout en minimisant leurs peines. Les néoclassiques sont contre l'intervention de l'État, ils reprennent l'hypothèse de la neutralité de la monnaie. Très vite trois grandes écoles se distinguent :

- L'école anglaise : le plus influent de ses représentants est Alfred Marshall (1842-1924), qui réfute l'équilibre général de Walras. Il montre qu'un marché, comme celui des biens, peut être à l'équilibre quand un autre, comme celui du travail, ne l'est pas. Il considère que l'utilité est le fondement de la valeur à court terme mais qu'à long terme elle dépend des coûts de production. On lui doit aussi un travail pionnier sur les rendements d'échelle. Francis Isidro Edgeworth (1845-1926) conçoit les courbes d'indifférence qui permettent de modéliser les arbitrages des consommateurs entre les différents biens qui leurs sont proposés en fonction de leurs capacités budgétaires. Enfin Arthur Cecil Pigou (1877-1959) forge le concept d'externalités, qui sont les conséquences de l'action d'un agent sur un autre sans qu'elles soient prises en compte par le marché : elles peuvent être négatives ou positives.

- L'école de Vienne s'inscrit dans le sillage de Menger. La démarche est résolument individualiste, fondée sur l'étude des prix, de la consommation et de la production. Eugen von Böhm-Bawerk (1851-1914) forge le concept de détour de production, Ludwig von Mises (1881-1973) montre que la seule variable fiable est le prix : il traduit de manière monétaire l'idée qu'un individu se fait de la valeur d'un bien.
- L'école de Lausanne : Vilfredo Pareto (1848-1923) est à l'origine du concept d'optimum qui est l'état qu'atteint l'économie lorsqu'il n'est pas possible d'améliorer la situation d'un individu sans détériorer celle d'un autre.

Ces auteurs, en particulier Marshall, ont une grande influence sur les dirigeants politiques jusqu'aux années 1930.

II. Le xxe siècle

Dans tous les domaines le xxe siècle est celui des turbulences. Marqué par deux guerres mondiales et deux grandes crises économiques, il est aussi une période de remise en cause des certitudes.

1. Le premier xxe siècle (1914-1945) : le déclin de l'Europe

Que ce soit sur le plan économique ou sur le plan théorique, cette période est celle du passage de témoin d'une Europe dominatrice aux États-Unis.

a. L'émergence de la puissance américaine

La Première Guerre mondiale signe le début de la fin de la prééminence européenne. Outre les pertes et les destructions, la ruine financière, les puissances européennes sont dépassées par les États-Unis qui deviennent la nouvelle « économie monde ». De débiteurs ils sont devenus créanciers, leur économie est plus moderne et le niveau de vie des Américains est bien supérieur à celui des Européens. Dans les années 1920, ils inventent la société de consommation de masse grâce à la généralisation de l'OST et du fordisme, qui permettent de baisser les coûts de production. C'est la « prospérité ». Certes, cet élan est interrompu par le Krach de 1929 et la dépression des années trente. Signe de la domination américaine, elle se répand très vite dans le reste du monde et contribue largement au processus qui conduit à la Seconde Guerre mondiale : le chômage de masse, la misère et la détresse ne sont pas étrangers à la montée en puissance du nazisme.

La puissance américaine est confortée par la mise en place du *New Deal* qui annonce le mode de régulation des années d'après-guerre : un gouvernement interventionniste (*Big Government*), un monde du travail structuré autour de grands syndicats légalisés (*Big labour*) et de grandes entreprises qui produisent en masse (*Big Business*). C'est la naissance de ce que l'école de la régulation appelle le mode de régulation fordiste. Ce système s'avère très efficace pendant la Seconde Guerre mondiale : les États-Unis sont devenus l'arsenal des démocraties, ils sont les grands vainqueurs et assurent 50 % de la production mondiale en 1945.

La Première Guerre mondiale a aussi donné naissance à un nouveau modèle économique : de la révolution bolchévique de 1917 est née, en 1922, l'URSS, dans laquelle s'organise, à partir de 1928 et sous l'égide de Staline, une économie centralisée et planifiée qui s'industrialise très vite quand les puissances occidentales sont en crise. Malgré la terreur et les sacrifices demandés à la population, le marxisme-léninisme et le socialisme réel attirent une partie des intellectuels et des ouvriers occidentaux.

b. Le libéralisme à la peine

La crise de 1929 remet en cause la croyance dans l'autorégulation du marché. Si les premières mesures de lutte contre la crise sont de nature orthodoxe, il apparaît très vite que les politiques de déflation mises en œuvre pour combattre la crise sont inefficaces. Elles partent du principe qu'il faut rétablir les mécanismes du marché et sont portées par des néoclassiques comme le Britannique Lionel Robbins (1898-1984) ou le Français Jacques Rueff (1896-1978). Ils condamnent l'interventionnisme né de la guerre de 14 et les désordres monétaires. La crise doit permettre de résorber les excès du conflit et de la prospérité. Les résultats étant désastreux, une nouvelle conception de l'économie émarge avec John Meynard Keynes (1883-1946).

Dans *Théorie Générale de l'emploi, de l'intérêt et de la monnaie* (1936), Keynes propose une vision radicalement différente de celle des néoclassiques. Sa perspective est macroéconomique : rompant avec le modèle de l'homo œconomicus, il s'intéresse au fonctionnement global de l'économie. Il ne raisonne pas en termes de marché mais conçoit l'économie comme un circuit, dans une perspective de court terme et dans le cadre d'une économie fermée. Il réfute la loi de Say, rejette la neutralité de la monnaie et propose que l'État conduise des politiques de relance et de régulation de l'activité pour sortir de la crise. Cette dernière résulte de la sous-consommation et le chômage est involontaire. À partir de là, l'État doit mener une politique qui utilise à la fois les leviers budgétaire et monétaire. C'est le seul moyen de rétablir la confiance des entrepreneurs et de rendre leurs anticipations optimistes, aucun mécanisme de marché ne permettant le retour spontané à l'équilibre. Il ne s'agit pas d'abolir le marché mais de contrer les déséquilibres. De préconisations anti-crise naît le corpus théorique qui encadre l'économie des « trente glorieuses ».

Dès les années quarante, la désagrégation des empires coloniaux débouche sur la naissance de l'économie du développement. Comme les autres domaines de la recherche, elle connaît des clivages. Deux grandes conceptions s'affrontent. D'un côté, une partie des économistes considèrent que le sous-développement est un retard de développement. Il existe un décalage chronologique entre les pays développés et les autres : il faut donc s'inspirer du modèle libéral, faire confiance au marché. Cette vision est soutenue par Ragnar Nurske (1907-1959) ou William Arthur Lewis (1915-1991). À l'opposé se trouvent les économistes qui expliquent que le sous-développement est le résultat de la dépendance : colonialisme et impérialisme sont responsables. Les pays pauvres doivent s'isoler du marché mondial parce qu'ils sont les perdants des échanges, par nature inégaux, et se lancer dans des stratégies autocentrées. Les économistes comme André Gunder-Frank (1929-2005), Raul Prebisch (1901-1986) ou encore, de manière très radicale, Samir Amin (1931-2018) s'inscrivent dans cette perspective.

2. Le second XXe siècle : heurs et malheurs de la croissance

La seconde moitié du XXe siècle compte deux périodes distinctes : des années 40 au choc pétrolier de 1973, le monde connaît une très forte croissance. Après 1973, les taux ralentissent pour les pays développés mais de nouveaux concurrents commencent à apparaître dans le cadre d'une économie de plus en plus ouverte.

a. Les « Trente glorieuses »

Une fois la reconstruction achevée, en particulier grâce à l'aide américaine, dans un contexte pourtant tendu de guerre froide, malgré les aléas de la décolonisation, les pays occidentaux connaissent une très forte croissance : pendant presque trente ans les taux annuels moyens atteignent 5 % en rythme annuel. Dans une économie mondiale réorganisée autour du SMI de Bretton Woods (1944) et du dollar, et de plus en plus ouverte avec la signature du GATT (1947) les industries se développent rapidement et, dans le cadre de la régulation keynésiano-fordiste, les niveaux de vie des populations augmentent plus que jamais auparavant. La croissance est soutenue par les biens de consommation durables (automobile, électroménager, produits chimiques…). Les gains de productivité sont très importants et les pays européens et le Japon comblent peu à peu leur retard par rapport aux États-Unis. Partout on assiste à l'émergence des classes moyennes, qui accèdent à un confort jusque-là réservé à l'élite. Les sociétés changent avec la démocratisation scolaire, l'autonomisation des femmes. La pauvreté recule avec la mise en place des systèmes de protection sociale : c'est la naissance de l'État-providence. Dans le même temps les pays d'Europe s'organisent : le traité de Rome marque la naissance de la CEE.

Il y a cependant des déséquilibres. Cette croissance est fondée sur l'énergie pétrolière à bas coût, le SMI de Bretton Woods se dégrade peu à peu, ce qui effrite la confiance dans le dollar et, à partir de la fin des années 1960, l'inflation s'accélère.

b. La croissance molle

Les chocs pétroliers révèlent les déséquilibres. C'est la fin de l'énergie bon marché, le retour du chômage et l'accélération de l'inflation. On entre ainsi dans la période de la stagflation. Des pans entiers des industries disparaissent : textile, charbonnages, sidérurgie, construction navale licencient et les vieilles régions industrielles deviennent des friches. La domination occidentale est battue en brèche : parmi les pays développés, seul le Japon semble à l'abri. Sa prospérité est fondée sur le modèle toyotiste, qui contraste avec la rigidité fordiste et permet de bien s'adapter à des marchés de renouvellement. En effet, il ne s'agit plus d'équiper des ménages sortant de la pauvreté mais de satisfaire l'hédonisme de consommateurs avertis. Les finances publiques se dégradent : les politiques de relance menées aux États-Unis, en Angleterre ou en France (Chirac en 1974 ou Mauroy en 1981) échouent. Les déficits se creusent, le chômage ne recule pas et l'inflation s'accélère. Le keynésianisme est remis en cause : l'arrivée au pouvoir de Margaret Thatcher en Angleterre et de Ronald Reagan aux États-Unis annonce le tournant libéral. Pour les auteurs de l'école de la Régulation, les années 1930 avait vu le passage d'une économie de libre marché, concurrentielle, à une régulation keynésienne et fordiste. La crise des années 1970 ouvre la porte au retour de formes concurrentielles.

3. Le retour au marché

Les années d'après-guerre sont marquées par la domination sans partage du keynésianisme. Les gouvernements arbitrent entre inflation et chômage (courbe de Phillips), le modèle IS-LM justifie les politiques économiques. Partout l'assertion de Georges Pompidou, « mieux vaut l'inflation que le chômage », est respectée , sauf en Allemagne où triomphe la rigueur monétaire. Les difficultés des années 1970 aboutissent au retour des idées libérales.

Elles sont défendues principalement par des auteurs américains. Milton Friedman (1912-2006), chef de file des monétaristes de l'école de Chicago, montre que les politiques keynésiennes sont inefficaces : la relance n'a d'effet qu'à court terme. À long terme, l'inflation augmente et le chômage retrouve son niveau initial. Il faut donc renoncer à la politique monétaire, à la politique budgétaire et rendre toute sa place au marché. Dans la même logique, les auteurs des Public Choices comme Gordon Tullock (1922-2014) ou James Buchanan (1919-2013) attaquent les politiques publiques et les économistes de l'offre préconisent la baisse des dépenses sociales et de la pression fiscale : leur modèle est celui de la courbe d'Arthur Laffer (né en 1940). Dans leur sillage s'affirme la Nouvelle Économie Classique avec des auteurs comme Thomas Sargent (né en 1943) et Robert Lucas (né en 1937).

Dans le même temps les keynésiens sont à la peine. Le keynésianisme s'était déjà modernisé avec les tentatives de synthèse. Dès les années trente, John Hicks (1904-1989) et Alvin Hansen (1887-1975) mettent au point le modèle IS-LM, qui valide les hypothèses keynésiennes de court terme dans un cadre de long terme d'inspiration néoclassique : il justifie les politiques économiques mais en recherchant un équilibre de marché. Celui qui ira le plus loin dans cette perspective est l'Américain Paul Samuelson (1915-2009). De leur côté, les nouveaux keynésiens entreprennent des travaux sur les déséquilibres : ne réfutant plus le marché, ils s'intéressent aux rigidités, au marché du travail, aux asymétries d'information comme Joseph Stiglitz (né en 1943).

Il est intéressant de noter que les frontières entre néoclassiques et néokeynésiens sont de plus en plus difficiles à discerner. Les premiers ont renoué avec des approches macroéconomiques quand les seconds ont de plus en plus recours aux méthodes de la microéconomie.

III. Quelles perspectives pour une économie mondialisée ?

Depuis la fin du XXe siècle l'économie a été marquée par de très fortes évolutions qui en ont transformé le visage.

1. Les grandes tendances contemporaines

a. La seconde mondialisation

Elle est liée à plusieurs facteurs. Tout d'abord le retour au marché a accéléré l'ouverture des économies. Cela a été rendu possible par l'effondrement du système soviétique. De nombreux pays jusque-là fermés se sont ouverts. Ensuite, en 1995 le GATT a été remplacé par l'OMC, dont la mission est de garantir le libre-échange mondial. La Chine a fait le choix de l'économie socialiste de marché et a adhéré à l'OMC en 2001. Jusqu'au milieu des années 2010, les échanges se développent deux fois plus vite que la production mondiale et les flux financiers deux fois plus vite que les échanges. L'Europe compte maintenant 27 (28 jusqu'au Brexit) membres dont 19 utilisent la monnaie unique, l'euro : elle constitue le premier marché du monde. C'est le résultat d'un processus d'intégration et de convergence, avec le traité de Maastricht en 1992.

b. La troisième révolution industrielle

Elle est née dans les années 1970 avec le développement des supraconducteurs et de l'informatique. Elle est portée par les NTIC et les géants des nouvelles technologies qui sont pour la plupart américains comme Microsoft, Apple et plus récemment les géants du net que sont Google, Amazon, Facebook (Les GAFAM).

c. Les limites de la croissance

Depuis les rapports Meadows (1972) et Brundtland (1987), les gouvernements ont pris conscience des dérèglements climatiques, de la limite des ressources énergétiques et de la détérioration de la biosphère. Ils s'engagent, plus ou moins résolument, dans des programmes de transition écologique qui sont le grand enjeu du XXIe siècle.

d. Crises et instabilité

La globalisation financière et la mondialisation des échanges ont rendu les crises de plus en plus transmissibles et fréquentes. La crise des subprimes (2007-2008) a eu des conséquences mondiales. Les finances des pays développés se sont dégradées, les échanges se sont contractés et la zone euro a failli se disloquer à la suite de la crise grecque. Depuis 2020, l'économie mondiale est confrontée à la crise de la Covid-19. Dans ce contexte incertain, les tensions internationales sont nombreuses, en particulier entre la Chine et les États-Unis, qui luttent pour le leadership mondial. Les interrogations sont donc multiples.

2. Quelles perspectives pour la science économique ?

En matière de recherche économique, les nouvelles approches sont de plus en plus éclatées. Cependant plusieurs tendances se dégagent.

a. Rationalité des agents et théorie des jeux

Une économie centrée sur les agents et leurs comportements est apparue, dans le sillage de la théorie des jeux. L'économie de la firme s'est aussi beaucoup perfectionnée. Née des travaux de Ronald Coase (1910-2013), elle s'écarte des hypothèses néoclassiques en s'interrogeant sur la rationalité des agents.

b. La dimension institutionnelle de l'économie

Beaucoup de travaux portent sur les institutions. Partant d'auteurs parfois anciens comme ceux de l'école historique allemande ou des premiers institutionnalistes américains comme Thorstein Veblen (1857-1929) ou John Roger Commons (1862-1945), elle doit beaucoup à Douglass North (1920-2015), qui a montré que la qualité des institutions est essentielle pour comprendre la croissance : c'est la mise en place d'institutions formelles, connues de tous et stables qui est déterminante. Les néo-institutionnalistes sont aujourd'hui portés par Doran Acemoglu (né en 1967) James Robinson (né en 1960) ou encore Dani Rodrik (né en 1957).

c. Développement et environnement

Enfin, une nouvelle branche est apparue avec le développement de l'économie de l'environnement. Partie des travaux pionniers de Stanley Jevons et Arthur Cecil Pigou (1877-1959), auquel on doit le concept d'externalités, elle voit s'affronter les partisans des soutenabilités faible ou forte, allant jusqu'à des visions très pessimistes, comme celle de Garett Hardin (1915-2003), qui est à l'origine du concept de tragédie des « biens communs », ou la volonté de décroissance préconisée par Nicholas Georgescu-Roegen (1906-1994) ou Serge Latouche (né en 1940). Il s'agit de trouver des voies économiques pour échapper aux difficultés qu'engendrent la croissance démographique, la pollution et le réchauffement climatique.

Comme l'économie réelle, la recherche économique est, elle aussi, en quête de voies nouvelles et de réponses aux grands enjeux de notre époque.

→ Bibliographie sur la pensée économique

I. Les textes fondateurs

- Friedman Milton, *Inflation et systèmes monétaires*, Calmann-Lévy, 1976.
- Hayek Friedrich, *Prix et productions*, 1931, Calmann-Lévy, 1975.
- Keynes John Maynard, *Théorie générale de l'emploi, de l'intérêt et de la monnaie*, Payot, 1936.
- Marshall Alfred, *Principes d'économie politique*, Great Mind Series, Londres, 1890, 1906 pour la traduction française.
- Malthus Thomas Robert, *Essai sur le principe de population*, J. Johnson, Londres, 1798 puis 1803.
- Marx Karl, *Le Capital*, 1867 pour le tome 1, Librairie du Progrès, Paris pour l'édition française.
- Pareto Vilfredo, *Manuel d'économie politique*, Giard et Brière, 1909.
- Ricardo David, *Principes de l'économie politique et de l'impôt*, John Murray, Londres, 1817.
- Say Jean-Baptiste, *Cours d'économie politique*, 1815 à 1821, édition contemporaine, Garnier Flammarion, 1999.
- Schumpeter Joseph Aloïs, *Business Cycles, a Theorical, Historical and Statistical Analysis of the Capitalist Process*, Mac Graw Hill Books, New York, 1939.
- Smith Adam : *Recherches sur la nature et les causes de la richesse des nations*, W. Strahan and T. Cadell, Londres 1776.
- Walras Léon, *Éléments d'économie politique pure ou théorie de la richesse sociale*, Guillaumin et Cie, 1874.

II. Pensée économique

- Basle Maurice, *Histoire des pensées économiques*, collection Synthèse +, Sirey, 1993. Tome 1 : Les fondateurs. Tome 2 : Les contemporains.
- Blaug Mark, *La Pensée économique*, Economica, 1998.
- Boncoeur Jean et Thouement Hervé, *Histoire des idées économiques*, collection Cursus, Armand Colin, 2017.

  Tome 1 : De Platon à Marx

  Tome 2 : De Walras aux contemporains
- Bruno Alain, *Les Grands Économistes*, Ellipses, 2012.
- Deleplace Ghislain et Lavialle Christophe, *Histoire de la pensée économique*, Maxi fiches, Dunod, 2017.
- Daniel Jean-Marc, *Histoire vivante de la pensée économique, Des crises et des hommes*, Pearson, 2021.

- Echaudemaison Claude-Danièle (dir.), *Introduction à la pensée politique, économique et sociologique*, Guide, Nathan, 2019.
- Henry Gérard Marie, *Histoire de la pensée économique*, Collection U, Armand Colin, 2009.
- Karklins-Marchay Alexis, *Histoire impertinente de la pensée économique, D'Aristote à Jean Tirole*, Ellipses, 2016.
- Mazerolle Fabrice, *Histoire des faits et des idées économiques*, Gualino, 2006.
- Passet René, *Les Grandes Représentations du monde et de l'économie à travers l'histoire, de l'univers magique au tourbillon créateur*, Thesaurus, Actes Sud, Arles, 2010.
- Schumpeter Joseph Aloïs, *Histoire de l'analyse économique*, 3 tomes, Tel, Gallimard, 1983.
- Silem Ahmed, *Histoire de l'analyse économique*, Hachette supérieur, 1995.
- valier Jacques, *Brève histoire de la pensée économique d'Aristote à nos jours*, coll. Champs, Flammarion, 2019.
- Wolff Jacques, *Les Pensées économiques, les courants, les hommes, les œuvres*, Montchrestien, 1989.

III. Histoire économique et économie contemporaine

- Acemoglu Daron et Robinson James A., *Prospérité, puissance et pauvreté : Pourquoi certains pays réussissent mieux que d'autres*, Markus Haller, Genève, 2015.
- Aghion Philippe, Antonin Céline et Bunel Simon, *Le Pouvoir de la destruction créatrice*, Odile Jacob, 2020.
- Asselain Jean Charles, 3 tomes.
- *Histoire économique de la révolution industrielle à la Première guerre mondiale*, PFNSP et Dalloz, 1991.
- *Histoire économique du XXe siècle, La montée de l'État (1914-1939)* FFNSP et Dalloz, 1995.
- *Histoire économique du XXe siècle, La réouverture des économies nationales (1939 aux années 1980)*, PFNSP et Dalloz, 1995.
- Bairoch Paul : *Mythes et paradoxes de l'histoire économique*, La Découverte, 1994.
- Bairoch Paul, *Victoires et déboires : histoire économique et sociale du monde du XVIe siècle à nos jours*, Essais, Folio, Gallimard, 1997.
- Braudel Fernand, *Civilisation matérielle, économie et capitalisme, XVe-XVIIIe siècle*, 1987, Armand Colin, 1987.
- Daniel Jean-Marc, *Histoire de l'Économie mondiale, des chasseurs cueilleurs aux cybertravailleurs*, Tallandier, 2021.
- Maddison Angus, *L'économie mondiale. Une perspective millénaire, OCDE, 2001.*

- North Douglass, *Le Processus du développement économique*, Editions d'organisation, 2005.
- Polanyi Karl, *La Grande Transformation*, Gallimard, 1983.
- Rostow Walt Whitman, *Les Étapes de la croissance économique, un manifeste non communiste*, Le Seuil, Paris, 1962.

Index nominum

C

D

E

F

G

H

I

J

K

L

M

N

S

T

U

V

W

X

Z

Index rerum

U

V

W

Table des matières

10

Deux siècles et demi de transformations de l'économie 199

Imprimé en France par CPI
en août 2022

Dépôt légal : août 2022
N° d'impression : 170472